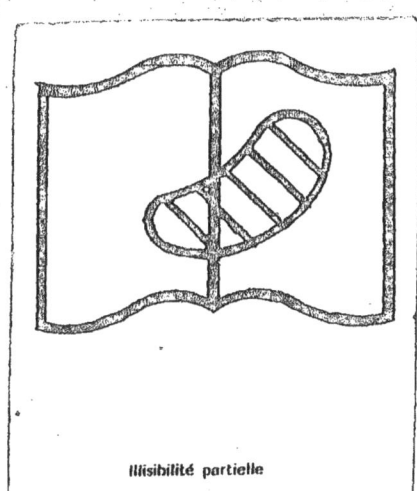
Illisibilité partielle

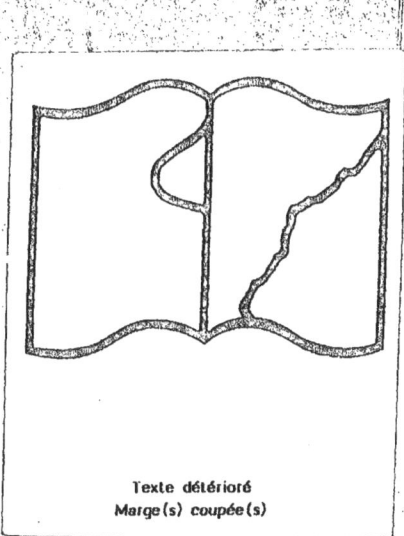
Texte détérioré
Marge(s) coupée(s)

Valable pour tout ou partie
du document reproduit

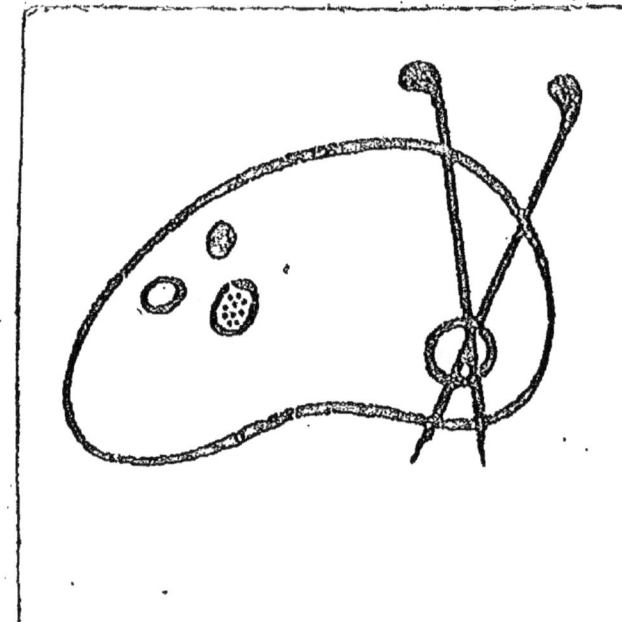

Début d'une série de documents en couleur

N° 3. — COLLECTION ARTHUR SAVAÈTE A 7 FRANCS 50.

Politique et Littérature, Arts, Sciences, Histoire, Philosophie et Religion.

ÉTUDES
SUR LA
Révocation de l'Édit de Nantes
EN LANGUEDOC

PAR

L'ABBÉ ROUQUETTE

TOME III

LES FUGITIFS (1685-1715)

PARIS
ARTHUR SAVAÈTE, ÉDITEUR
76, RUE DES SAINTS-PÈRES, 76

Tous droits réservés.

ARTHUR SAVAÈTE, ÉDITEUR, 76, — RUE DES SAINTS-PÈRES, — PARIS

ÉDITIONS BOLLANDIENNES

1. — **ACTA SANCTORUM**, collection complète 66 vol. ; in-folio, 3660 fr. net ; — brochés : 2400 fr. ; reliés pleine toile : 2850 fr. ; — et demi-chagrin. 3000.00
2. — **ACTA SANCTORUM NOVEMBRIS.** Propylaeum. *Synaxarium ecclesiae Constantinopolitanae*, ed. Hipp. DELEHAYE. — 1902, in-folio., LXXX-1180 col. fr. 60.00
Tomus I. — 1887, in-fol., 13 ff., 16-1006 pp. 75.00
Tomi II pars prior. Praemissum est *Martyrologium hieronymianum* edentibus J. B. DE ROSSI et LUD. DUCHESNE. — 1894, in-fol., 8 ff., LXXXII-195-623 pp. 75.00
Le tome III est sous presse. Prix. 75.00
3 — **ANALECTA BOLLANDIANA.** Revue trimestrielle paraissant depuis 1882. Chaque année un volume in-8° d'environ 640 pp. Le volume. 15.00
Les tomes XI-XV, épuisés, ont été reproduits par le procédé anastatique.
INDICES IN TOMOS I-XX. — 1904, in-8°, 148 pp. . . 5.00
A été publié en appendice aux tomes XXII et XXIII de la revue.
4. — **BIBLIOTHECA HAGIOGRAPHICA LATINA** antiquae et mediae aetatis. — 1898-1901, in-8°, XXXV-1387 pp. 50.00
5. — **CATALOGUS** *codicum hagiographicorum bibliothecae regiae Bruxellensis.* Pars I. Codices latini membranei. — 1886, 1889, 2 vol. in-8°, 614 et 557 pp. Ensemble. 20.00
A été publié en appendice aux tomes II à VIII des *Analecta Bollandiana*.
6. — **CATALOGUS** *codicum hagiographicorum latinorum antiquiorum saeculo XVI, qui asservantur in bibliotheca nationali Parisiensi.* — 1889-1893, 4 vol. in-8°, VIII-606, XV-646, 739 et 101 pp. Ensemble 50.00
7 — **CATALOGUS** *codicum hagiographicorum graecorum bibliothecae nationalis Parisiensis.* Ediderunt Hagiographi Bollandiani et HENRICUS OMONT. — 1896, in-8°, VIII-372 pp. 12.00
8. — **CATALOGUS** *codicum hagiographicorum graecorum bibliothecae Vaticanae.* Ediderunt Hagiographi Bollandiani et Pius FRANCHI DE' CAVALIERI. — 1899, in-8° VIII-324 pp. 11.00
A été publié en appendice aux tomes XVII et XVIII des *Analecta Bollandiana*.
9. — **REPERTORIUM HYMNOLOGIUM.** Catalogue des chants, hymnes, proses, séquences, tropes, en usage dans l'Église latine depuis les origines jusqu'à nos jours, par le chanoine ULYSSE CHEVALIER. — Louvain, 1895, 1897, 1904. 3 vol. in-8°, 601, 786 et 639 pp. Ensemble 60.00
A été publié en appendice aux tomes VIII à XVI et XIX à XXIII des *Analecta Bollandiana*.
10. — **DE CODICIBUS** hagiographicis Iohannis Gielemans, adiectis anecdotis. — 1895, in-8°, 587 pp. 12.00
Les 88 premières pages (description des manuscrits) ont paru aussi dans les *Analecta Bollandiana*, tome XIV.
ANECDOTA ex codicibus hagiographicis Iohannis Gielemans. — 1895, in-8°, 496 pp. 10.00
Même contenu que le précédent, mais sans la description des manuscrits.
11. — **LES LÉGENDES HAGIOGRAPHIQUES**, par Hippolyte DELEHAYE. — 2e édit., 1906, in-12, XI-264 pp. . . . 3.00

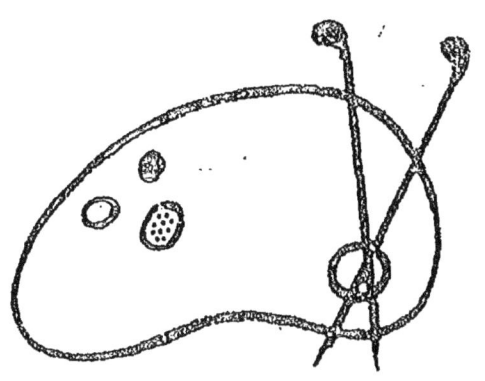

Fin d'une série de documents en couleur

ÉTUDES SUR LA RÉVOCATION
de l'Édit de Nantes en Languedoc

EN VENTE chez A. SAVAÈTE, libraire, PARIS

DU MÊME AUTEUR :

Histoire de la Ville de Ganges *(épuisé)*.

Une Année de la Guerre des Camisards.

L'Inquisition protestante : 2 vol., Collection " *SCIENCE et RELIGION* " :

    1) LES VICTIMES DE CALVIN, 2ᵉ *édition*.

    2) LES Sᵗˢ BARTHÉLEMY CALVINISTES, 3ᵉ *édition*.

Études sur la Révocation de l'Édit de Nantes en Languedoc

    Ont paru :

L'Abbé du Chayla et le Clergé des Cévennes (1700-1702). Librairie SAVAÈTE. Prix. . . . . . . **3 fr.**

Les Poètes Cévénols. Même Librairie. Prix . . . **2 fr.**

Les Fugitifs. Même Librairie. Prix . . . . . **7 fr. 50**

    En préparation :

Les Prophètes.

    Paraîtront successivement :

Pasteurs et Consistoires (1685).

Nouveaux Convertis (1685-1700).

Rôle du Clergé (1685-1700).

Assemblées et Dragonnades.

Prédicants
{ Iᵉʳ vol., Jusqu'à la mort de Vivens (1692).
IIᵉ vol., Jusqu'à la mort de Brousson (1698).
IIIᵉ vol., Les Chefs Camisards.

Nº 3 COLLECTION ARTHUR SAVAÈTE A 7 FRANCS 50

Politique et Littérature, Arts, Sciences, Histoire, Philosophie et Religion.

ÉTUDES

SUR LA

Révocation de l'Édit de Nantes
EN LANGUEDOC

PAR

L'ABBÉ ROUQUETTE

TOME III

LES FUGITIFS (1685-1715)

PARIS
ARTHUR SAVAÈTE, ÉDITEUR
76, RUE DES SAINTS-PÈRES, 76

Tous droits réservés.

PRÉFACE

On a dit qu'à l'époque de la Révocation de l'Edit de Nantes les protestants allèrent en masse à l'étranger; que nos villages furent désertés, notre industrie ruinée; que pareils aux Hébreux sortant de l'Egypte, les protestants emportèrent avec eux la richesse de la France.

On a dit que ces hommes formaient une élite, et que nous devons les regarder comme des héros.

On a dit qu'ils surent sacrifier de grandes fortunes et de hautes positions et que chez eux l'héroïsme de l'abnégation égalait l'héroïsme de leur attachement à leur religion.

On a dit enfin, car je ne puis tout dire, que l'Eglise et l'Etat s'enrichirent de leurs dépouilles.

En un mot, il y a consentement unanime de la part des historiens pour élever sur les tréteaux de l'histoire toutes ces victimes de l'édit de Révocation.

A mon tour, je fais œuvre d'historien et, à l'aide des documents inédits que je vais citer ou analyser, je vais faire sortir de l'ombre et de la poussière des archives ces listes qui y dorment, ces comptes dédaignés jusqu'à ce jour.

Je ne parle évidemment dans cette étude que de la seule province de Languedoc. Qu'on ne l'oublie pas : c'est la province protestante par excellence aussi bien en 1685 que de nos jours. Elle a fourni à elle seule, de 1685 à 1702, d'après de Felice, 50.000 fugitifs; malheureusement il oublie de nous dire où il a trouvé ce chiffre.

Je ne parlerai pas non plus des biens des consistoires : ce sera pour une autre étude. De même aussi ce ne sera que dans mon étude sur les nouveaux Convertis qui je pourrai dire l'emploi qui fut fait de l'argent perçu par l'intendant au moyen de ses subdélégués; mais les documents publiés dans la présente étude montreront si vraiment il est vrai que l'Etat ou l'Eglise se sont enrichis au dépens des Réformés.

Études sur la Révocation de l'Édit de Nantes.

En écrivant ce volume, j'ai pensé souvent à ces proscrits que nous avons vus de nos jours aller chercher sous d'autres cieux une liberté que la mère-patrie leur a refusée. Ceux-ci forment une élite aussi intéressante que les fugitifs de 1685.

Elite de dévouement et d'intelligence, ils font aimer le nom de la France ingrate par les peuples au milieu desquels ils se sont retirés. Pouvons-nous en dire autant de ces réfugiés protestants? J'aurais cru manquer à mon devoir de prêtre et de Français en ne payant pas à des compatriotes exilés ce tribut de quelques lignes.

La bibliographie du Refuge est considérable : je la donnerai un jour avec la bibliographie aussi complète que possible de cette époque, me contentant, pour le moment, d'indiquer au passage quelques livres.

Je juge aussi inutile de donner la liste des liasses auxquelles je renverrai : le lecteur les trouvera au cours de cette étude. Je rappelle seulement que les documents que je cite sont tirés des archives civiles de l'intendance du Languedoc, série C, déposées à la préfecture de l'Hérault : en abrégé je donnerai aussi la référence : *Arch. int.* et le n° de la liasse.

Quant aux mesures monétaires, je les donnerai toujours ainsi, supprimant les abréviations : 5—15—10 ; le premier nombre indiquant les livres, le second les sols, le troisième les deniers, rappelant au lecteur que la livre vaut 20 sols, et le sol 12 deniers.

ETUDES SUR LA RÉVOCATION
de l'Édit de Nantes en Languedoc

CHAPITRE PREMIER

NOMBRE DES FUGITIFS

Avec tous les documents contemporains je donne le nom de fugitifs aux protestants victimes de l'édit de Révocation, dont les uns, et c'est le plus grand nombre, ont cherché un refuge à l'étranger; et dont les autres « roulent » dans les montagnes, ou ont été condamnés aux galères ou à la mort: tous ont eu leurs biens confisqués ou soumis à la régie. Ce mot de fugitif est donc bien plus large que celui de réfugié: il représente toutes les forces vives perdues par notre patrie dans les années qui suivirent l'édit d'octobre 1685.

De plus, je n'embrasse pas seulement une période de quelques années : ce serait insuffisant pour apprécier sainement et justement les effets de cet édit. Pendant trente ans, c'est-à-dire jusqu'à la mort de Louis XIV, pendant presque toute l'administration de Lamoignon de Baville, le roi du Languedoc, je vais suivre, année par année, diocèse par diocèse, les traces de ces fugitifs, dire leurs noms, apprécier la valeur de leurs biens, leur demander la raison de leur départ, en un mot, tâcher de ressusciter cette époque, si près de nous encore, et pourtant si inconnue.

La première question qui se pose est celle-ci : pouvons-nous espérer avoir la liste complète des fugitifs?

Les historiens qui portent à 200.000, 400.000 et même plus le nombre des fugitifs, disent que les listes ne sont pas arrivées jusqu'à nous; quelques-uns même ont osé mettre en doute leur existence, ou tout au moins leur tenue régulière. De la sorte il leur est commode d'affirmer tout ce qu'il leur plaît. Et nous sommes si disposés à accepter leurs affirmations!

En faveur de ces victimes, nous pardonnons à l'histoire toutes ses exagérations. Il y a bien sans doute les déclarations du Grand Roi qui ont dû gêner un peu les fugitifs; elles existent, mais on ne les connaît que pour reprocher à Louis XIV sa sévérité, que pour faire ressortir davantage l'héroïsme de ces mêmes fugitifs qui ont su vaincre tous les périls, surmonter tous les obstacles et dont la foi inébranlable — ils ont tous abjuré, mais on oublie à dessein cette chute — leur a fait tout abandonner pour être fidèles à leur conscience.

Sans doute le lecteur qui aime le document, et voudrait vivre avec ces fugitifs, a devant les yeux plusieurs points obscurs, les historiens ne les expliquant pas; ils affirment et passent dessus à pieds joints, entretenant ainsi une erreur historique soigneusement caressée.

Après avoir fait remarquer, dit Corbière, (*Hist. de l'Egl. Réf. de Montpellier*, p. 276): 1º qu'il est probable qu'il n'exista jamais une liste complète de tous les fugitifs; 2º que plusieurs de ces documents ont pu s'égarer, nous analyserons ici et donnerons à la fin de l'ouvrage les pièces qui nous sont tombées entre les mains.

Il est toujours possible que des documents se perdent; mais est-il permis à un historien de traiter aussi légèrement un sujet aussi grave? Autant que je puis m'en convaincre par les pièces qu'il a publiées, Corbière n'a eu en mains que la liasse C. 274 des archives de l'Intendance. Or, dans cette liasse, il n'avait que l'embarras du choix; il s'est bien gardé de tout publier. Comme il est probable qu'il n'a pu trouver cette liasse qu'avec le secours de l'inventaire, il n'avait qu'à le parcourir, et s'il ne voulait pas s'en donner la peine, le consulter au moins sommairement de la liasse 274 à la liasse 307, qui, toutes, contiennent des documents très intéressants sur les fugitifs; il n'avait qu'à prendre au moins les liasses 314 et 315, et il n'aurait pas écrit « qu'il est probable qu'il n'exista jamais une liste complète de tous les fugitifs. » Il l'aurait trouvée là complète jusqu'à l'année 1688 pour les diocèses de Nîmes-Alais[1] et d'Uzès, s'il ne voulait pas les chercher pour les autres diocèses.

---

1. Le diocèse d'Alais n'ayant été disjoint de celui de Nîmes que dix ans après l'édit de Révocation, je ne séparerai pas ces deux diocèses pour la publication des listes et l'estimation des biens des fugitifs : agir différemment ce serait couper les documents et leur enlever de

Pour affirmer « qu'il est probable qu'il n'exista jamais une liste complète de tous les fugitifs, » il faut ignorer le premier mot de la législation à cette époque.

Dès qu'un nouveau converti est signalé dans une paroisse comme fugitif, le consul prévient aussitôt le juge. Celui-ci prend un arrêté en vertu duquel le fugitif sera pris partout où il sera trouvé et conduit aux prisons sous bonne escorte; « et, ne pouvant être pris, sera assigné à son dernier domicile pour se remettre à la quinzaine; et, icelle passée, sera crié à son de trompe par un seul cri public, pour comparaître dans la huitaine suivante; après laquelle, icelui n'étant point remis, le procès lui sera fait et parfait par défaut; et cependant ordonnons que les biens seront saisis et annotés sous la main du Roi et de la Cour, régis par commissaire suivant l'ordonnance. » *Arch. int.* C. 163, *dossier Jérussien*.

Il suffisait donc d'être absent de sa paroisse, sans avoir prévenu le consul, pour avoir, au bout de quelques jours, ses biens saisis, inventoriés, et soumis à la régie. Les consuls s'acquittèrent fidèlement de ce devoir de leur charge et ils y mirent un empressement tel, et une si grande exactitude, qu'ils firent figurer sur ces listes des hommes qui n'étaient pas fugitifs, dont les biens cependant furent saisis et à qui Lamoignon ordonna de rendre les fruits perçus.

Ces biens, pour tout un diocèse, étaient régis par un subdélégué de l'intendant. Chaque année, il devait en rendre compte. Ce sont ces comptes qu'il ne faut pas perdre de vue dans toute cette étude, si on veut comprendre la valeur des listes que je publie. Ce n'est pas pour contenter la curiosité des générations futures, ni même pour connaître le nombre exact des fugitifs, que l'intendant de Languedoc les a fait dresser. Les biens étaient saisis de droit et sans jugement par le seul fait de la constatation de l'absence. Ce qui intéressait l'intendant, ce n'était pas le nom des fugitifs, mais la la valeur de leurs biens, leurs revenus annuels. Aussi, d'une manière générale, on ne trouve pas de listes de fugitifs sans qu'il soit en même temps question de ce qu'ils possédaient.

---

leur valeur. A partir de l'an 1700 cependant, je séparerai les deux diocèses quand je donnerai le revenu annuel des biens des fugitifs, diocèse par diocèse, afin de me conformer aux comptes de M. de Saintaurant. Dans toute cette étude, jusqu'à cette époque, j'unirai ensemble les deux diocèses.

Les listes composées avant 1688, contiennent la valeur des biens d'après les compois des lieux; celles composées en 1699 contiennent le nom du fugitif et le nom de celui qui possède actuellement les biens laissés par ces mêmes fugitifs. Ainsi donc, il y a toujours une constatation à chaque nom, nous faisant connaître la valeur des biens, si minime soit-il, ou au moins son revenu annuel, celui-ci ne s'élevât-il qu'à une livre, fût-il même nul, comme cela arrive assez souvent, quand les charges absorbent le revenu ou que les créanciers ont tout pris.

Cette remarque est d'une grande importance. Elle nous explique pourquoi des listes composées à la même époque certainement, ne concordent pas cependant toujours entre elles. L'une, que j'appellerai la liste officielle, a été composée par le consul. Il y a marqué tous les fugitifs ou absents de sa communauté, et donné la valeur des biens. Quelques-uns sont des « misérables » n'ayant rien, ou des fils de famille dont les parents sont en vie; il faut attendre leur mort pour confisquer les biens, et encore le père s'arrangera pour sauver cette part d'héritage. La seconde a été faite à Montpellier, sous les yeux de l'intendant, pour être donnée aux commissaires, chargés de la régie dans les divers diocèses. A quoi bon faire figurer sur celle-ci les noms des « misérables » et, chaque année, dans les comptes fournis à l'intendant, écrire toute une série de non-valeurs? Une année cependant, de Saintaurant la donne et la fait remonter jusqu'en 1685 (*Arch. int.* C. 316). Cette liste est très précieuse. Elle nous permet d'affirmer que nous avons dans cet état la liste complète de ceux dont les biens n'ont rien rapporté à l'Etat de 1685 à 1706 et que, jusqu'à cette dernière année, nous pouvons, à l'aide des divers comptes, reconstituer exactement les listes des fugitifs. De 1706 à 1715, je n'ai pas trouvé d'autre liste de non-valeurs. Je doute même qu'elle ait jamais été composée. A plusieurs reprises, en effet, de Saintaurant, dans ses comptes annuels, renvoie à la liste de 1706, qu'il suppose par conséquent complète. (*Arch. int.*, C, 316 et 317).

Cette absence de liste de non-valeurs pendant ces dix ans ne doit pas nous surprendre. De l'avis de tous, en effet, l'émigration est rare. La guerre des Camisards vient de finir: l'accalmie règne dans les Cévennes. Les assemblées, si nombreuses depuis 1686, et qui ont été une des causes principales de l'émigration, diminuent momentanément pour reprendre quelques années plus tard. Ceux qui, de l'étranger, ont, depuis 1688, dirigé le mouvement de résistance, s'avouent vaincus; les flots de sang qui ont coulé dans les Cévennes en 1703 et 1704, les horreurs de cette guerre, sans merci de part et d'autre, les atrocités commises les ont couverts de honte; ils ne désarment pas : ils se recueillent pour reprendre la lutte. Les derniers prophètes meurent en exil, poursuivis par les pasteurs, chassés par eux de Genève, ou sont arrêtés par les agents de Lamoignon. Le peuple désabusé, après la répression impitoyable de Montrevel, de Villars et de Berwick, se recueille, répare les vides, songe à une autre résistance... A son tour, le pouvoir est fatigué de vingt ans de luttes quotidiennes, lassé d'infliger des amendes, d'envoyer aux galères, préoccupé par la guerre extérieure. Louis XIV et Lamoignon se font vieux; momentanément, il y a une détente, non dans la législation, mais dans l'application. Ce n'est donc pas à cette époque qu'il y eut beaucoup de fugitifs, et bien que nous n'ayons pas de liste de non-valeurs de 1706 à 1715, les listes qui nous sont parvenues avec les comptes annuels pendant ces mêmes années nous permettent d'affirmer que nous avons bien les listes des fugitifs de 1685 à 1715.

Il ne faut donc pas dire qu'il est probable que jamais il n'y eut une liste complète; il faut au contraire dire : 1º il est sûr qu'il y a eu une liste complète pour le Languedoc de 1686 à 1689, époque où parut l'édit qui rendit aux parents les biens des fugitifs; 2º il est probable que la liste ne fut pas tenue complète et à jour de janvier 1690 à 1698; mais il est sûr qu'en 1699 Lamoignon les fit toutes refaire, contrôler, annoter et mettre à jour, comme je le dirai bientôt; 3º enfin, de 1700 à 1715, les comptes de Saintaurant sont là encore, nous donnant, année par année, le revenu des biens non plus par diocèse et en bloc comme dans les comptes de 1686 à 1688, mais individuellement.

Que les listes aient été composées et tenues à jour dès 1686, c'est une chose indiscutable (*Arch. int.*, C. 280-281). Celles-là ne nous sont pas toutes parvenues : il n'y a en effet, dans cette liasse, qu'une soixantaine de paroisses du diocèse de Mende et du diocèse de Nîmes-Alais et deux ou trois du diocèse d'Uzès. Quelques-uns de ces états sont signés par les consuls ou les prieurs en décembre 1686, la plupart en janvier 1687; quelques autres, composés à la même époque, et pour d'autres diocèses, sont épars dans les diverses liasses.

Il est encore certain que la liste entière des fugitifs fut dressée au commencement de 1688, conformément à l'édit du Roi de janvier 1688. Par cet édit, expliqué par l'arrêt du conseil du 31 mars 1688, Sa Majesté « ordonne que les sieurs intendants et commissaires départis dans les provinces pour l'exécution de ses ordres, dresseront incessamment des états et mémoires des biens, meubles et immeubles des consistoires, des ministres et de ses sujets, faisant profession de la R. P. R., qui sont sortis du royaume, contenant la valeur des biens tant en fonds qu'en revenus. » (*Arrêt du 31 mars 1688* : *éd. ar.*, p. 311) [1].

Lamoignon ne pouvait donc ne pas faire composer ces listes; comment autrement connaître la valeur des biens, sans savoir le nom du fugitif? Comment l'adjudicataire de tous ces biens aurait-il pu s'y reconnaître dans une province aussi

---

1. Ce recueil, (je donnerai ainsi la référence : *ed. et arr.*,) édité par Fischbacher pour le 2e centenaire, a pour titre : édits, déclarations et arrêts concernant la Religion P. Réformée (1662-1751). C'est le plus complet que je connaisse. Il contient cependant de graves lacunes. On n'y trouve pas la déclaration d'avril 1663 contre les relaps, — l'arrêt du Conseil d'Etat du 8 novembre 1680, accordant trois ans de sursis aux N. C. pour payer leurs dettes, qu'il ne faut pas confondre avec l'arrêt du 9 octobre 1676, — l'arrêt du Conseil d'Etat du 9 novembre 1670, réglant les cérémonies des noces et baptêmes, — autre arrêt du Conseil du 9 novembre 1670, touchant les écoles, — autre arrêt du Conseil du 4 décembre 1671 encore sur les écoles, — autre arrêt du Conseil du 2 avril 1666 sur les académies, — les arrêts du Conseil du 5 octobre 1663, 9 février 1664, 17 novembre 1664 sur les synodes et consistoires, — l'arrêt du Conseil du 6 avril 1675, et du Conseil privé du 26 février 1676 sur le droit que les Réformés ont, de se pourvoir par devant la justice contre les censures et délibérations des consistoires et synodes, — les arrêts du Conseil du 23 octobre 1663, 22 février 1664, 3 octobre 1664, 19 avril 1681, sur les ministres et leurs fonctions. — Arrêt du conseil du 26 février 1663 sur le chant des psaumes, — arrêt du Conseil du 27 décembre 1675 concernant ceux des Prétendus Réformés qui ont haute justice, — les arrêts du Conseil du 23 octobre 1667, et du 6 décembre 1667 touchant les consulats, — les arrêts du Conseil du 21 juillet 1664, du 18 juin 1665, l'arrêt du Parlement de Paris du 16 juillet 1669 touchant l'admission du P. R. aux maîtrises, — l'arrêt du Conseil du 6 novembre 1665 sur l'administration des biens des consistoires, — arrêt du Conseil du 24 avril 1665 sur l'observation de l'édit de Nantes, — l'arrêt du Conseil du 19 mars 1663 réglant les obsèques.

Pourquoi aussi a-t-il commencé la publication des arrêts à partir de l'année 1662?... La déclaration du 19 octobre 1631 a sa place obligatoire dans tout recueil de ce genre...

vaste que le Languedoc, s'il n'avait eu en main les listes, paroisse par paroisse? Est-il vraisemblable qu'Audiffret ait offert 64.000 livres des biens fugitifs par an et pour trois ans, s'il n'a pas eu les documents nécessaires? Poser la question, c'est la résoudre. Comment dès lors des historiens, qui ne peuvent ignorer l'édit de janvier 1688, ont-ils pu mettre en doute l'existence de ces mêmes listes, ordonnées par Louis XIV?

Soit, me dira-t-on, que les listes des fugitifs aient été composées et tenues à jour jusqu'en 1688, c'est une chose indiscutable : l'édit seul de 1688 prouve leur existence; mais qui nous prouve qu'elles n'ont point été égarées, sinon en totalité, du moins en partie?

D'abord il est sûr que les listes des diocèses qui ont fourni le plus grand nombre des fugitifs, Mende, Nîmes-Alais, Uzès, Montpellier, Vivarais et qui furent faites en 1688 nous sont parvenues : j'y ajouterai aussi ceux de Castres, de Lavaur et d'Albi où opérait Barbara. Ces listes sont datées et signées. Pour les autres diocèses moins importants, les listes différentes que j'ai eues entre les mains, quoique non datées, nous permettent de leur fixer une date et d'affirmer que nous avons bien les listes complètes. Voici pourquoi.

L'édit de décembre 1689 vint changer encore une fois la législation sur les biens des fugitifs, en les enlevant à la régie et les rendant aux parents les plus proches. Bien peu restèrent réunis au domaine, comme nous verrons. Lamoignon de Baville appliqua la nouvelle loi fidèlement : il fut toujours l'intendant le plus obéissant de Louis XIV, le plus digne de la confiance du Grand Roi. Dans toute sa longue carrière, la raison d'Etat prima l'intérêt de la Religion, et fut son premier mobile. Il cassa donc le bail d'Audiffret, et rendit aux parents les biens des fugitifs, au risque de favoriser des gens qui ne méritaient pas, croyait-il, cette faveur, bien plus, qui allaient s'en servir pour combattre les desseins du Roi. Avec la richesse, il augmentait leur influence dans les paroisses et favorisait ainsi certains individus, qui devaient se servir de ce surcroît de fortune pour encourager leurs compatriotes dans la voie de la résistance.

L'intendant fit donc exécuter ce nouvel édit dans sa province; peu à peu cependant, il se rendit compte que les libéralités de Louis XIV n'avaient pas atteint leur but. Il prit alors une mesure extraordinaire : je crois que la responsabilité de ce grand acte doit retomber tout entière sur lui. Nous pouvons dire, en effet, qu'en 1699, il abolit dans sa province les heureux effets de l'édit si large de 1689, en faisant rentrer sous le régime de la régie les biens de tous les fugitifs dont les parents ne faisaient pas exactement leurs devoirs de catholiques. C'était le cas, je ne veux pas dire de la totalité, mais de l'immense majorité.

Dans une lettre du 17 août 1698, il expose ses motifs et demande conseil à Châteauneuf. « Il arrive, dit-il, que ceux qui ont eu des biens de ceux qui sont partis du Royaume, comme plus proches parents, en vertu de l'édit de 1689, sont les plus mauvais convertis; et, par ce moyen, le parti de ces gens-là est devenu plus puissant qu'il était. Leurs biens ayant augmenté, ne pourrait-on pas les menacer de leur ôter ces biens s'ils persistent dans leur opiniâtreté, et même les faire saisir? » (*Mémoires du clergé de France, éd. Picard*, 1902, p. 318.)

Je n'ai pas trouvé la réponse de Châteauneuf. Elle dut, nous n'en pouvons douter, être favorable au désir de l'intendant. Ce qui est sûr, c'est que les listes composées en 1699 existent, non pas groupées ensemble, par diocèse, comme en 1688, mais paroisses par paroisses avec des notes marginales, indiquant si le possesseur actuel fait son devoir; à la fin il y a une ordonnance de Lamoignon pour remettre en régie les biens dont les détenteurs sont opiniâtres. La plupart sont datées; quelques-unes pourtant ne le sont pas; mais les apostilles, mises en marge ne nous laissent aucun doute sur la date de leur composition.

Le but que se proposait l'intendant obligeait ceux qui étaient commis à la confection de ces listes à remonter jusqu'à l'année 1686; il fallait surtout les compléter en y ajoutant les noms de ceux qui étaient partis depuis 1688, date à laquelle avaient été composées les listes que Lamoignon envoyait aux juges ou aux consuls pour les faire annoter. Les listes s'allongeaient : pour plusieurs villes, Nîmes, Sommières, Massillargues, Uzès, Alais, etc., le nombre des fugitifs fut doublé et même triplé. Quelquefois — le cas est rare — les listes concordent jusqu'en 1688, quelquefois il y a une légère différence qui s'explique facilement. Sur le nombre des fugitifs, quelques-uns étaient revenus, d'autres étaient morts : pourquoi les faire figurer sur une nouvelle liste ?

On comprendra que, vu l'espace de temps qu'elles embrassent, les listes de 1699 sont bien plus importantes que celles de 1688. Aussi nous avons le droit de nous demander si elles furent faites avec beaucoup de soin. Personne ne mettra en doute le zèle des subalternes de l'intendant. Je tiens cependant à citer trois lettres afin que le lecteur soit convaincu du soin qui y fut apporté.

Voici la première (*Arch. int.*, C. 274.)

A Uzès, ce dernier mars 1699.

MONSEIGNEUR,

Pour coucher des apostilles justes aux marges de l'état que vous m'avez fait l'honneur de m'envoyer, Monseigneur, j'ai été obligé d'envoyer sur les lieux pour avoir les lumières qui m'étaient nécessaires pour me bien acquitter de mon devoir. Les soins que j'ai pris pour Uzès ont augmenté le nombre des fugitifs d'environ la moitié ainsi que vous le verrez, Monseigneur, par l'état répondu que je vous envoie. Je serai satisfait si ce que j'ai fait peut vous plaire. Je suis, etc...

CARNAC.

Voici la seconde lettre. (*Arch. int.*, C. 274.)

MONSEIGNEUR,

J'ai l'honneur de vous envoyer l'état des fugitifs, apostillé suivant vos ordres, mais je dois me donner l'honneur de vous dire que depuis que ce rôle fut fait, il est sorti un fort grand nombre de nouveaux convertis dont vous ne sauriez faire un état au juste qu'en chargeant les maires et consuls des lieux de vous les envoyer. Vous pourriez aussi, Monseigneur, d'un autre côté, en demander à Messieurs les évêques afin qu'on ne vous trompe pas, car il y en aura une grande quantité. L'on juge que le Roi veut obliger les possesseurs des biens des fugitifs à faire leur devoir; mais rien ne peut mieux les mettre à la raison qu'une déclaration qui portera que, faute par les plus proches de faire leur devoir, ceux qui se trouveront en un degré plus éloigné, et qui feront leur devoir, pourront s'en mettre en possession, sur des certificats que les uns font mal et les autres bien. On est en ce pays comme presque partout de la religion des richesses.

A Alais, ce 20 mars (*sans autre date*).

DE MANDAJOR.

Ce juge n'était pas aussi zélé que Carnac ou Rey que je vais citer. Il se contenta d'apostiller l'état de 1688 que Lamoignon lui avait envoyé, et l'intendant dut s'adresser aux consuls ou aux curés : j'ai retrouvé aussi pour ce diocèse les listes faites en 1699 avec les ordonnances de saisie des biens.

A Montagnac, diocèse d'Agde, Rey s'acquitta bien de sa tâche. Il avait d'ailleurs à se faire pardonner, sinon une peccadille, du moins un peu de négligence, histoire que je raconterai un jour, et à laquelle il fait allusion dans sa lettre. La voici : (*Arch. int.*, C. 274.)

A Montagnac, ce 8 mars 1699.

MONSEIGNEUR,

Je renvoie à Votre Grandeur l'état des noms des fugitifs de cette ville que j'ai apostillé et fait les additions des noms de ceux qui y manquaient. Je l'ai fait le plus exactement qu'il m'a été possible. Je ne manquerai pas à veiller soigneusement aux contraventions à la déclaration du Roi, et à ce que les enfants des Nouveaux Convertis soient assidus aux écoles et instructions, comme aussi de faire le procès à la mémoire de ceux qui décéderont et qui auront déclaré vouloir mourir de la R. P. R.

Ceux qui ont informé Votre Grandeur que je négligeais de faire mon devoir ne lui ont pas dit la vérité, étant en état, si Votre Grandeur le veut bien agréer, de me justifier là-dessus, et lui faire voir que je n'ai manqué en rien, ayant été toujours très exact à donner avis à Votre Grandeur de tout ce qui s'est passé, et exécuté ponctuellement les ordres qu'il lui a plu de me donner, vous suppliant d'être persuadé que je suis avec respect, etc...

REY, bailli et juge.

Lamoignon pouvait compter sur le zèle de ses subalternes et se reposer sur eux de la confection aussi parfaite que possible de ces listes pour dépouiller les proches parents qui ne faisaient pas leur devoir. Barbara à Castres, Daudé au Vigan, Chastang dans le Vivarais, y apporteront autant d'exactitude, qu'ils en mettent tous les jours à surveiller les assemblées et à faire les procès aux cadavres.

Jusqu'en 1700 nous pouvons donc suivre les traces des fugitifs de Languedoc et savoir leur nombre. Il n'y a d'exception que pour le diocèse de Mende. Pour trois paroisses seulement j'ai retrouvé les listes de 1699; ce sont Marvejols, Saint-Léger de Peyre et le Pompidou. La guerre des Camisards fut cause que pendant de longues années ensuite (1702 à 1708), les revenus des biens des fugitifs ne purent être perçus. Aussi, dans les liasses C. 316 et 317, qui contiennent les comptes annuels, et le revenu des biens de chaque fugitif, de 1700 à 1715, le diocèse de Mende est-il le seul qui n'y figure pas; ce qui est d'autant plus regrettable que nous aurions pu, avec ces listes et celle des non-valeurs de 1706, reconstituer, sinon totalement, du moins en partie, la liste des fugitifs. Pour ce diocèse, nous n'avons que la liste de 1688.

La confection de ces listes était donc bien soignée; et, s'il y a des erreurs, comme je le montrerai bientôt, elles sont le fruit d'un trop grand zèle. Consuls et juges y ont fait figurer de faux fugitifs, qu'il a fallu rayer ensuite, quand le commis à la régie des biens a voulu s'emparer des biens.

Combien de protestants quittèrent le royaume? Le nombre des fugitifs a varié autant que celui des victimes de la Saint-Barthélemy.

Voici d'abord un pasteur, Dupin de Saint-André. « On estime à quatre ou cinq cent mille le nombre de ceux qui passèrent la frontière à l'époque de la Révocation. On croit d'un autre côté que cent à cent cinquante mille émigrants tombèrent sous les balles des soldats ou moururent de faim, de froid et de fatigue dans les gorges des montagnes et sur les embarcations qui les emportaient à l'étranger. La Révocation de l'édit de Nantes a donc fait perdre à la France cinq à six cent mille habitants. » (*Discours prononcé dans le temple de Tours*, le 18 octobre 1885, p. 17.)

Franck Puaux estime à 400.000 le nombre des fugitifs qui allèrent à l'étranger de 1685 à 1750. (*Lavisse* et *Rambaud, Hist. gén.*, t. VI, p. 302.)

Enfin Lavisse porte ce nombre à 200.000 (*Hist. de France*, t. VII, fasc. 5, p. 80.)

C'est là, pouvons-nous dire, le dernier mot de la science historique à l'heure présente.

De pareilles exagérations peuvent s'excuser dans un discours, et nous ne devons pas être trop sévères à l'égard de Dupin de Saint-André; mais quand des historiens qui ont l'autorité de Franck Puaux ou de Lavisse, portent à 200 et même 400.000 le nombre des fugitifs, nous croyons avoir le droit de leur demander des preuves. Il est facile de donner un tel chiffre qui frappe toujours l'imagination du lecteur; il serait bien plus difficile, je crois, à ces deux historiens de nous apporter des preuves et surtout de nous donner les noms de ces milliers de fugitifs.

A priori, cependant, et de leur propre aveu, nous sommes en droit de leur dire qu'ils exagèrent. Contre une telle émigration, il y a en effet de grandes raisons d'ordre physique et moral qui ont ici leur valeur, même en dehors de tout document. Est-il possible qu'un si grand nombre de fugitifs, 200.000 même, chiffre le plus faible donné par Lavisse, aient pu échapper à la surveillance des corps de garde ou des consuls? Est-il probable que ces mêmes fugitifs qui ont abjuré si facilement leur religion en octobre 1685, abandonnent aussi héroïquement leurs biens et leur position en 1686? A cette époque comme le rapporte fort à propos Lamoignon dans plusieurs de ses lettres « Ils ont préféré leurs biens à leur religion. » (*Lettre à M. de Pontchartrain*, 2 février 1698.) Toutes raisons d'ailleurs que je développerai au chapitre suivant.

Mais il y a plus. Si, avec Dupin de Saint-André, nous estimons à 600.000 le nombre d'habitants que perdit la France à l'époque de la Révocation, il s'ensuit que presque tous sont sortis ou sont morts. Car enfin, combien y avait-il de protestants en France en 1685? La question vaut la peine d'être étudiée et serrée d'assez près [1].

---

1. Antoine Court estime à 800.000 le nombre des fugitifs; Voltaire dit que 50.000 familles quittèrent le royaume; De Simondi croit que 3 à 400.000 émigrèrent et qu'il resta un peu plus d'un million de réformés.

Toujours les protestants ont augmenté leur nombre à dessein, afin de pouvoir grossir le nombre des fugitifs. De son temps déjà, Lamoignon se plaint de cette tendance : « Permettez-moi de vous dire que j'ai remarqué dans tous les temps un grand artifice dans les religionnaires pour faire craindre la désertion hors du royaume, quoiqu'ils n'aient guère envie de déserter, au moins dans cette province. Ils n'en ont pas moins à augmenter le nombre des religionnaires, que je ne crois pas passer celui de six cent cinquante mille, suivant les Mémoires que j'ai eus de MM. les Intendants, et que je leur ai demandés par pure curiosité (*Lettre au duc de Beauvilliers*, 16 novembre 1698).

Deux fois il donne le nombre de la population protestante de sa province : la première fois il l'estime à 198.000, la seconde fois à 200.000.

Lamoignon de Baville, qui était un contemporain, qui était bien placé pour être bien renseigné et qui avait pris ses mesures pour cette fin, doit être certainement bien près de la vérité.

Je crois avec lui que le chiffre extrême que nous ne pouvons pas dépasser est bien celui qu'il donne : 650.000 pour la France entière, 200.000 pour le Languedoc.

Voici d'abord un état des Nouveaux Convertis par généralité, que j'ai trouvé aux archives de l'intendance (*Arch. int.*, C. 274). Ils se décomposent ainsi :

Il y aurait donc eu en France, en 1685, d'après cet historien, près de 1.500.000 protestants.

Cette question de la population protestante en France, avant la Révolution, mériterait d'être étudiée. Pour obtenir de Louis XVI plus facilement leur état civil, ils disaient qu'ils étaient trois millions en 1787. (Discours à lire au Conseil, en présence du Roi, nouvelle édition s. l. 1827, p. 155.) L'auteur du discours réduit ce nombre à un million. Acceptons-le faute de pouvoir le contrôler, bien qu'il paraisse très exagéré : à cette même époque, la France avait 25 millions d'habitants, la population protestante, aurait été d'un vingt-cinquième. Depuis cette époque, ils ne peuvent se plaindre d'avoir été persécutés. Or, tandis que la population de la France est passée de 25 millions à près de quarante depuis 1787, la population protestante a diminué de un million à 600.000. Qu'on explique cette anomalie. Je crois que la population protestante diminua beaucoup de 1685 à 1787 : le diocèse de Castres, qui comptait 15.000 nouveaux convertis en 1685, en comptait 8.000 à la veille de la Révolution : les misères de la persécution servirent plus que l'émigration à diminuer leur nombre. J'ai pu aussi me rendre compte, par des renseignements, que, dans les Cévennes, le nombre des protestants diminue par l'abaissement ment de la natalité. Je pourrais citer des paroisses où, il y a soixante ans, les protestants étaient la majorité, et où maintenant ils sont la minorité.

Paris 15.000 ; Picardie 2.649 ; Orléans 2.000 ; Champagne 1.700 ; Bourgogne 7.659 ; Caen 3.500 ; Alençon 2.000 ; Rouen 5.000 ; Tours 1.643 ; Poitiers 67.160 ; la Rochelle 72.000 ; Béarn 32.000 ; Montauban 30.000 ; Bordeaux et Saintonge 100.000 ; Bretagne 100 ; Languedoc 200.000 ; Dauphiné 52.218 ; Provence 3.000 ; Lyon 200. Ce qui fait un total de 597.829 protestants ou Nouveaux Convertis.

Ce chiffre, évidemment, n'est qu'approximatif, et je ne crois pas que l'auteur de ce petit état ait voulu nous donner le nombre mathématique. On remarquera déjà que pour le Languedoc il concorde avec celui donné par de Baville. Le **Languedoc** aurait donc, à cette époque, formé le tiers de la population protestante du royaume.

Tout le monde est d'accord pour reconnaître dans cette province, la province protestante par excellence, soit par le nombre des habitants, soit par leur attachement à leur religion. Pendant vingt-cinq ans, elle avait servi de champ d'expérience à Louis XIV, qui faisait lois du royaume, les lois d'abord appliquées en Languedoc ; et quand les historiens parlent de persécution, de dragonnades, de résistance, c'est surtout de cette partie de la France qu'ils veulent parler.

Serrons maintenant ce chiffre de bien près, et voyons s'il est exact pour le Languedoc.

Dans son livre : *Les Préliminaires de l'Edit de Révocation*, M. Gachon publie aux pièces justificatives une statistique de la population protestante dressée peut-être en 1665. Le Gévaudan et le diocèse d'Albi n'y figurent pas. D'après cet état, il y aurait eu en Languedoc en 1665 (?) 150.645 protestants se décomposant ainsi :

Diocèse de Montpellier 12.929 ; diocèse de Nîmes - Alais 75.977 ; diocèse d'Uzès 24.500 ; diocèse de Viviers 4.165 ; diocèse de Vienne (pour la partie située en Languedoc) 1.364 ; diocèse de Valence (pour la partie située en Languedoc) 8.711 ; diocèse d'Agde 1.765 ; diocèse de Lodève 400 ; diocèse de St-Pons 1.077 ; diocèse de Mirepoix 2.352 ; diocèse de Castres 9.687 ; diocèse de Lavaur 6.342 ; diocèse de Montauban (partie située en Languedoc) 1.376.

Deux diocèses, comme je l'ai dit, manquent dans cette statistique : les diocèses d'Albi et de Mende. En estimant leur population à une vingtaine de mille de protestants, nous avons ainsi pour le Languedoc, vers 1663, une population protestante de près de 170.000. En admettant un accroissement de 30.000 âmes pendant les vingt-deux années qui précèdent l'édit de Révocation, nous arrivons au chiffre de 200.000 plus haut indiqué.

Or, ce chiffre, donné par l'Etat, publié par M. Gachon, me paraît exagéré. Aux archives j'ai trouvé de véritables recensements des paroisses pour l'année 1686. Ici nous n'avons plus des chiffres approximatifs, mais absolument exacts. La statistique publiée par M. Gachon n'est sûrement pas mathématique, elle est approximative. Les documents que je vais publier nous donnent à une unité près, le nombre des Nouveaux Convertis. Il y a, comme on pourra s'en convaincre, une grande différence entre les deux états, surtout pour les villes importantes. Quelles peuvent en être les causes? Deux d'abord doivent être écartées : les fugitifs et les conversions. Les fugitifs furent en trop petit nombre en 1686 pour expliquer cette différence. Au surplus, j'en donnerai le nombre exact, pour que le lecteur puisse juger. Les conversions non plus ne peuvent en cette occasion fournir une explication légitime. Il est hors de doute qu'il y eut quelques conversions de 1665 à 1685; mais je crois pouvoir dire qu'elles furent une exception, jusqu'au jour où de Noailles poussa cette affaire avec vigueur. Tous les convertis avant septembre 1685, étaient considérés comme anciens catholiques, et jouissaient de tous les droits attachés à ce titre; mais encore une fois, ces conversions furent trop peu nombreuses pour expliquer la différence que nous allons constater pour les villes importantes. Les Nouveaux Catholiques ou Convertis comprennent tous ceux qui abjurèrent en septembre et octobre 1685. Les états des Nouveaux Convertis que je vais citer (*Arch. int.*, C. 280-281) nous donnent donc un état exact de la population protestante en 1685-1686, enfants et domestiques compris.

Je ne vois qu'une explication possible de ces différences. Pour les communautés un peu importantes, Sauve, Quissac, Saint-Hippolyte, les auteurs de l'état de 1663 durent s'en rapporter au dire des habitants et nous donnèrent ainsi un chiffre approximatif fort supérieur à la réalité.

Communautés	Etat de 1665	Etat de 1686	Fugitifs
St-Hippolyte	4.000	2.404	12
Le Cros	600	758	3

Études sur la Révocation de l'Édit de Nantes.

COMMUNAUTÉS	ÉTAT DE 1665	ÉTAT DE 1686	FUGITIFS
Aumessas	700	940	10
Brouzet	38	47	0
Aguzan	15	26	0
La Cadière	125	170	0
St-Julin de la Nef	200	162	1
St-Laurent le Minier	800	559	3
Quissac	1.200	833	2
Dourbies	80	54	0
St-Martial	240	153	0
St-Félix de Palières	100	269[1]	0
Cezas	60	66	4
Bragassargues	115	109	2
St-Jean de Roques	50	75	0
Ceyrac	15	8	0
Conqueyrac	30	58	0
Sauve	3.000	1.637	1
Mandagout	400	433	4
Sumene	1.600	1.060	7

Dans un autre état (*Arch. int.*, C. 274), nous trouvons un autre dénombrement des paroisses composant l'archiprêtré de Nîmes. Voici le nombre des habitants comparé à l'état de 1665. L'état que je vais citer a dû être composé très tard, probablement vers 1698.

	EN 1665	EN 1698	FUGITIFS
Bouillargues	80	150	2
Caissargues	150	92	1
St-Cézaire	250	190	2
Manduel	60	21	0
Bellegarde	30	52	0
Aubort	150	63	7
Millau	400	487	40
Boissière	200	227	14
Nages	280	380	2
Langlade	220	182	5
Clarensac	750	724	9
St-Come	200	354	14
Caveirac	750	473	10
St-Dionysi	175	150	7
Margueritles	30	28	0

Quand nous comparons ces divers nombres, les uns approximatifs — ceux de 1665 — les autres exacts autant que peuvent l'être des dénombrements, il apparaît que le

---

1. Nombre approximatif : pour une famille, l'État ne donne pas le nombre des enfants.

chiffre de la population protestante de Languedoc, donné par l'état des Nouveaux Convertis par généralités, confirmé par Lamoignon, est la limite extrême que nous ne pouvons dépasser.

Si je ne craignais de fatiguer, je pourrais d'ailleurs fournir d'autres chiffres[1], Castres, en 1665, a 3.000 protestants; en 1685, cette ville compte 3.500 Nouveaux Convertis; Mazamet en a 1.600 en 1665, 2.000 en 1685; Revel, 900 et et 1027; Puilaurens 1.600 et 1.420. (*Arch. int.*, C. 274.)

Encore une fois, et j'y insiste pour que ma pensée ne soit pas travestie, nous n'avons pas des données suffisantes pour connaître le nombre mathématique des protestants de Languedoc. Nous n'avons que l'état fourni par M. Gachon, certainement incomplet, car il est approximatif. Cependant en comparant l'état que je donne d'une quarantaine de pa-

---

Dans la liasse, c. 274, il y a dénombrement de la population protestante pour le diocèse de Castres. Cet état ne concorde pas avec celui publié par M. Gachon. Le lecteur pourra s'en convaincre.

	Etat de 1665	Etat de 1685
Castres	3.000	3.500
Lacaune	230	1.213
Castelnau de Brassac	»	1.178
Esperausse	650	436
St-Pierre la Capelle	100	150
Viane	120	1.517
Senegas	200	250
St-Jean Delfrech	800	635
St-Amans Villemage	»	500
Berlas	80	330
La Crouzette	260	516
Roquecourbe	200	830
Vabre	400	1.056
Ferrières	400	743
La Cabarède	»	144
Le Pont de Tarn	132	418
La Bechounié	»	750
Lamiatte	100	140
Briateste	250	300
St-Julien	500	»
St-Georges	600	»
Montredon	800	»
Berlan	200	»
Augmontel et le Linas	65	»
Rouvairoux	400	»

On remarque d'abord que quatre consistoires assez importants ne figurent pas dans la liste contenue dans la liasse c. 274. C'est que je n'ai pas trouvé de consistoire Saint-Julien, Saint-Georges, etc. en 1685 dans le diocèse de Castres. Ils avaient dû être supprimés par les deux commissaires de l'édit en 1663. L'état contenu dans la liasse c. 274, mentionne toujours le temple.

Cette comparaison nous permettrait peut-être de reporter à deux ou trois ans plus tôt, la confection du dénombrement publié par M. Gachon, qui aurait été composé vers 1660 ou 1662 au plus tard.

roisses dont on ne peut contester le nombre des Nouveaux Convertis avec ceux de M. Gachon, nous pouvons estimer approximativement et assez près le chiffre de la population protestante en Languedoc au moment de l'édit de Révocation. En la portant à 200.000, c'est, croyons-nous, le chiffre extrême que nous ne pouvons dépasser. Si ce chiffre est admis pour le Languedoc, je me demande pourquoi le chiffre fourni pour les autres généralités ne serait pas aussi près de la vérité. Par conséquent, avec Baville, nous devons fixer à 650.000 dont 200.000 pour le Languedoc le nombre des protestants à cette époque.

Si nous nous rangeons maintenant à l'avis des historiens, qui, comme Lavisse, estiment à 200.000 le nombre des fugitifs, comme Franck Puaux à 400.000, il s'ensuivrait que la moitié ou au moins le tiers des protestants seraient sortis hors du royaume, et, avec Dupin de Saint-André, il faudrait conclure qu'il est resté à peine quelques protestants dans notre pays.

Prenant le chiffre de Lavisse qui est le moins exagéré, il faudrait accorder au Languedoc le tiers de cette émigration ou au moins le quart; mettons le cinquième seulement, car l'émigration dut être plus facile et partant plus nombreuse dans les provinces limitrophes. Il s'ensuivrait que dès les premières années qui suivirent l'édit d'octobre 1685, il y aurait eu dans le Languedoc 40.000 fugitifs. Or Audiffret afferma en 1688 les biens de tous les fugitifs de cette province pour 64.000 livres. Dans cette supposition, voici la conclusion logique et mathématique : en moyenne chaque fugitif ne possédait que trente sols de revenu annuel. Du coup l'absurdité apparaît et la contradiction des historiens est apparente : il y eut beaucoup de fugitifs, ils étaient riches et ont ruiné notre patrie, disent-ils. Contre ces affirmations se dressent les comptes annuels, signés par Lamoignon, et surtout le bail d'Audiffret. Pour maintenir leur grand nombre, les historiens seront acculés à dire que les neuf dixièmes des fugitifs étaient des « misérables ». Ce qui est une erreur : s'il est vrai que parmi eux il y eut des gens très riches — ils sont rares — les « misérables », ceux qui ne possédaient rien — je ne parle pas des fils de famille — sont aussi une exception : les fugitifs, d'une manière générale, possédaient une fortune moyenne.

Disons au contraire, avec de Baville, qu'il y eut quatre mille fugitifs de 1685 à 1700, et aussitôt, il y a concordance et harmonie. En effet, au moment du bail d'Audiffret (mai 1688), il n'y a que deux mille fugitifs environ dans le Languedoc, y compris les femmes et les enfants (*voir les listes*). Ceux-ci forment bien au moins la moitié de ce nombre; en y ajoutant les fils de famille, qui sont sortis du royaume, et dont il faut attendre la mort des pères et mères pour mettre les biens en régie; en y ajoutant encore les quelques « misérables », une soixantaine, qui ne possédaient rien, nous arrivons ainsi à sept cents chefs de famille environ, avec un revenu pour chacun d'eux de près de 90 livres, soit un capital en biens-fonds de 400 à 500 livres en moyenne. Il y a alors harmonie entre le nombre des fugitifs et la valeur des biens et les comptes présentés par les subdélégués et signés par l'intendant. Toutes ces choses sont réduites à leurs justes proportions et nous sommes dans la vérité. Les documents forment alors un bloc où tout se lie, où tout s'enchaîne, où une pièce soutient et confirme la précédente; plus de ces incohérences, de ces exagérations qui mettent en éveil l'intelligence du plus médiocre des lecteurs.

Ce nombre, qui paraît si minime, ne peut nous étonner quand on connaît l'état de prostration où étaient tombés les protestants du Languedoc en 1685, pour avoir abjuré une religion qu'ils aimaient du fond du cœur, et surtout les difficultés innombrables qu'ils devaient surmonter pour fuir.

Il y eut donc, pendant les trente dernières années du règne de Louis XIV quatre mille fugitifs, en chiffres ronds, dans la province de Languedoc. C'est le chiffre donné par de Baville; c'est celui que fournissent les listes; c'est celui qui paraît probable, vu le revenu des biens d'après les comptes officiels, comptes qui suffiraient à eux seuls pour restreindre le nombre des fugitifs.

On aime à avoir un point de repère, une moyenne proportionnelle, afin de se rendre compte mathématiquement de la perte subie par la France par suite de la Révocation de l'édit de Nantes. Cette moyenne, pour la province de Languedoc, étant donné que la population protestante ne dépassait pas 200.000 âmes, est, de 1685 à 1688, de un pour cent et de deux pour cent de 1685 à 1715. Deux pour cent en trente ans, voilà la perte subie par cette province.

Qu'on ne se récrie pas en trouvant ce chiffre trop faible. Encore une fois, les pièces forment un bloc: nous ne pouvons les rejeter. Le bail d'Audiffret sera toujours là comme une preuve irrécusable contre les exagérations des historiens. En 1688, il y avait deux hommes en Languedoc qui devaient être renseignés sur la valeur des biens et le nombre des fugitifs, et dont l'autorité est ici d'un grand poids. Ces deux hommes étaient le fermier et le spoliateur : Audiffret et Lamoignon de Baville.

Pour apprécier justement la somme des énergies perdues par la province, il faut retrancher de ces listes les fugitifs revenus et les faux fugitifs.

Lamoignon porte à 600 le nombre de ceux qui revinrent, la plupart voulant sans doute profiter des différentes amnisties accordées par le Roi.

La première amnistie se trouve dans l'édit même de Révocation, art 9 (*éd. et arr.*, p. 244).« Et pour user de notre clémence envers ceux de nos sujets de ladite R. P. R. qui se seront retirés de notre royaume, pays et terres de notre obéissance avant la publication de notre présent édit, nous voulons et entendons qu'en cas qu'ils y reviennent dans le temps de quatre mois du jour de ladite publication, ils puissent et leur soit loisible de rentrer dans la possession de leurs biens, et en jouir tout ainsi et comme ils auraient pu faire, s'ils étaient toujours demeurés. »

Le premier juillet 1686 paraissait une autre amnistie, art. 6 (*éd. et arr.*, p. 293) : tous ceux qui reviendront avant le mois de mars 1687, dit cette déclaration, devaient rentrer en la possession de leurs biens et effets, « nonobstant même le don que nous pourrions avoir ci-devant fait d'aucuns desdits biens, lesquels dons nous avons dès à présent révoqués et révoquons, à condition que lesdits de la R. P. R., en entrant dans le royaume, feront leur déclaration par devant le juge royal plus prochain du lieu où ils seront entrés, du dessein qu'ils ont de se réunir à l'Eglise catholique. »

Dans l'édit de janvier 1688, Louis XIV dit que cette amnistie a produit l'effet qu'il en attendait « à l'égard de plusieurs » fugitifs (*éd. et arr.*, p. 302.) Il est certain que le Roi fit tout ce qu'il put pour empêcher l'émigration ou pour faire revenir ses sujets. Il est certain aussi que l'intendant de Languedoc usa de ses grands pouvoirs pour étendre les faveurs de l'amnistie. J'ai trouvé aux archives une liste de ceux qui revinrent (*Arch. int.*, C. 279); elle ne contient que vingt et un noms; quelques-uns sont rentrés en 1694 et même plus tard, voulant profiter sans doute de la déclaration de février 1698 et du 29 décembre de la même année.

Il est évident que celui qui a jeté sur le papier ces quelques noms n'a pas voulu nous donner une liste complète de fugitifs revenus. Cette liste a-t-elle jamais existé? je ne le crois pas. Pourquoi l'aurait-on faite? Quand un fugitif rentrait, il devait aussitôt aller trouver le curé du lieu pour faire constater son retour (*interrogation de Jean Coulomb, Arch. int.*, C. 167): à côté de son nom, sur la liste des fugitifs de la paroisse, on mettait ce mot : revenu, et il rentrait en possession de ses biens. On peut s'en convaincre en parcourant dans l'original les listes des fugitifs.

Lamoignon dit qu'il y eut 600 fugitifs à rentrer dans leurs paroisses. Ce nombre n'est certainement pas exagéré. Beaucoup de ceux qui « roulaient » dans les bois, durent s'estimer heureux de pouvoir revenir dans leurs foyers sans avoir à subir l'amende ou la prison.

Il faut remarquer que dans ces listes, il y a aussi un certain nombre de faux fugitifs, marqués à tort par les consuls, et que le commissaire à la régie des biens dut rayer. Quelques-unes de ces erreurs sont compréhensibles : par exemple Abel Mutuel, porté sur les listes de Castres, qui s'était absenté du royaume avec permission, et dont les biens furent soumis à la régie. L'intendant lui fit rendre ses biens et tous les fruits perçus depuis son départ. (*Arch. int.*, C. 167.)

Ces erreurs ne peuvent nous surprendre et prouvent au contraire avec quel soin exact les listes furent faites. Aussi pour éviter ces erreurs et donner des renseignements aussi exacts que possible, les consuls sont-ils prudents dans la confection de leurs listes. Ils n'affirment pas que tous ceux qui sont absents de leur communauté sont à l'étranger : c'est même la règle générale pour les listes composées en 1687, comme on peut s'en convaincre en les parcourant (*Arch. int.*, C. 280-281.) A Saint-Hippolyte-du-Fort, par exemple, l'état porte douze absents : deux sont marqués comme fugitifs; sur ces douze, un est à Montpellier, un autre à Nîmes. Où sont les autres? le consul l'ignore : les communications ne sont pas faciles et il faut beaucoup de temps pour avoir des renseignements exacts. La liste d'Aumessas est encore plus explicite : elle divise les absents en deux catégories : ceux qui sont sûrement hors du royaume; ceux qui probablement sont encore dans le pays. (*Arch. int.*, C. 280-281.)

Mais à côté de ces erreurs, il y en a quelques-unes qui sont incompréhensibles et que même la méchanceté ou le désir de nuire à quelqu'un ne peuvent expliquer.

Comment expliquer, par exemple, que des personnes figurent sur les listes fournies par les consuls, et quand le commis à la régie des biens va aux sources, il ne trouve personne de ce nom et doit les porter comme inconnus?

Comment expliquer que l'intendant ait pu rendre des ordonnances contre des personnes inconnues?

François Bonnet est porté fugitif à Anduze : personne de ce nom, lisons-nous en marge. (*Arch. int.*, C. 316.)

Par ordonnance du 3 septembre 1703, Lamoignon fait saisir les biens du père d'Etienne Deshons de Ganges : « on n'a trouvé personne de ce nom-là, suivant le certificat des consuls de Ganges. » (*Arch. int.*, C. 316.)

Le 15 mars 1702, autre ordonnance de Lamoignon pour saisir les biens de la demoiselle Rey de Montpellier; en marge on lit : on ne sait ce que c'est. (*Arch. int.*, C. 316.)

Non seulement il y a des inconnus, mais on y fait figurer des morts non relaps.

La liste d'Anduze porte une Marie Manuel : or, elle est morte catholique. (*Arch. int.*, C. 316.) A Saint-Hippolyte-du-Fort, Elisabeth Boissière, qui figure sur la liste des fugitifs, est morte avant les conversions générales (*Arch. int.*, C. 316.) A Saint-Marcel, diocèse de Mirepoix, la liste porte deux fugitifs : Isaac Moinier et Elisabeth Pontier, mariés : en marge on peut lire : « Certificat du curé de Saint-Marcel comme quoi ledit Moinier est décédé à 70 ans en 1685 et sa veuve à 72 ans en 1693 et enterrés au cimetière : ledit certificat légalisé par M. de Mirepoix (*Arch. int.*, C. 316.)

Je n'insiste pas davantage sur ces erreurs. J'ai tenu à les signaler. Elles prouvent : 1º que s'il y a eu une exagération de la part des consuls, ce n'a pas été pour diminuer le nombre des fugitifs; 2º que ces mêmes listes furent ensuite contrôlées avec soin par ceux qui furent chargés de régir les biens, et qui élaguèrent tout faux nom, nous donnant ainsi des listes dans lesquelles nous pouvons avoir toute confiance.

D'une manière générale, il n'était pas bien difficile de se procurer les listes que je publie : il fallait seulement le temps et le désir de faire œuvre d'historien. On a préféré s'en rapporter aux on-dit. Quand de Félice estime de 40.000 à 50.000 le nombre des fugitifs avant la guerre des Camisards, c'est-à-dire de 1685 à 1702, il n'oublie que deux choses : donner les références sur lesquelles il s'appuie et surtout citer les noms (*Hist. des Protestants*, 2ᵉ éd., Paris, p. 417.)

Ce qu'il y a de plus surprenant, c'est que personne ne demande ni preuves ni noms. Il s'agit de protestants : dès lors, tout est permis. Autant que qui que ce soit, je condamne les procédés iniques employés contre les réformés à cette époque ; mais il ne faut pas que la sympathie pour les victimes prime le droit de la vérité : en histoire, ce sont les documents qui font foi. Ces documents existent ; et, si on ne veut pas ajouter une foi entière aux listes, il faudra bien cependant ajouter foi aux comptes annuels. Or, ceux-ci sont là, témoins irrécusables contre les historiens, pour leur dire que jusqu'ici ils ne nous ont donné, pour le Languedoc, que des récits légendaires sur cette époque.

Il y eut donc dans le Languedoc, la province protestante par excellence, quatre mille fugitifs, chiffres ronds. Ce chiffre si restreint, comparé à ceux des historiens, qui d'ailleurs, ne peuvent concorder entre eux, parce que tous jugent approximativement, ne peut surprendre que ceux qui n'ont pas vécu avec le peuple ces trente années que j'étudie. On croit en effet à une émigration en masse, pareille à celle des Hébreux sortant de l'Egypte, d'un peuple tout entier, abandonnant ses chaumières, ses champs, ses ateliers, ses boutiques, emportant tout son avoir, et disant adieu à une ingrate patrie.

Or, cette émigration n'a jamais existé ; pendant quelques mois il y eut une émigration par bandes assez nombreuses, dont la plupart ne parvinrent pas à destination. L'émigration — je parle toujours du Languedoc — a été successive et individuelle. C'était la seule possible d'ailleurs, eu égard aux obstacles qu'il fallait surmonter, obstacles avoués par tous les historiens, et c'est là encore une contradiction dans laquelle ils tombent. Je vais encore mieux faire ressortir cette contradiction dans le chapitre suivant.

CHAPITRE DEUXIEME

L'ÉMIGRATION.

« On a exagéré infiniment, dit le duc de Bourgogne, le nombre des huguenots qui sortirent du royaume à cette occasion (révocation de l'édit de Nantes), et cela devait être ainsi. Comme les intéressés sont les seuls qui parlent et qui crient, ils affirment tout ce qui leur plaît. Un ministre, qui voyait son troupeau dispersé, publiait qu'il avait passé chez l'étranger. Un chef de manufacture, qui avait perdu deux ouvriers, faisait son calcul comme si tous les fabricants du royaume avaient fait la même perte que lui. Dix ouvriers sortis d'une ville où ils avaient leurs connaissances et leurs amis, faisaient croire par le bruit de leur fuite, que la ville allait manquer de bras pour ses ateliers. Ce qu'il y a de surprenant, c'est que plusieurs maîtres des requêtes, dans les instructions qu'ils m'adressèrent sur leurs généralités, adoptèrent ces bruits populaires et annoncèrent par là combien ils étaient peu instruits de ce qui devait les occuper. Aussi leur rapport se trouva-t-il contredit par d'autres, et démontré faux par la vérification faite en plusieurs endroits. Quand le nombre des huguenots qui sortirent de France à cette époque, se montait, suivant le calcul le plus exagéré, à 67.732 personnes, il ne devait pas se trouver parmi ce nombre, qui comprenait tous les âges et tous les sexes, assez d'hommes utiles pour laisser un grand vide dans les campagnes et dans les ateliers, et influencer sur le royaume entier. Il est certain d'ailleurs que ce vide ne dut jamais être plus sensible qu'au moment où il se fit. On ne s'en aperçut pas alors, et on s'en plaint aujourd'hui. Il faut donc en chercher une autre cause : elle existe, et, si on veut la savoir, c'est la guerre. Quant à la retraite des Huguenots, elle coûta moins d'hommes utiles à l'Etat que ne lui en enlevait une seule année de guerre civile ». *(Tiré du discours à lire au conseil en présence du Roi par un ministre patriote sur le projet d'accorder l'état civil aux protestants en 1787, pièces justificatives p. 287).*

Ce sentiment unanime de tous les contemporains approuvant l'édit de Révocation, étonnait à bon droit le duc de Bourgogne. Il dut composer ce mémoire vers l'an 1700 : déjà, à cette époque, quelques voix s'élevaient dans le royaume, timides encore, pour condamner l'édit de 1685, et lui attribuaient la ruine du royaume. Bientôt toutes ces protestations un peu timides devaient trouver une voix éloquente, celle de Vauban ; celui-ci, à son tour, ne fut-il pas trompé ?

Avec le duc de Bourgogne, qui devait être bien renseigné, je crois que non seulement le nombre de 67.000 fugitifs est exagéré, mais qu'il est faux pour les trois années qui suivirent l'édit de Révocation. Il est exagéré, si, comme il est bien probable, il comprend tous les fugitifs sortis de France de 1685 à 1700. A cette époque, le Languedoc avait 4.000 fugitifs. J'admets que les provinces, limitrophes de l'Océan ou de la Suisse, durent proportionnellement fournir un plus grand nombre de fugitifs à cause de la facilité des voyages.

Comme le remarque le duc de Bourgogne, les fugitifs, arrivés à l'étranger, se croyaient suivis par leurs coreligionnaires. Je ne citerai que deux cas : Pierre Sarrazel est revenu de Genève avec Caussanel, de St-Affrique et Roland, tailleur d'habits, du Vigan. Avant leur départ, Unal, natif de Bréau, près le Vigan, réfugié en Suisse, leur a remis une liste des personnes qui, du Vigan ou des environs, voulaient aller à l'étranger, et demandaient un guide. Pendant que Caussanel va à Bréau, où il y a « une fille dont il est amoureux », Roland, le tailleur, réussit à trouver « trois pièces d'un même ouvrier », ainsi qu'on lit dans une de ses lettres ; et il ajoute : « je ne crois pas que dans ce pays nous pensions à faire nos charges, parce que les marchands n'osent pas acheter comme ils voudraient ; on avait promis trois pièces à la Grenade (Caussanel), mais ils s'en sont dédits... Si l'on pouvait parler à la servante du Mas de la Croix, elle sait bien une balle. » Ni balles ni pièces n'abondaient. Ils durent se contenter, pour leur voyage, des « trois pièces d'un même ouvrier », qui n'étaient autres que la femme Legrosse et ses filles ; et encore ils furent arrêtés en route (*Arch. int.*, C. 168.)

Autre exemple. Après avoir retrouvé sa maîtresse à Nyons (Suisse), Pierre Sautier — c'est un ancien catholique fugitif — revient à St-Privat de Vallongue avec Corrigeron, fugitif de cette paroisse. Ils croyaient emmener beaucoup de monde ; en Suisse, on le leur avait promis. A St-Privat, personne ne voulut les suivre (*Arch. int.*, C. 169.)

Pour arriver au nombre fantastique, cher aux historiens qui ont écrit sur cette matière, ceux-ci doivent tomber dans la contradiction. Ils ne peuvent ignorer la législation de Louis XIV, ni les précautions prises par les intendants pour atteindre l'émigration jusque dans sa source et diminuer le nombre des fugitifs. Ils avouent les difficultés très grandes du voyage, la surveillance exercée sur toutes les frontières et dans les ports, la prime offerte à tous ceux qui arrêteraient les protestants sur les chemins. Peu importe : cette « élite » de la France a passé par-dessus toutes les difficultés, vaincu tous les obstacles, trompé toutes les vigilances, parcouru de grandes distances dans le plus strict incognito, abandonné tous ses biens avec un héroïsme et un désintéressement héroïque, que ne faisait certes pas prévoir la facilité surprenante avec laquelle ils s'étaient soumis aux volontés du Roi : contradiction singulière, inexplicable, à faire croire que tous les corps de garde de l'intérieur du royaume ou à la frontière devaient être complices.

Louis XIV avait pris ses précautions pour empêcher par une législation sévère et implacable, l'émigration en masse des protestants. Tous les auteurs font remonter au mois d'août 1669 le commencement des édits ou déclarations qui devaient, en se succédant, compléter la législation.

Il me semble pourtant que cet édit d'août 1669, pas plus que la déclaration du mois d'août 1671, *pour empêcher les abus qui se commettent dans les pèlerinages* ne visent pas spécialement les protestants (*éd. et ar.*, p. 29.) Il n'y est pas fait mention des prétendus Réformés. De plus, ni l'édit ni la déclaration ne se trouvent dans le recueil édité à Paris, en 1681, et dont j'ai parlé plus haut.

Tout porte à croire que Louis XIV n'a pas voulu viser directement les protestants, et porter, dès 1669 et 1671, des lois contre les fugitifs. Ce ne fut que plus tard, en 1682, que parurent les premières déclarations contre les huguenots qui quittaient le royaume pour aller s'établir aux pays étrangers. Je dis bien déclaration et non édit. Tous les Français étaient soumis à l'édit du mois d'août 1669 : c'était le droit commun. Louis XIV y dérogea en 1682. Le 18 mai de cette année parut la première déclaration ou extension de l'édit d'août 1669, portant défenses aux gens de mer et de métier de la R. P. R. d'aller s'établir dans les pays étrangers « à peine des galères à perpétuité contre les chefs desdites familles, et d'amende arbitraire qui ne pourra toutefois être moindre de trois mille livres contre ceux qui seront convaincus d'avoir contribué à leur sortie, par persuasion ou autrement, et de punition corporelle en cas de récidive » (*éd. et ar.*, p. 112.) Le 14 juillet 1682, paraissait une autre déclaration, visant cette fois tous les sujets de la R. P. R. et déclarant nuls tous les contrats de vente et autres dispositions des biens faites par ceux de la R. P. R. un an avant leur départ (*éd. et ar.*, p. 119.)

A proportion que se multiplient les édits, les arrêts ou les déclarations du Roi contre les protestants pour leur enlever leurs libertés religieuses ou politiques et les mettre hors du droit commun, se succèdent aussi rapidement les déclarations contre les fugitifs. Pendant douze ans, de 1670 à 1682, nous ne connaissons aucune disposition spéciale contre les protestants qui sortent du royaume. De 1682 à octobre 1685, il y a outre les deux déclarations mentionnées plus haut, la déclaration du 7 septembre 1682, en interprétation de celle du 14 juillet 1682 (*éd. et ar.*, p. 122); la déclaration du 31 mai 1685, commuant la peine de mort en celle des galères pour les fugitifs (*éd. et ar.*, p. 192); la déclaration du 16 juin 1685, pour empêcher les mariages des sujets du Roi en pays étrangers (*éd. et ar.*, p. 194); la déclaration du 20 août 1685, donnant au dénonciateur la moitié des biens de ceux de la R. P. R. qui sortiront du royaume (*éd. et ar.*, p. 232.)

L'édit de Nantes est révoqué au milieu d'octobre 1685. Les déclarations du Roi se succèdent plus serrées contre les fugitifs : ordonnance du 5 novembre 1685 défendant à toute personne de contribuer à l'évasion de ceux de la R. P. R., à peine de 3.000 livres d'amende (*éd. et ar.*, p. 248); ordonnance du 20 novembre 1685 (*éd. et ar.*, p. 254) contre l'évasion de ceux de la R. P. R., défendant aux pilotes lamaneurs « de porter aucune personne de quelque qualité, condition et religion qu'elle soit, à bord des vaisseaux étrangers, qui viendront dans les rades du royaume, sans en avoir auparavant donné avis aux officiers de l'amirauté, et en avoir reçu d'eux la permission par écrit, à peine de cinq cents livres d'amende pour la première fois, et de plus grande s'il y échet »; déclaration du 7 janvier 1686 pour défendre les pèlerinages sans permission du Roi et des Evêques (*éd. et ar.*, p. 263); ordonnance du 26 avril 1686, qui est un encouragement aux corps de garde à surveiller les routes et les passages pour arrêter les fugitifs en leur promettant les hardes et les effets trouvés sur eux; bien plus, quiconque arrêtera un fugitif aura le tiers de ces mêmes effets (*éd. et ar.*, p. 281.)

Cette ordonnance d'avril 1686 devait apporter de grandes entraves à la fuite des protestants. Louis XIV lâchait sur eux la rapacité des officiers royaux, des soldats et du paysan. L'intégrité des juges et des consuls est loin d'être à l'abri de tout soupçon, et bien des fugitifs durent la réussite de leurs projets à leur bourse bien garnie, capable de satisfaire aux exigences de leurs surveillants, qui préféraient quelques bons écus aux hardes des fugitifs.

Quand Bastié fut arrêté dans le bois de Melcoire (Gévaudan) avec sa bande de quatorze fugitifs, recrutés à Meyrueis ou aux environs, il s'avança vers Sylvestre de Mercier, et s'adressa à lui « pour implorer sa protection ». Il « le pria de trouver bon qu'ils continuassent leur chemin », lui disant « que ceux qui les avaient arrêtés lui avaient promis de les lâcher moyennant six louis; qu'ils avaient été déjà arrêtés une autre fois le même jour par le sieur Just, procureur d'office de la terre de Montbel, le nommé Delpuech et un menuisier, lesquels, par composition qu'il avait faite avec eux, leur avaient donné la liberté et un guide moyennant neuf écus (*Arch. int.*, C. 168.)

Au moment où Sylvestre de Mercier va emmener cette bande, Gély, l'un des paysans qui avaient arrêté les fugitifs, lui dit « qu'il était bien raisonnable, puisque le procureur d'office de Montbel avait reçu neuf écus pour sa course, que lui et ceux qui les avaient capturés sur la montagne, à l'entrée du bois de Melcoire, qu'ils eussent quelque chose pour eux. » Déjà les paysans avaient pris pour leur part deux chevaux et un mulet. Sylvestre de Mercier les leur fit rendre, et alors il « vit comme le dit Bastié bailla audit Gély deux louis d'or et six demi et deux écus blancs, qu'il reçut en disant que c'était bien le moins qu'on put leur donner pour leur peine, et encore vit que ledit Bastié compta la dépense avec l'hôte que toute la troupe avait faite dans le logis de la baraque » (*Arch. int.*, C. 168.)

En accordant cette prime, Louis XIV savait qu'il diminuerait pour une bonne part l'émigration des nouveaux Convertis. Il y ajouta encore deux déclarations : par celle du 7 mai 1686, tous ceux qui étaient arrêtés sortant du royaume devaient être condamnés « les hommes aux galères à perpétuité, et les femmes à être rasées et recluses pour le reste de leurs jours. » Leurs biens devaient être acquis et confisqués au Roi, même dans les pays où, de par les lois et les coutumes, la confiscation n'avait pas lieu ; même peine était prononcée contre ceux qui directement ou indirectement, contribueraient à leur évasion (*éd et ar.*, p. 286.)

Par la seconde du 11 octobre 1687, la peine des galères était commuée en peine de mort pour tous ceux qui auraient « directement ou indirectement favorisé et contribué à l'évasion et retraite des nouveaux Convertis, soit en les conduisant eux-mêmes soit en leur indiquant des routes et des guides pour les en faire sortir (*éd. et ar.*, p. 300) [1].

L'intendant de Languedoc appliqua sévèrement cette législation, non pourtant avec cette rigueur farouche que lui reprochent tant les historiens. Chargé d'exécuter les ordres de Louis XIV, il le fit avec toute l'obéissance et l'exactitude qu'il apportait dans l'accomplissement de toutes ses fonctions, serviteur fidèle et dévoué du Roi, mais non bourreau de ses administrés.

Nous venons de le voir, il n'appliqua pas à sa province l'ordonnance du 30 juillet 1689, qui aurait par son application décuplé au moins le nombre des fugitifs, et aurait fait perdre à sa province tant de forces utiles.

Placé sur les lieux, investi d'un grand pouvoir, il applique les lois générales du Royaume avec modération, espérant atteindre l'émigration jusque dans sa source.

Facilement il accorde un délai pour la confiscation des biens, espérant ainsi faire revenir le fugitif, qui ne sera

---

1. Je ne parle pas de l'ordonnance du 30 juillet 1689, portant injonction aux Nouveaux Convertis qui avaient un père, un enfant, un frère ou un mari au service des ennemis du Roi, de sortir du Royaume dans le délai d'un mois (éd. et ar. p. 329). Cette ordonnance n'était pas applicable au Languedoc. Il y a à ce sujet, plusieurs lettres de Lamoignon : voir en particulier lettre à Barbut juge de Meyrueis (*Archiv. int.* C. 169.)

pas insensible aux supplications de ses parents. Un exemple entre plusieurs que je pourrais citer : Foissac, de la ville d'Uzès, a sa belle-fille fugitive; il demande un sursis à l'intendant, lui promettant « de représenter icelle dans un mois. » Passé ce délai, la fugitive n'est pas revenue. Lamoignon lui accorde encore huit jours « et, à faute de ce, sera fait droit sur la restitution des intérêts par lui touchés » (*Arch. int.*, C. 299.)

Dût-il être trompé, il se montrera très large pour accorder par lui-même ou par ses subdélégués des passe-ports pour aller à l'étranger pour le négoce. Mazet de Pignan, diocèse de Montpellier, est allé en Italie pour son commerce : il a emmené avec lui ses deux filles avec permission, son fils va le rejoindre. Ils ne reviennent pas et sont portés comme fugitifs (*Arch. int.*, C. 274 et 308.) Tel est encore Matte, de Montpellier, dont les filles « méchantes huguenotes » jouissent du bien. Etabli à l'étranger avec permission et n'étant pas rentré dans le délai fixé, il est porté comme fugitif. J'ignore la date de la sentence du sénéchal, mais probablement en 1698 (*Arch. int.*, C. 274)[1].

En accordant ces facilités de voyage à l'étranger, Lamoignon exige une caution et fixe souvent un délai. Le 24 septembre 1690, Isaac de Possat, de Nîmes, se porte caution pour sa femme, Olympe de la Calmette, qui doit aller faire un voyage à Genève ou ailleurs. Il promet de la représenter dans trois mois (*Arch. int.*, C. 301.)

Jean Nouis, de Monoblet demande un passe-port pour aller en Suisse recueillir un héritage de son oncle Bourguet, décédé à Lausanne. « Il retournera audit Monoblet, ayant fait ses af-

---

[1]. « Les émigrants achetèrent des passe-ports qui leur étaient vendus par les secrétaires même des gouverneurs ou par les commis des ministres d'Etat. Ils gagnèrent les gardes à prix d'argent et donnèrent jusqu'à six mille, huit mille livres pour le prix de leur évasion. » *L. Felice, hist. des Protestants*, 2e éd. p. 414.

J'ai trouvé de ces passe-ports signés de l'Intendant ou par ses subdélégués. Je n'ai trouvé aucun fugitif qui l'ait payé.

Que les fugitifs aient acheté les corps de garde j'en ai cité plus haut un cas; mais pour acheter tous les corps de garde du Languedoc à la frontière, il fallait une bourse un peu mieux garnie que ne l'avaient les fugitifs de cette province.

« Originaires de Montpellier, ils (la famille Matte) avaient été atteints par la persécution et contraints d'abandonner leur patrie. » Jules Chavannes, *Les réfugiés Français dans le pays de Vaud*, p. 237. Cette assertion n'est pas exacte : les Matte ne figurent pas sur les premières listes (1688) de Montpellier; mais bien sur les secondes (1699).

faires. » Caution : Jacques Bastide, receveur des tailles du diocèse de Nîmes (*Arch. int.*, C. 301.)

D'autres, au contraire, demandent un passeport pour aller à l'étranger chercher leurs parents. J'en ai trouvé un certain nombre. Voici un cas. Benjamin Bonne veut aller à Neufchâtel chercher sa femme et ses enfants fugitifs, et revenir en France pour y vivre « comme un bon Français, et fidèle à notre souverain (*Arch. int.*, C. 301.)

On a dit que les nouveaux Convertis qui furent arrêtés furent très maltraités. Nombreux pourtant sont les documents contemporains, prouvant que Lamoignon ne fut pas sans entrailles.

La femme de Rocher, sieur du Petit-Paris (Vivarais), fut arrêtée dans sa fuite. Elle était enceinte. Elle fut confiée à un chirurgien d'Aubenas et soignée par lui. Après ses couches, elle fut mise en prison (*Arch. int.*, C. 299.)

J'ai retrouvé les frais de route que fit le capitaine Duguet pour conduire la dame Molens de Toulouse jusqu'à Nîmes. Elle fit le voyage dans une litière. Les frais s'élevèrent à 114 livres 5 sols. La litière coûta 48 livres (*Arch. int.*, C. 167)[1].

C'est surtout contre les couvents et les hôpitaux que s'exhalent, amères, les plaintes des historiens. Ce furent, disent-ils, des lieux de torture pour les nouveaux Convertis, tortures physiques et surtout tortures morales. Je traiterai tout au

---

1. Voici le rôle des frais.

Sommes partis de Toulouse le onzième mai 1687 avec lad. dame, un soldat à pied, et moi à cheval, et lad. dame en litière ; payé pour la dînée à Brasiege	3-18-0
plus pour la couchée à la Bastide payé	3-19-6
plus à la dînée Alsonne	3-17-6
plus à la couchée à Carcassonne	3-18-0
plus à la dînée à Pechéry	3-12-0
plus à la couchée à St-Ibery	3-15-0
plus à la dînée à Gigen	3-16-0
plus pour trois couchées à Montpellier en attendant l'ordre de Mgr l'Intendant payé	17- 0-0
plus pour la dînée au pont de Lunel le 18 dudit payé	3-12-0
plus pour la couchée à Nîmes	3-17-0
plus pour la litière payé de Toulouse jusqu'à Nîmes, marché fait	48- 0-0
plus pour le louage de mon cheval à 20 sols par jour, payé pour 15 jours	15- 0-0
	112- 5-2

plus pour mes peines ce qu'il vous plaira Monseigneur, et celles du soldat.

long cette question dans mon étude sur les nouveaux Convertis ; pour le moment, je ne citerai qu'un fait.

Jean Vernhes, d'Alban (Vivarais) raconte dans sa supplique à l'intendant toutes les vexations qu'il a subies. Il a reçu d'abord garnison ; les soldats, selon les mœurs de l'époque, lui ont pris et vendu tous ses meubles. Il est obligé d'aller « chercher son pain ailleurs et l'instruction qui lui était nécessaire pour son salut et pour satisfaire à la volonté du Roi. » Il va à Grenoble, y « entend de grandes et célèbres missions » ; nonobstant cette bonne volonté, il est mis en prison, « où il aurait été retenu quelque temps, à défaut de ne vouloir embrasser la Religion catholique, apostolique et romaine, pour n'être encore bien instruit, et n'en connaissant pas la bonté ». En prison, il tombe malade ; on le transporte à l'hôpital de Valence où il se fait instruire et devient catholique. De retour dans son village, il trouve tous ses biens confisqués. L'intendant lui accorde main-levée (*Arch. int.*, C. 299.)

Nombreux furent les prisonniers qui, malades, obtinrent de Lamoignon la permission de se faire soigner chez eux, moyennant promesse de ne pas fuir et caution.

La caution fut encore un moyen que Baville employa pour arrêter l'émigration.

Dès qu'une personne, par sa conduite, par ses paroles, laissait soupçonner qu'elle voulait sortir du royaume, ou même l'avait tenté, une caution lui était imposée. Pierre Siffre, de Montpellier, cautionne pour Dombres, de Ners (de Nîmes); celui-ci ne sortira pas du royaume à peine de 500 livres d'amende pour la caution (*Arch. int.*, C. 301.) Antoine Gout cautionne pour son frère François, de Ners (*Arch. int.*, C. 301.) Voici une caution que personne ne s'attendait à y rencontrer (*Arch. int.*, C. 301.)

« Nous, François de Langlade, du Chayla, prêtre, inspecteur des missions du diocèse de Mende, déclarons à Monsieur le Major de la citadelle de Montpellier que nous nous rendons caution de la conduite du sieur Valentin de la Croix, de St-Andéol, promettant de le représenter dès que nous en serons requis. Fait à St-Germain (de Calberte) ce 5 janvier 1691.

DU CHAYLA, prêtre ind(igne)

On faisait même sortir les femmes des couvents moyennant caution : telle Capeironne, femme du sieur Eustache, apothicaire de Montpellier (*Arch. int.*, C. 301.)

Je ne veux pas dire que ce moyen ait toujours eu un résultat heureux et répondu entièrement aux espérances de l'intendant : nous retrouvons, en effet, Capeironne et Dombres au nombre des fugitifs. Il était bon cependant de l'indiquer, pour apprécier avec justice, soit la conduite de Lamoignon, soit la conduite des fugitifs. On comprendra que je ne puisse citer tous les faits que j'ai trouvés ; certainement aussi que tous les engagements des cautions ne sont pas parvenus jusqu'à nous. Il y en a cependant un assez grand nombre, témoins irrécusables contre l'affirmation de Michelet, copié par les historiens, disant que les fugitifs furent un exemple de la grandeur du caractère et du respect dû à la parole.

A ces difficultés d'ordre législatif contre l'émigration en masse, viennent s'ajouter deux autres qui auraient dû tenir en garde les historiens, et les rendre prudents dans leurs calculs : l'une est d'ordre physique ; l'autre, d'ordre moral.

Je ne conteste pas l'héroïsme dont firent preuve quelques fugitifs, et dont les historiens nous racontent les périls, les misères, les difficultés d'une longue route, les déguisements, péripéties aussi intéressantes que celles d'un roman. Matériellement, il semble impossible que pendant les années qui suivirent immédiatement la révocation de l'édit de Nantes, il y ait eu, je ne dis pas 600.000 personnes comme l'affirme Dupin de Saint-André, mais 200.000 comme l'enseigne Lavisse, à quitter leurs villages sans éveiller aucun soupçon, et à parcourir des distances considérables avec les moyens de locomotion alors en usage. Ce n'est plus, en effet, l'émigration individuelle et successive qu'ils sont obligés d'admettre, mais l'émigration en masse, par bandes. Avec 200.000 fugitifs de 1685 à 1688, c'est une moyenne de 200 fugitifs par jour, allant vers la frontière, la plupart à pied, quelques-uns, les plus fortunés, à cheval ou en litière, et traversant toutes les paroisses du royaume sans être aperçus. Ils évitaient, me dira-t-on, les villes et les villages, passant par les bois, les chemins peu fréquentés, voyageant de préférence la nuit. C'est vrai ; mais de quoi vivaient-ils ? Ou bien il faut admettre qu'ils traînaient derrière eux des vivres pour un aussi long voyage, qui durait quinze jours, trois semaines au moins ; ou bien qu'ils allaient de temps en temps s'approvisionner dans les villages. Comment, dès lors, ne pas donner l'éveil aux consuls ?

Dans les provinces limitrophes, l'émigration a dû être plus facile, partant plus nombreuse que dans le Languedoc : distance moins grande à parcourir, chemins plus connus ; mais quand un gentilhomme du pays Castrais devait aller à Bordeaux s'embarquer pour l'Angleterre, quand des paysans des diocèses de St-Pons ou de Béziers devaient passer en Espagne ; quand des Cévenols devaient aller en Italie ou en Suisse, la plupart d'entre eux ignorant les routes et les distances, on comprend avec quelles difficultés ils entreprenaient de pareils voyages. Comment dès lors faire croire qu'ils ont échappé à toute surveillance, à des hommes alléchés par la récompense promise par le Roi ? Comment supposer que de telles bandes sont parties du Languedoc sans aucun guide, se fiant, pour trouver la route, aux étoiles du ciel ?

On voit comment, en dehors même de tout document historique, et certainement a priori, une émigration en masse semble peu probable ; c'est une émigration individuelle, ou tout au moins par petites bandes de deux ou trois, qu'il faut admettre comme seule possible. C'est d'ailleurs le conseil qu'un fugitif, arrivé aux pays étrangers, donnait à ses amis en leur envoyant un itinéraire à suivre.

« Au surplus, faut observer d'être prudent et avisé, et ne se faire connaître à personne, et même éviter tant qu'il se pourra de ne loger pas aux villes, de même de ne s'accompagner pas de personne dans votre route ; en ce faisant, je prie Dieu qu'il vous veuille conduire » (*Arch. int.*, C. 166.)

De fait, l'émigration en masse n'a pas eu lieu dans le Languedoc pendant les premières années. Je n'ai pas, il est vrai, retrouvé, pour cette province, toutes les listes qui durent certainement être faites au plus tard en janvier 1687 ; mais celles que j'ai retrouvées — une soixantaine environ des diocèses de Mende et de Nîmes-Alais — permettent d'affirmer que dans l'année 1686 il y eut moins de fugitifs en Languedoc que dans l'année 1687 (*Etat des paroisses* 1686-1687 : *Arch. int.*, C. 280-281.)

Et ceci se comprend : aussi désintéressés et fidèles à la parole que nous supposions les protestants, en 1685, il ne faut pas les croire assez dépourvus de bon sens pour entreprendre un long voyage, sur des routes à eux inconnues, sans savoir où ils allaient. Aussi, les consuls qui ont composé les listes (janvier 1687, *Arch. int.*, C. 280-281) se gardent-ils d'affirmer que tous ces fugitifs sont passés à l'étranger. Beaucoup « roulent » par les montagnes ; ils seront pris tôt ou tard, comme Poujol de Montdardier, ou rentreront chez eux, épuisés de fatigue, minés par la maladie, ayant assez de cette vie de « roulement » comme Finiels de Mandagout ou Capdur du Collet de Dèze.

Ce n'est que vers le milieu de 1687, et surtout en l'année 1688, que les premiers fugitifs, qui ont réussi à atteindre les pays étrangers, songent à rentrer dans leurs villages pour servir de guides. Le mouvement prophétique s'est déjà dessiné dans le Languedoc : le peuple a repris un peu conscience de lui-même : le remords servira de ressort pour le secouer de sa torpeur.

C'est l'époque des grandes bandes qui s'organisent un peu partout sous la conduite d'un guide venu de Suisse ordinairement, connaissant les routes, les distances, les passages dangereux et aussi les hôtelleries amies, espacées sur l'itinéraire. Elles partent au nombre de dix, douze, quinze, vingt personnes, rarement davantage. Le métier de guide de devient lucratif autant que dangereux. Il se formera ce que j'appellerai des sociétés d'émigration. Mouvement passager. Bien peu, en effet, réussissent à passer ; la plupart sont arrêtés en route, le guide est pendu, les fugitifs menés en prison, et de là aux galères.

Ajoutez à cela les difficultés d'organiser ces bandes, de les recruter. Tous les fugitifs ne sont pas riches ; la plupart ont à peine de quoi se suffire pour le voyage. Il faut cependant que le guide fasse ses frais et opère avec profit. Ce n'est que juste : car il joue sa tête. Il faut donc agir dans le plus grand secret. Ils changeront de nom ; auront entre eux un langage convenu.

Si on prend la voie de mer, la route est sans danger pour les fugitifs quand on a embarqué sur un point quelconque de la côte ; mais l'absence du patron sera remarquée ; ses allées et venues avant le départ ont éveillé les soupçons.

Dumas d'Agde et Vincenzo Viane l'apprirent à leurs dépens.

Dumas devait une somme assez ronde à Delbos de Saint-Ambroix. Ce dernier voulant sortir du royaume pensa à son débiteur pour l'aider dans son entreprise : il lui donne un rendez-vous, le somme de lui rendre l'argent, le presse, le menace même de lui tirer une lettre de change. Dumas se défend de son mieux : il ne pourra payer, et supplie son créancier de retarder encore l'échéance. Delbos lui fait grâce de sa dette s'il consent à le passer en Espagne sur une barque, lui promettant une bonne récompense et lui donnant sur-le-champ quatre pistoles. Dumas y consent : ils prennent rendez-vous ; ils conviennent que les futurs passagers iront à Balaruc prendre les bains, que Dumas préparera une barque, et ira les chercher. C'était en avril 1686. Au moment fixé, Dumas, avec deux aides qu'il a pris, embarquent Delbos et ses compagnons, en tout une quinzaine de personnes, parmi lesquelles il crut entendre nommer M. de Mirman et ses filles, Saurin, avocat de Nîmes, avec sa femme et leurs enfants, tous se disant pèlerins de N.-D. de Montserrat. Dumas réussit à atteindre les côtes de la Catalogne, reçut 200 livres, non comprises les trois cents de sa dette. Quelque temps après son retour, il était arrêté et le 15 juillet 1686 Chazel demandait qu'il fût pendu (*Arch. int.*, C. 166).

Le même jour, Chazel demandait la même peine pour Vincenzo Viane, domestique de M. Daydé, commis en la cour des aides de Montpellier. Vincenzo était en relation avec un de ses compatriotes, Accaroni. Ils possédaient une barque. Une femme de Montpellier, nommée Lafeuillade, avec qui il avait lié connaissance, lui procurait des fugitifs. C'est ainsi qu'il fit sortir du royaume la femme du ministre de Bordieu, Alzieu et sa famille, et quelques autres. Lafeuillade lui avait « donné vingt pistoles et l'avoit trompé d'une demi-pistole » (*Arch. int.*, C. 166).

Ces deux bandes réussirent à passer, plus heureuses que Jean Borelly, du Pompidou, diocèse de Mende, qui fut arrêté dans le port de Cette, au moment où il allait atteindre un vaisseau hollandais, et condamné aux galères et à 300 livres d'amende (*Arch. int.*, C. 163).

La route de mer n'était donc bien sûre que si les fugitifs étaient assez fortunés pour se payer le luxe d'une barque. Leur fortune ne leur permettait pas cette dépense : aussi l'immense majorité prit la route de terre, moins sûre, bien plus dangereuse, mais aussi moins dispendieuse.

Pour cela, il fallait un guide. Aussi n'est-ce que vers le milieu de 1687, et surtout dans l'année 1688, que, malgré les conseils venus de l'étranger, les protestants organisèrent des bandes. Le métier de guide devint lucratif, mais dangereux. Quelques-unes de ces bandes réussirent à tromper toute surveillance. Pierre Sautier, revenu de Suisse, emmène en une seule fois, fin 1687, ou commencement de 1688, dix-huit personnes des villages environnant Pont-de-Montvert, diocèse de Mende et arrive à Lauzanne (*Arch. int.*, C. 169). En octobre 1687, un certain Sauvet conduit, en une seule fois, vingt personnes des environs d'Uzès, saines et sauves jusqu'en Suisse (*Arch. int.*, C. 168).

A côté de ces bandes qui arrivèrent à destination, beaucoup d'autres furent arrêtées. Le 30 avril 1688, une bande de quatorze personnes est arrêtée dans le bois de Mercoire, diocèse de Mende (*Arch. int.*, C. 168). Vers la même époque, deux autres bandes, composées chacune de cinq à six personnes, sont arrêtés dans le diocèse de Castres. Le 22 avril 1688, une autre bande, la plus nombreuse que j'ai trouvée, composée de vingt-sept personnes, est arrêtée à Saint-Chinion (*Arch. int.*, C. 167). J'en passe : une liste ne présente guère d'intérêt.

Cette émigration par bandes, si elle était moins coûteuse que l'émigration individuelle, était trop dangereuse. Aussi n'en ai-je plus trouvé après 1688. On revint au premier système, à la fuite individuelle ou par petits groupes de deux ou trois personnes, sous la conduite d'un guide. Souvent encore, ces fugitifs étaient arrêtés soit sur le parcours, aux passages du Rhône ou de la Durance, soit à la frontière, comme Marguerite Reille, dix-huit ans, et Madeleine Tempier, dix-sept ans, toutes deux de Vauvert, diocèse de Nîmes, qui furent arrêtées au fort de l'Ecluse, et condamnées par jugement du 21 août 1692, à être « rasées et recluses pour le reste de leurs jours » (*Arch. int.*, C. 172).

L'émigration en masse qui seule pourrait expliquer le grand nombre de fugitifs, ne fut donc que passagère : elle fut au contraire d'une manière générale successive et individuelle. Elle ne pouvait donc apporter, dans une province comme le Languedoc, une perturbation telle qu'elle arrêtât momentanément l'industrie et le commerce. Il y eut à peine, de 1686 à 1715, le deux pour cent de la population à émigrer.

A ces raisons d'ordre physique : difficulté de voyages, surveillance des consuls et des corps de garde, prime accordée à tous ceux qui arrêtent un fugitif, s'ajoute une raison d'ordre moral qui a bien sa valeur et dont un historien doit tenir compte.

L'historien doit peindre les hommes tels qu'ils furent, non tels qu'ils auraient dû être. Or, il y a un fait indiscutable, avoué et reconnu par tous les historiens, même par les historiens protestants, c'est la facilité extraordinaire avec laquelle les protestants abandonnèrent leur religion en 1685. Il n'y eut aucune résistance, à part quelques individualités, qui s'efforcèrent de réagir contre l'affolement général. Il aurait fallu que les pasteurs donnassent l'exemple. A la hâte, ils réglèrent leurs intérêts matériels, s'empressèrent de demander un sauf-conduit et suivirent Brousson dans l'exil, ou donnèrent à leurs fidèles l'exemple de la soumission.

Comment des hommes qui avaient sacrifié si légèrement leurs convictions religieuses, auraient-ils pu abandonner en 1686, en masse, leurs biens, leur fortune, leur position, et retrouver soudain, dans leur âme, une force surnaturelle qu'ils n'avaient pas eue pour défendre leurs temples et le sanctuaire de leur conscience ?

Quand les historiens nous affirment que ces fugitifs donnèrent un exemple de désintéressement et de fidélité à leurs convictions, nous avons bien le droit de leur répondre que ces mêmes hommes avaient, peu auparavant, sacrifié leur conscience à un peu de fortune, et nous pouvons répéter, sans leur faire injure, cette parole d'un juge de Languedoc à l'intendant : « On est toujours un peu de la religion de l'argent » (*Arch. int.*, C. 274. *Lettre de Mandajor*).

Nous avons le droit de demander, à ces mêmes historiens, quel ressort nouveau est venu soulever ce peuple de sa torpeur pour retrouver une énergie qui lui avait complètement fait défaut en octobre 1685, faiblesse tellement grande qu'elle paraît impossible et qu'elle étonne même Brousson (voir mon étude : *Les poètes Cévenols*). Il y eut à cette époque un ressort nouveau qui vint galvaniser un peu ce peuple : le prophétisme, né dès 1686, qui, entraînant le peuple dans les assemblées du désert, fut une des principales causes de l'émigration. Beaucoup de Nouveaux Convertis quittèrent leurs paroisses et tâchèrent de passer à l'étranger, non par désintéressement et respect de la parole, mais pour fuir la peine encourue.

Tous ne prenaient pas la fuite; sinon c'est par milliers qu'il faudrait compter les fugitifs. Quand une assemblée était surprise — et c'était le cas le plus fréquent — chacun tâchait de rentrer chez soi incognito; c'était bien difficile: ils échappaient rarement à la surveillance. Dès que le consul avait connaissance d'une réunion des Nouveaux Convertis dans le voisinage, il allait frapper aux portes des maisons, et s'assurait des présents et des absents; en même temps il mettait des gardes sur les chemins, à l'entrée du village, qui prenaient le nom de tous ceux qui rentraient à une heure si tardive. Le lendemain, ils étaient appelés devant le juge pour une première enquête. Il faut lire dans les interrogatoires les raisons que ces paysans, féconds en ressources, allèguent devant leurs juges pour démontrer qu'ils ne venaient pas d'une assemblée, établir un alibi, trouver une raison quelconque légitimant leur absence, et niant imperturbablement avoir assisté à une assemblée quelconque. Convaincus par les témoignages, quelques-uns avouent, demandent pardon, promettent de ne plus recommencer, et s'en tirent avec une amende ou quelques mois de prison.

Les chefs, les « coqs de village », comme disent les prieurs, ceux qui sont notés comme des hommes dangereux sur les listes fournies par les consuls, ceux qui ont joué un rôle quelconque dans l'assemblée, entonné les psaumes, monté la garde, fourni le pain et le vin pour la Cène, caché et accompagné le prédicant, ceux-là n'ont qu'à choisir : l'exil ou les galères, quelquefois la mort si l'assemblée a été tenue en armes, et ce cas est bien fréquent. Aussi les juges sont impitoyables : leur zèle n'est pas approuvé, on le conçoit, par les seigneurs qui se plaignent que les bras vont manquer pour cultiver leurs terres.

« Je sais, dit Barbara, juge à Castres, dans une lettre à l'Intendant, datée du 30 octobre 1697, que Monsieur et Madame de Malauze, Monsieur et Madame de Saint-Amans crieront qu'on fait déserter leurs terres et que l'on a fait trop de prisonniers. Je ne doute pas même que des prélats n'improuvent ma conduite, ou parce que la terre de Saint-Amans est sous leur protection, ou parce quelques-uns de leurs fermiers se trouvent engagés dans mes procédures ; mais c'est à Votre Grandeur à me défendre, puisque l'exactitude avec laquelle j'ai toujours eu l'honneur de lui rendre mes petits services ne m'a point permis d'excepter qui que ce soit, et qu'il n'y en a que quelques-uns qui, quoique coupables, ont été ouïs en témoins ; mais Votre Grandeur sait que c'est le seul moyen qu'il y a à prendre pour avoir les éclaircissements et les preuves nécessaires de ces assemblées et pour la conviction des coupables ; à l'égard des prisonniers, il fallait bien en faire pour tâcher de faire la découverte. » Et il cite la famille d'un fermier de l'évêque de Lavaur « qu'on veut être en odeur de sainteté », qui, tout entière, s'est trouvée à l'assemblée de Calmont, tenue le 25 septembre 1697 ; « elle continue dans la contravention en chantant des psaumes et se faisant entendre du chemin public » (*Arch. int.*, C. 176).

Les petits services de Barbara ne lui rapportèrent que mille livres pour ses peines et vacations » (*Arch. int.*, C. 176). On comprend qu'alléchés par de pareilles récompenses, consuls, juges, officiers et soldats aient couru sur les assemblées et que beaucoup des coupables, connaissant d'avance le sort qui leur était réservé, aient pris la fuite. Elles sont longues les listes des condamnés par contumace ; plus longues encore les listes des condamnés aux galères, qu'à l'exemple de l'intendant et conformément à la législation de l'époque, je joins à ces listes [1].

---

1. Voici un exemple. Par jugement du 18 décembre 1697, Bonnet, Sénégas, Etienne Cros, Julien Brun sont condamnés aux galères à perpétuité, leurs biens confisqués, à la réserve du tiers pour les enfants ; Arnoux est banni du Languedoc pour trois ans et condamné à 200 livres d'amende en faveur de l'hôpital de Castres. Le même jour Pierre Galibert, Pierre Salvetat, Isaac Estève, Bernard Barthés, David et Jacques Batailloux, Pierre et Jean Batailloux, Pierre Brenac, David Jullian, Jacques Ferrasse, Jean Mialle, Daniel et Jacques Cros sont condamnés à être pendus à Vabre, Saint-Amans de Castres et Mazamet « figurativement en des tableaux qui seront attachés en des poteaux dans lesdites places », leurs biens confisqués, la troisième partie seulement réservée aux enfants : tous, condamnés aux galères ou par contumace, pour avoir assisté aux assemblées tenues aux environs de Castres, de juin à septembre 1697 et qui rapportèrent mille livres à Barbara (*Arch. int.*, C. 176). Tous les noms des condamnés ne se trouvent pas dans les listes que je publie : quelques-uns n'avaient rien, étant des « misérables » ; ou encore les fils avaient obtenu main levée comme Pierre et Jean Jourdan, fils d'André et de Suzanne Villard de Castagnols, diocèse d'Uzès, dont les parents furent conduits à Marseille (*Arch. int.*, C. 305). En 1706, De Saintaurant dressa une liste de ces non-valeurs (*Arch. int.*, C. 316). Je ne crois pas cependant que toutes s'y trouvent.

Il est temps de laisser la parole aux fugitifs et de leur fournir l'occasion de nous dire les motifs de leur fuite. On a voulu en faire une élite. Voyons s'ils furent des gens sans reproche, s'ils quittèrent leur patrie, préférant les biens du ciel à ceux de la terre, et si nous pouvons les proposer en exemple aux générations futures.

De cette élite, il faut d'abord retrancher Antoine Masbernard, de Saint-Etienne de Valfrancesque, diocèse de Mende, qui, collecteur des tailles en l'année 1687, emporta la caisse (*Arch. int.*, C. 285).

Jusqu'à quel point est-on une élite quand on a gaspillé son bien, qu'on fait perdre des sommes, souvent considérables, à ses créanciers, ou qu'on laisse dans la misère une femme et des enfants dont on a dissipé la dot?

Ceux qui veulent se former la religion sur la morale des fugitifs n'ont qu'à parcourir les trois in-folio (*Arch. int.*, C. 282-283-284) où sont inscrites les oppositions faites à la mise en bail des biens des fugitifs, conformément à l'édit de janvier 1688 : «.Ordonnons que les particuliers qui prétendront quelques droits sur lesdits biens, par partages, substitutions, dettes, hypothèques et en quelque sorte et manière que ce puisse être, seront tenus de présenter dans un an du jour de la publication des Présentes, les titres de leurs prétentions » (*éd. et ar.*, p. 304) Conformément à cet édit, un registre fut ouvert. Sans doute le plus grand nombre de ces oppositions sont faites par les parents des fugitifs, en particulier par les femmes réclamant leur dot, les frères et sœurs exigeant leur part d'héritage, les père et mère demandant paiement d'une pension viagère sur les biens donnés à leur fils fugitifs à l'occasion du mariage.

Mais à côté de ces réclamations qui n'entachent pas la moralité des fugitifs, il y en a d'autres, et beaucoup, qui sont loin d'être flatteuses pour cette élite, et nous font apparaître, sous un jour nouveau, leur désintéressement. A ma connaissance, les historiens n'ont pas encore signalé ces trois liasses. Ils sont d'autant moins excusables qu'ils ne devaient pas ignorer l'édit de janvier 1688, dont je viens de citer un passage, et que l'inventaire des archives de l'intendance est très clair et très précis sur ce point. Pour le moment, je n'insiste pas davantage sur ces trois liasses. Avec la liste des fugitifs, paroisse par paroisse, on trouvera aussi en bloc leurs dettes.

Ce qui est sûr, c'est qu'il y eut des fugitifs, et le nombre est bien grand, qui avaient gaspillé leurs biens.

André Boisset, de Bédarieux, diocèse de Béziers, a dissipé tout son patrimoine (*Arch. int.*, C. 308). Barthélemy et Jean Boisset sont partis : les créanciers perdent une part de leurs créances (*Arch. int.*, C. 308). Les frères de Sarret, seigneurs de Saint-Jean de Védas, diocèse de Montpellier, sont fugitifs. Corbière les met au nombre de ceux chez qui « le patriotisme du ciel fut plus fort que le patriotisme de la terre » (*Hist. de l'Eglise Réf. de Montpellier*, éd. 1881, p. 280). Je ne sais ce qu'en pensait leur sœur : elle et Audiffret furent évincés par les créanciers le 20 juillet 1688 (*Arch. int.*, C. 305).

Nombreuses sont les femmes qui se plaignent de leurs maris. Françoise Fouque, femme de Jean Boissier, de Saint-Come, diocèse de Nîmes, a apporté à son mari 1.700 livres de dot; « depuis, ledit Jean Boissier aurait contracté diverses dettes, qui surpassent la valeur de ses biens; et, voyant qu'il ne trouvait plus rien à emprunter, aurait quitté le royaume depuis le mois de mars dernier (1687), à l'insu de la suppliante, l'ayant laissée chargée de trois petits enfants » — l'un d'eux est estropié, ayant les bras brûlés jusqu'au coude — « sans lui avoir rien laissé pour les nourrir » (*Arch. int.*, C. 167).

Dans le même cas se trouve le baron de Temelac, que Corbière cite parmi ceux qui ont donné un exemple de désintéressement. Dans la supplique de sa mère, Esther de Focard, on peut lire parmi les motifs qu'elle invoque pour obtenir main-levée des biens saisis à cause de l'absence de son fils :

« 5° Parce que son fils lui a consumé la plupart de son liquide, ce qui a donné lieu à son évasion, plus que toute autre chose : le légat de 3.000 livres que son père lui a fait étant consumé par ses dépenses extraordinaires, et plus de 18.000 livres au delà » (*Arch. int.*, C. 305).

Jean de Roux, sieur de Costeguizon, de Meyrueis, diocèse de Nîmes, a aussi ses biens saisis par ses créanciers, au préjudice de sa femme qui reste avec une fillette de douze à quatorze mois (*Arch. int.*, C. 167).

La femme de Paul Lebon, de Nîmes, a apporté 4.000 livres de dot, le jour de son mariage. Son mari est parti, la laissant avec des petits enfants. Il a emporté « tous ses effets, à la réserve d'une maison située à Nîmes » et quelques autres pièces. La femme n'a pas de quoi se suffire. Ce qui reste ne peut pas payer l'intérêt de la dot, « ce qui l'aurait obligée de le dénoncer devant les officiers royaux de cette ville » (*Arch. int.* 167).

Jean Noguier, de Saint-Hippolyte du Fort, diocèse de Nîmes-Alais, est aussi fugitif. Sa femme a eu deux mille livres de dot. Avant son départ, il a « ramassé tous ses plus chers effets. » La suppliante est poursuivie par les créanciers, et les biens laissés par le mari n'équipollent pas aux intérêts de la dot » (*Arch. int.*, C. 167).

Un dernier exemple, je ne puis tout citer : demoiselle Philippe Noguier, fille du ministre de Saint-Chapte, a été abandonnée par son père, « sans lui laisser de quoi subsister ». Par la suite, dit-elle dans sa supplique, « le sieur Formy, médecin, son beau-frère, s'en serait aussi allé à Genève, et emporté de la suppliante 2.000 livres, si bien qu'elle se trouve dépouillée de la plus grande partie de ses biens, et ne pouvant pas retirer la somme de 3.000 livres qui lui sont dues sur les biens du sieur Daubussargues, son oncle, qui lui ont été légués par demoiselle Jeanne Daubussargues, sa mère, sœur du sieur Daubussargues, tenancier des biens sujets au paiement de ladite somme, lequel s'en est allé hors du royaume » (*Arch. int.*, C. 299).

A ces plaintes des parents, s'ajoutent celles des créanciers... Il y a des dettes criardes de ceux qui vraiment forment l'élite du protestantisme languedocien, nobles et pasteurs.

Voici une dette de Claris de Saint-Martin, fugitif de Sauve. C'est un billet de 277 livres, qu'il doit payer le jour de la Madeleine 1679, « à peine de tous dépens, dommages-intérêts ». Il est signé le 29 mars 1677. (*Arch. int.*, C. 285).

Autre billet, signé à Nîmes, le 5 mai 1685, ainsi conçu : je paierai au 1er mai prochain, à M. de Durfort ou à son ordre, la somme de 3.166-10-0 pour valeur reçue comptant de lui. » Il est signé : Vestric-Favier (*Arch. int.*, C. 167).

Pierre de Dominici réclame 800 livres à Pierre Audibert, ministre de Brenoux. Lamoignon lui fait accorder 40 livres de rente sur le bail des biens (*Arch. int.*, C. 167).

Beaucoup sont partis sans payer le loyer de leur maison. Pierre Ducamp, notaire à Nîmes, réclame 125 livres que lui doit Jean Ferrier, pour la rente d'une année de sa maison, « n'ayant laissé dans ladite maison que quelques méchants meubles qui ont été vendus à l'encan (*Arch. int.*, C. 167). Mathieu, de Nîmes, doit 22-10-0 à son propriétaire (*Arch. int.* C. 167). Bruguier, marchand de soie à Nîmes, doit 17 livres pour le loyer de sa maison (*Arch. int.*, C. 167).

Voici des dettes d'un autre genre: Louis Julien, d'Esperausse, collecteur des impôts en 1682, réclame 302-4-1 que Pierre et Annibal de Rouzet lui doivent depuis cette époque (*Arch. int.*, C. 311). Eléonore Guiraud, veuve de Jean Vialle, collecteur des deniers royaux en 1671, réclame 35-5-0 que la demoiselle de Gaches, diocèse de Castres, lui doit depuis cette époque (*Arch. int.*, C. 311). En 1684, Marie de Curvalle a prêté 1.500 livres à Jacques Canitrot, ancien contrôleur des greffes de la Chambre de l'édit de Languedoc. Elle attend encore le remboursement (*Arch. int.*, C. 311).

Il y eut cependant quelques fugitifs qui, avant leur départ, se préoccupèrent de ces dettes. Tel le pasteur Jacques Bedey — un vrai patriarche — dont je parlerai un jour; tel encore Jean Favre « syndic de Messieurs les propriétaires des rentes de la généralité de Montpellier ». Sa femme, Isabeau de Peyre, « ne pouvant vaquer à payer à aucun desdits sieurs propriétaires ce qu'il leur doit du reste des intérêts de la finance desdites rentes depuis l'année 1670 inclusivement, jusques et compris l'année 1684, » pria quelques-uns de ses amis, sur l'ordre de son mari, de mettre ordre à ses comptes. Les dettes s'élevèrent à 13.893-13-8 (*Arch. int.*, C. 285).

Pénétrons maintenant dans les familles. Jacques de Brun a épousé, en 1666, Dorothée de Mercier, de la ville d'Uzès. Peu après, il se convertit. Sa femme lui porte une telle haine qu'il doit la quitter et se réfugier à Saint-Ambroix: elle est fugitive (*Arch. int.*, C. 299).

Pierre Coutelle de Rulman, de Nîmes, capitaine réformé au régiment de Schomberg, a abjuré en 1669. Sa mère, Madeleine de Rulman, dit-il dans sa lettre à l'intendant, avait fait son testament en faveur de son mari « à la charge de rendre son héritage au suppliant. » Le 5 juillet 1670, elle le révoque par un autre, et donne 4.000 livres à Suzanne Coutelle, sa fille puînée, institue Marguerite, sa fille aînée, son héritière universelle, et donnait seulement 2.000 livres à Pierre. De retour « il pria lesdites demoiselles Coutelle, ses sœurs, de lui faire raison, ce qu'ayant refusé de faire, il y eut instance par lui formée au sénéchal de la ville de Nîmes, pour avoir paiement de ce qui lui était légitimement dû, tant pour supplément de légitime, que pour avoir même droit à l'héritage de sa dite mère, son dernier testament ne devant pas subsister comme ayant été fait en haine de de religion » (*Arch. int.*, C. 299). Elles sont fugitives.

La famille Thomas, de Castres, nous fournit un autre exemple. Elle se composait de trois frères : Antoine Thomas, sieur de Labarthe, l'aîné; Jean Thomas, sieur de la Vivarié, capitaine dans Auvergne, fugitif; Claude Thomas, capitaine réformé au même régiment, faux converti. Les deux capitaines s'entendaient à merveille contre l'aîné, qui était un bon catholique; l'un était sorti du royaume, l'autre y était resté, pour s'aider mutuellement suivant les circonstances : celui-ci envoyait de l'argent au fugitif. Leurs biens étant indivis, furent enveloppés dans la régie des biens des fugitifs, puis ils obtinrent main-levée. Le capitaine s'arrangea si bien, que le Roi lui donna, au préjudice de l'aîné, la part entière du cadet fugitif. Claude ne put cacher longtemps ses vrais sentiments, et nous le retrouverons ailleurs (*Arch. int.*, C. 298).

Je citerai enfin le cas de Noguier, de Montpellier. Avant de quitter le royaume, Ollivier Noguier passe de fausses hypothèques à son ami, Claude Castan, notaire. Son frère, Jean-Jacques, les dénonce tous deux à l'intendant (*Arch. int.*, C. 305).

Interrogeons maintenant les fugitifs et demandons-leur pour quel motif ils sortent du royaume. S'ils sortent pour des motifs de religion, s'il y a en eux une force, capable de leur faire tout abandonner pour sauver leur liberté de conscience, ils doivent avoir sûrement l'énergie de le dire sans crainte devant le juge. La fuite devait être pour eux un motif de gloire : n'étaient-ils pas une élite, sacrifiant tout par héroïsme, par désintéressement, et allant apporter à l'étranger, en même temps que leur fortune, — car ces désintéressés enrichirent l'étranger, disent les historiens, — le trésor de leurs vertus.

Devons-nous les croire sur parole ? je ne réponds pas encore à cette question : le lecteur jugera ; mais auparavant, je lui mettrai sous les yeux la lettre suivante :

Deux fugitives de Bédarieux, diocèse de Béziers, ont été arrêtées. L'une d'elles fait écrire à son père la lettre suivante :

Monsieur, mon très cher Père,

Je vous apprendrai une fâcheuse nouvelle en vous disant que j'ai été arrêtée en ce lieu, avec ma cousine, par des commis du bateau établi sur Durance, qui ont porté sa plainte au juge, disant que nous sommes des religionnaires, et que nous fuyons à Genève. On nous a sequestrées, et nos hardes ; et, ce qui est le plus fâcheux, c'est qu'on a détenu le muletier et la litière. On doit nous envoyer à Monseigneur l'Intendant bientôt, si nous n'avons pas votre secours. C'est pourquoi je vous prie, par toutes les tendresses que vous pouvez avoir pour une fille, détenue injustement, de partir incessamment pour nous venir joindre. Il faut rapporter une attestation de M. le vicaire, comme nous avons abjuré toutes deux, et que nous avons fait nos Pâques ; que nous allons fête et dimanche à la messe ; et enfin que nous sommes bonnes catholiques. Il faut aussi que cette attestation soit légalisée par le juge ou par le viguier, pour nous servir ; il faut aussi que vous disiez que vous nous envoyiez au Montélimart pour voir quelques amis ou parents, ou bien pour apprendre à travailler aux dentelles dans un couvent. Il ne reste pas que nous n'ayons bien besoin de votre secours ; car, sans cela, il est impossible que nous puissions nous défendre. Il est pourtant sûr qu'ayant ces attestations, il ne peut nous rien arriver ; et celui qui nous a arrêtées paiera assurément la folie. Il serait bon aussi d'avoir attestation des Pères jésuites, bien légalisées, et une lettre d'attestation de M. l'Evêque. Cela servirait pour faire repentir celui qui nous a arrêtées. Je vous attends au plus vite ; venez avec le porteur exprès, qui vous enseignera le chemin, nous joindre ici ; je vous conjure de tout mon cœur et suis, mon très cher père, votre très humble et très obéissante servante et fille.

A la suite on lit : Il serait à propos que vous portassiez les lettres que mon frère m'écrivait de Lyon, de l'aller voir, parce que cela fera un grand effet ; car je pourrai dire que du

Montélimart, j'allais voir mon frère à Lyon. Ne manquez pas de les apporter, et vous prendrez après les résolutions nécessaires avec le monsieur. Senchon, greffier.

Elle ajoute de sa main : Le greffier qui vous informera de l'affaire : je prie ma chère mère que cela ne la fâche ; ma cousine se porte bien et moi aussi. Si mon père n'y est pas, je prie mon oncle de venir au plus tôt. Et suis votre très humble et très obéissante fille,

(*Arch. int.*, C. 168).

MARION DE BASSET.

J'ai lu tous les interrogatoires des fugitifs arrêtés, qui sont tombés entre mes mains ; le nombre en est considérable, assez pour nous permettre de juger de l'état d'âme des Nouveaux Convertis. Je ne me souviens pas d'en avoir trouvé un seul qui soit parti de son village pour aller à l'étranger chercher la liberté de pratiquer sa religion. Je ne dis pas que, dans leur for intérieur, aucun ne l'ait pensé : je dis que aucun n'a eu le courage de l'avouer devant le juge, à moins que nous ne rangions dans cette catégorie Françoise Bastié, femme d'Alexandre Latour, ci-devant notaire à Dourbies, diocèse de Nîmes. Elle répond au juge que « depuis longtemps elle a été traitée avec tant de rigueur par le curé, qu'elle a résolu de sortir du royaume » (*Arch. int.*, C. 168).

Les motifs les plus divers poussent les fugitifs vers l'étranger.

Voici d'abord les amoureux. Pierre Sautier va rejoindre sa maîtresse en Suisse (*Arch. int.*, C. 169). Denis Lichière, de Mandajors, est « éperdument amoureux » de Suzanne Portalière. Elle quitte le royaume ; il la suit (*Arch. int.*, C. 168). Jeanne Aigarde, veuve, âgée de 36 ans, dépose que Julie Nougarède vint lui dire que « si elle voulait aller trouver son fiancé, qu'il est dans les pays étrangers », elle lui indiquerait un guide, « et la déposante voulant se faire épouser par celui qui l'avait fiancée » y consentit (*Arch. int.*, C. 168).

A côté des amoureux, voici les mal mariés. Marthe Astière, femme de Jean Aurel, a résolu de quitter son village, « son mari ayant commerce avec quelque femme ». Elle a réussi, non sans peine, à le convaincre et à l'emmener (*Arch. int.*, C. 168). Jean Coulomb n'est pas plus heureux. Depuis son mariage, il n'a pu vivre en bonne intelligence avec ses parents.

Son père même l'a battu. Il a fui en Suisse. Ne pouvant y gagner sa vie, voulant profiter de l'amnistie, il est revenu (*Arch. int.*, C. 167).

André Monfajon, du Vigan, a des démêlés avec Claude d'Assas, sieur de Pierregrosse, qui même l'a blessé de coups d'épée. Il est parti pour Genève (*Arch. int.*, C. 168).

D'autres, au contraire, vont rejoindre leurs parents. Anne Perarayre veut revoir son frère qui est à Genève. « Par son petit travail, elle avait épargné sept écus ou environ avec lesquels elle prétendait faire son voyage. » Son cousin lui avait prêté un cheval sous prétexte d'aller faire une visite à sa sœur (*Arch. int.*, C. 168).

Anne de Séguier ayant appris que sa sœur, Françoise, allait partir avec Anne Perarayre, se joint à elles (*Arch. int.*, C. 168).

Jean de Roux, de Meyrueis, âgé de treize ans, va rejoindre son père, parti il y a trois ans (*Arch. int.*, C. 168).

Jeanne de Roux, de Meyrueis, va retrouver son frère, le sieur de Costeguizon (*Arch. int.*, C. 168).

Pierre Bastié a perdu tout son bien dans un procès. Sa fille Françoise vient un soir en visite chez lui. Au milieu de la nuit, elle l'embrasse et lui fait ses adieux. Le père ne peut se séparer d'elle et la suit (*Arch. int.*, C. 168).

J'en passe : à quoi bon insister.

On a parlé aussi de l'héroïsme des femmes se travestissant pour mieux échapper à la surveillance. J'en ai trouvé deux seulement dans une bande organisée à Castres. Ce sont Marthe Astière et Anne Seguière ; elles portaient « un haut-de-chausse, un justaucorps, une cravate, un chapeau et une perruque ». Interrogée sur le motif de son déguisement, Marthe répond qu'elle « ne va jamais en campagne avec son dit mari, qu'elle ne soit habillée en homme, depuis qu'elle alla avec lui dans les armées, ne sachant à quelle fin ladite Anne Seguier s'habille en homme » (*Arch. int.*, C. 168).

D'autres vont faire des pèlerinages, sans permission de l'évêque et en contravention avec les ordonnances dont j'ai parlé plus haut. C'est le motif qu'allèguent les fugitifs que Dumas porta sur les côtes de Catalogne.

C'est aussi le motif qu'allèguent Corbière et Calas (*Arch. int.*, C. 166).

D'autres enfin quittent leurs villages pour voir le pays et

aller ailleurs chercher du travail : c'est, je crois, le plus grand nombre.

Jean Aurel, de Castres, ne faisait pas ses affaires et allait du côté du Vigan chercher du travail (*Arch. int.*, C. 168). Jean Plantier avait envie de voir Genève (*Arch. int.*, C. 168). François Alary, Antoine Masson, Raymond Curnac et Pierre Bertrand disent aller à Lyon pour y travailler de leur métier (*Arch. int.*, C. 168).

Genève surtout les attire : c'est le Pérou, la terre promise, le pays du repos, de la tranquillité et de la fortune toute faite. Aussi, ils ont des déceptions : il faut y travailler.

Liron, de Tornac, se plaint à Lafoux, proposant de Durfort, « qu'il était fort misérable à Genève (*Arch. int.*, C. 170).

David Vernières dit qu'il « venait du pays de la Suisse ne pouvant y vivre »; il était revenu en France pour pouvoir y gagner sa vie (*Arch. int.*, C. 168).

Louis Jausserand, de Castanet, est interrogé le 2 juillet 1697. C'est un cordonnier. En 1685, il va à Genève. Il ne trouve pas toujours du travail, surtout à Neufchâtel et Berne. Pour gagner sa vie, il va jusqu'en Brandebourg avec son père. Celui-ci y meurt. Il rentre pour voir des parents et se faire catholique (*Arch. int.*, C. 176).

L'interrogatoire de Paul Bernard est intéressant à plus d'un titre (20 avril 1688). Il n'a abjuré que depuis un an. Il est de Lassalle, diocèse de Nîmes, mais habite Quissac.

« Interrogé pourquoi il ne fit abjuration lorsque tous les autres de Quissac le firent,

« A répondu que, quoiqu'il eût presque toujours demeuré au lieu de Quissac, ne s'en étant absenté que pour aller cueillir des châtaignes, ou aller travailler quelquefois au lieu de Vergèze, personne ne lui dit et demanda s'il avait fait abjuration. C'est la cause qu'il demeura assez longtemps à la faire. »

Le juge lui demande pourquoi il a quitté le pays.

« A répondu que, comme il avait ouï dire que, dans le pays de Suisse, on y gagnait beaucoup de l'argent, ça lui donna lieu d'y aller pour pouvoir en gagner; et ayant vu que, au lieu de ne pouvoir en gagner, il ne pouvait pas y subsister, il s'en est revenu pour s'aller retirer chez lui, ce qu'il faisait, mais il fut capturé le jour d'hier » (*Arch. int.*, C. 168).

Cette déception des nouveaux Convertis à leur arrivée à Genève, nous la trouvons encore mentionnée dans la lettre suivante adressée par Las Tallades à son père, le sieur de Terondel, de la Crouzette, au diocèse de Castres.

« Mes sœurs sont dans un état déplorable. Marion et Jeannette sont malades, et elles ne subsistent que de ce que les gens charitables leur donnent. Je crois que leur mal ne vient que de ce qu'elles sont toutes nues, et qu'elles n'ont pas de quoi se nourrir. S'il vous reste encore quelque amitié pour vos enfants, il est temps que vous la mettiez en pratique. Depuis que je suis ici, elles ne m'ont entretenu que de pleurs et de misères, et, ce qui me chagrine le plus, est que je ne suis pas en état de les assister. Vous avez sans doute appris par M. Durand comme ma tante est malade : depuis six semaines, ma belle-sœur l'est aussi, et j'appréhende que ma femme ne leur fasse bientôt compagnie. Dieu soit loué qui le veut ainsi. Je prie ma chère mère de faire un peu de réflexion sur ce que je vous écris, et de n'oublier pas ses enfants. Tant qu'elles ont trouvé du travail, elles ont mangé du pain ; mais présentement qu'on ne trouve rien à faire, il faut mourir de faim. Les vivres renchérissent tous les jours ; on vend la livre de pain bis trente deniers, et le blanc, quatre sols. Jugez qu'est-ce qu'on peut faire. Au nom de Dieu, que toutes ces considérations vous obligent à faire un petit effort, afin de les tirer de cette misère... Figurez-vous qu'elles sont dans le plus déplorable état qui fut jamais, et, si vous ne remédiez présentement, vous aurez la consolation d'apprendre qu'elles sont dans l'hôpital, où on est le plus mal du monde. Encore un coup, ayez pitié de vos enfants qui ne souffrent que pour une bonne cause. Vous ferez l'adresse à Lastaillades, à Vevai, en Suisse » (*Arch. int.*, C. 171)[1].

Je le demande maintenant : ces fugitifs sont-ils aussi inté-

---

1. Si je cite ces faits ce n'est nullement pour mettre en doute la large hospitalité qui fut offerte aux fugitifs en particulier par la Suisse. On ne peut pas la mettre en doute. Ce qui est aussi hors de doute, ce sont les mutuelles récriminations de la part des fugitifs et de la part des habitants. Beaucoup de ces fugitifs se prévalaient de leur titre pour exiger des secours ; quelques-uns, comme ceux que je viens de citer, prétendaient ne rien faire. Je ne cite pas ici les lettres de Mathieu d'Amalry, le prophète de Lunel ; elles sont injurieuses pour les autorités de la Suisse ; on les trouvera dans mon étude sur les *prophètes*. Les historiens protestants constatent eux aussi ces plaintes, ces mutuelles récriminations, ces froissements ; voir en particulier le livre de J. Chavannes : les *Réfugiés français dans le pays de Vaud*, p. 32.

ressants qu'on se plaisait à nous le dire? Formaient-ils vraiment dans notre patrie, une élite?

Elite d'énergie? Ils avaient tous accepté l'édit de Révocation et sacrifié leur conscience. Parmi tous ces fugitifs arrêtés et dont j'ai lu l'interrogatoire, pas un n'a donné comme motif de sa fuite le désir d'aller à l'étranger pratiquer sa religion.

Elite de désintéressement? Plus haut j'en ai donné des preuves. D'ailleurs la fortune de la plupart d'entre eux était très modérée, et le nombre de ceux qui ne possédaient rien est plus grand que ne le disent les historiens.

Elite commerciale, industrielle, agricole? Quelles connaissances plus étendues que celles de leurs compatriotes qui restèrent, pouvaient avoir ces paysans du Languedoc, ces cardeurs, ces facturiers, ces drapiers, ces cordonniers, ces tailleurs, etc., etc., qui allaient aux pays étrangers? Quand une province comme le Languedoc perd, en trois années, deux mille habitants, peut-on dire que son commerce est paralysé, son industrie ruinée, ses manufactures désertes; et encore, qu'on ne l'oublie pas, dans ces deux mille fugitifs des trois premières années, il y a des femmes et des enfants.

Il est malheureux que des hommes aient été obligés d'aller sous d'autres cieux pour éviter des vexations que personne ne peut approuver. Si aucun d'eux n'a eu le courage de l'avouer devant le juge, de dire qu'ils allaient ailleurs chercher la liberté de prier Dieu selon leur conscience, nous devons être justes cependant envers eux; et, de même que nous ne devons pas, comme certains, les accabler du poids de leur gloire en les transformant en héros, nous ne devons pas non plus les écraser du poids de leur faiblesse.

Pour moi qui ai vécu avec ce peuple, qui l'ai suivi dans ses demeures, dans ses assemblées, devant les juges, qui dois donner un jugement, je le donnerai sans crainte, parce que je le crois juste et équitable : parmi eux, ne cherchons pas des héros, des hommes d'élite, des martyrs; nous y trouvons des hommes, dignes de notre pitié et de notre commisération. Ce sont des vaincus. Ils ont subi la défaite la plus lamentable que puisse subir un peuple : la défaite de l'idée religieuse.

Ils sont dans leurs villages en proie à toutes les surveillances les plus vexatoires, sans guide, sans défenseurs. Ils comparaissent devant des juges, connaissant par avance leur arrêt. D'avocat pour les défendre? je n'en ai jamais trouvé un; je n'en ai jamais vu mentionner un.

Ce peuple fait tout pour échapper à cette vie de misère quotidienne qui l'affole, et il part, emportant sur ses épaules, fardeau bien lourd, le souvenir de sa chûte qui engendre le remords, et le souvenir de sa religion qui engendre la haine.

Aussi, bien qu'ils n'osent l'affirmer devant les juges, et qu'ils donnent d'autres motifs de leur fuite, je crois que beaucoup ont fui pour pouvoir aller à l'étranger pratiquer leur religion en toute liberté. Il ne leur a manqué qu'une chose pour en faire des héros : le courage de le dire.

CHAPITRE TROISIÈME

GUIDES ET ROUTES.

Il n'y eut donc pas en Languedoc une émigration en masse. Elle fut au contraire successive et se prolongea des années 1685 à 1715, et même plus tard, jusque vers 1750, aussi longtemps que la législation sur les assemblées fut appliquée sévèrement.

Le moyen le plus sûr et le plus rapide était en effet la voie maritime, mais c'était aussi la plus coûteuse : moyen de fuite que pouvaient seuls se payer les riches, ceux qui étaient capables de donner deux cents, trois cents pistoles, somme trop forte pour la grande majorité des fugitifs.

Trois voies s'ouvraient devant les Réformés qui voulaient aller à l'étranger : la voie de l'Angleterre par Bordeaux ; la voie de l'Espagne ; la voie de la Suisse, soit directement par Lyon ou le Dauphiné et la Savoie, soit indirectement par l'Italie.

La première était trop dangereuse ; elle n'était guère possible que pour les habitants de l'ouest de la province. La distance est grande de Castres à Bordeaux. Arrivés dans cette dernière ville, réussiraient-ils à monter sur un vaisseau étranger ? Jacques Corbière entreprit ce voyage ; mais il reconnut lui-même les difficultés, et nous allons le retrouver sur le chemin de l'Espagne (*Arch. int.*, C. 166). Louis Guittard, sieur de la Malquière et deux de ses frères, furent moins heureux. Ils furent arrêtés à Bordeaux et conduits aux prisons de Castres (*Arch. int.*, C. 310). Aussi, vu la longueur de la route pour arriver jusqu'en Angleterre, bien peu de fugitifs la suivirent. Un certain nombre de pasteurs se dirigèrent cependant vers Bordeaux, munis d'un passeport. Ils savaient que les portes de l'exil s'ouvriraient toutes grandes pour eux ; le peuple du pays castrais préféra aller vers l'est par le Rouergue, le Gévaudan et Lyon.

Quelques-uns, cependant, tâchèrent de gagner l'Espagne.

Sa proximité dut les tenter. Ils espéraient sans doute avoir toujours une occasion pour s'embarquer pour l'Angleterre.

C'est vers l'Espagne que fuyaient Jacques Corbière que j'ai nommé plus haut, et Jean Calas, avec leurs familles. Ils étaient de Labastide-Rouveyrouse, diocèse de Saint-Pons. C'étaient des ouvriers. Le juge fit l'inventaire de ce qu'ils emportaient.

Jacques Corbière avait 12 pistoles d'or, 37 écus blancs et demi, 3 pièces de 3 sols 6 deniers, et un réal; Jean Calas n'avait que 16 écus blancs. Plus, deux petites caisses et un petit panier plein de bagues de verre « à ce que Jacques Corbière et Jean Canas (sic) et François Rieusset — ouvrier cordonnier chez Corbière — disent, lesquels nous avons cachetés du cachet de nos armes. »

« Plus un manteau de femme, de buratte noire;

« Plus une autre robe de femme, de buratte couleur de musc;

« Plus une autre robe de camelot noir;

« Plus un cotillon de serge de Londres rouge;

« Plus quelques chemises de femmes, grossières;

« Plus trois chemises pour hommes, aussi grossières;

« Plus plusieurs outils servant à un cordonnier. »

Ils allaient en pèlerinage à Notre-Dame de Montserrat; et Jean Calas, qui n'a pas encore communié, se proposait même d'y faire « son bon jour ». En route, Calas vendait des bagues de verre, et Corbière du verre. Ils furent arrêtés à Banyuls, en mars 1686. (*Arch. int.*, C. 166).

C'est aussi vers l'Espagne que devait se diriger la grande bande arrêtée à Saint-Chinian, le 22 avril 1688, et qui comprenait trente personnes venues de Montauban, Négrepelisse ou Realmont. Parmi eux est un guide que se cache sous un faux nom : il dit s'appeler Etienne Massan, d'Aujargues, diocèse de Nîmes, et dont le vrai nom est Etienne Cazaux, né à Quissac, même diocèse. Voici encore l'inventaire des biens fait sur chacun d'eux; malgré son aridité, il est très instructif.

Etienne Massan est le plus riche; il avait dû probablement recevoir déjà une bonne partie de sa paie. Le juge trouve sur lui : 6 louis d'or, une pistole d'or d'Espagne, 8 écus d'argent, 17 pièces de 30 sols, 2 pièces de 15 sols, une de 5 sols et une de 7 liards; une épée; « ne portant pas d'autres hardes ni papiers ».

Sur Boyer, on trouve une pièce de 15 sols et un sol marqué : il portait aussi une épée dont la garde était de cuivre doré.

Cros a deux écus blancs, une pièce de 30 sols, 25 pièces de 3 sols 6 deniers. Un sol marqué et une méchante épée.

Saint-Martin emporte 2 pièces de 30 sols, une de 3 sols 6 deniers.

Saint-Martin fils a un psautier et une écritoire, un écu blanc, 2 pièces de 30 sols, 7 pièces de 15 sols, et 45 pièces de 3 sols 6 deniers.

Sur Catie (ou Catié) le juge trouve un écu blanc, 7 pièces de 15 sols; 11 pièces de 3 sols 6 deniers, et un sol marqué.

Sur Golse, un couteau, 5 pièces de 30 sols, une de 15 sols, une de 5 sols, 6 de 3 sols 6 deniers, et 6 sols marqués.

Sur Sirac, un écu blanc, 3 pièces de 3 sols 6 deniers, 3 sols marqués et deux petits couteaux.

Sur Souquet, 12 pièces de 30 sols, 6 pièces de 15 sols, une de 5 sols, une de 3 sols 6 deniers; 2 sols marqués et une méchante épée.

Sur Fornier, 9 pièces de 3 sols 6 deniers; 14 sols marqués et une méchante épée.

Sur Monteils, 24 pièces de 3 sols 6 deniers, une de 5 sols, un sol marqué et un petit couteau.

Sur Bernard Baillon, une pièce de 30 sols, 6 pièces de 3 sols 6 deniers.

Sur Terral, 2 pièces de 5 sols, 25 pièces de 3 sols 6 deniers, et 18 sols marqués.

Sur Fabre, une pièce de 15 sols, 6 pièces de 3 sols 6 deniers et un sol marqué.

Sur Causse, « n'a été trouvé qu'une méchante épée, et a dit n'avoir point d'argent; et l'ayant fouillé, n'y avons rien trouvé. »

Sur Mommejean, un couteau avec une birolle, 3 pièces de 30 sols, 226 de 3 sols 6 deniers, 13 pièces de 5 sols, 2 de 15 sols et 9 sols marqués.

Sur Honnoric Say, 2 pièces de 30 sols, 4 pièces de 15 sols, 23 pièces de 3 sols 6 deniers, et 17 sols marqués.

« Ayant fait fouiller Marguerite de Menesqual, n'y avons rien trouvé. »

Sur Marguerite Laporte, 2 pièces de 30 sols, une de 15 sols, une de 5 sols, 21 pièces de 3 sols 6 deniers, et 3 sols marqués.

Sur ladite de Cassagnon, 2 écus blancs, 5 pièces de 30 sols; 18 pièces de 3 sols 6 deniers, 2 pièces de 5 sols et 94 sols marqués, et « a dit qu'elle avait deux chevaux qu'elle amène avec ses deux filles, à l'écurie dudit Cheval Vert ».

Sur Catherine Dalauzet, une pièce de 30 sols, 3 pièces de 3 sols 6 deniers et 6 sols marqués.

Sur Suzanne Alauzet, un couteau, une pièce de 5 sols, une de 3 sols 6 deniers et 10 sols marqués.

Sur ladite de L'ombrol, rien.

Sur Jeanne de Bordes, 10 pièces de 3 sols 6 deniers, 2 pièces de 5 sols et 3 sols marqués.

Sur Isabeau de Monméjean, « un pellonton de fillet blanc dans lequel elle dit n'y avoir rien dedans », 16 pièces de 3 sols 6 deniers et 37 sols marqués. « Elle dit avoir aussi un petit cheval à l'écurie du Cheval Vert. »

Sur Marie-Jeanne, 21 sols marqués et une pièce de 5 sols; elle avait aussi un petit cheval.

Sur la demoiselle de Geay, un demi-louis d'or, un écu blanc, 5 pièces de 30 sols, 33 pièces de 3 sols 6 deniers et 56 sols marqués, plus un cheval.

Sur ladite de Rabié, 36 pièces de 3 sols 6 deniers, 29 sols marqués, et une pièce de 15 sols; plus un cheval.

Sur ladite de Planque, 6 écus blancs, une pièce de 30 sols, 5 pièces de 3 sols 6 deniers et 2 sols marqués; plus un cheval.

Sur ladite de Planque, 3 écus blancs, une pièce de 30 sols, 2 pièces de 15 sols, 20 pièces de 3 sols 6 deniers, 18 pièces de 5 sols et 3 sols marqués; plus un petit cheval.

« Après quoi leur ayant demandé s'ils n'apportoient point d'autre argent, linge, papiers, et autres choses, nous ont répondu qu'ils n'avoient rien plus que quelques nippes dans des sacs, sans argent ni papiers qu'ils nous ont exhibés; et les ayant visités, n'y aurions trouvé que quelques chemises et jupes desdites femmes et filles, et dudit Saint-Martin père, de peu de valeur, sans argent ni papiers, lui ayant aussi trouvé quelques peignes et navettes desdits tisserands et peigneurs. » (*Arch. int.*, C. 167).

Il était nécessaire de citer au long, tout en l'abrégeant, cet inventaire qui nous permet de nous rendre compte de ce qu'emportaient les fugitifs. Avec un si maigre viatique, ils ne pouvaient guère corrompre tous les corps de garde qu'ils devaient trouver sur leur route, et satisfaire leur rapacité.

L'entreprise de Cazaux, les fugitifs de Béziers (*Arch. int.*, C. 165), les deux tentatives de Vincenzo Viane et de Dumas d'Agde (*Arch. int.*, C. 166) prouvent donc qu'il y eut un mouvement d'émigration vers l'Espagne dont la proximité devait tenter les nouveaux Convertis.

L'Espagne n'était pas un but ni la fin du voyage; aussi ce fut d'un autre côté que se dirigea le grand courant de l'émigration.

La terre promise, c'était la Suisse : là ils devaient être en sûreté; mais la Suisse est éloignée du Languedoc. Le plus pressant pour les fugitifs était de passer la frontière; d'arriver enfin dans un pays où ils pouvaient être en sûreté, et d'où, à petites étapes, et sans crainte d'être arrêtés, ils pouvaient gagner la Suisse où ils étaient sûrs de trouver une large hospitalité.

Ici, il est nécessaire, je crois, de bien distinguer, et suivant les diocèses et suivant les époques.

Ceux qui habitaient la partie septentrionale de la province — pays Castrais, Gévaudan, Vivarais — prirent la route du centre de la France, par le Rouergue, le Gévaudan, le Velay et le Lyonnais, et atteignirent ainsi la frontière : c'est la route que devaient suivre les fugitifs de Castres et de Meyrueis dont j'ai parlé au chapitre précédent; c'est celle qu'avait prise avec sa bande, Antoine Lassalle, quand il fut arrêté en Gévaudan (*Arch. int.*, C. 167), et aussi Pierre Barral, quand il fut arrêté avec la femme Legrosse (*Arch. int.*, C. 168). De l'avis d'un guide, David Vernières, de Florac, cette route aurait été l'une des plus sûres; et il trace lui-même au juge l'itinéraire qu'il a suivi: Bagnols en Gévaudan, Langogne, Le Puy, Saint-Etienne, Vienne, Beaurepèr, Grenoble et Chambéry (*Arch. int.*, C. 168).

Lyon devient le grand caravansérail des fugitifs. Dans cette grande ville, il est facile de se cacher; puis elle est si près de la frontière; de plus, à cause de l'industrie de la soie, ils peuvent alléguer un voyage dans cette ville et masquer ainsi leur fuite.

C'est de Lyon qu'est parti Berger, lorsqu'il est venu jusqu'à Castres chercher Ricard, sa femme, sa belle-sœur et sa nièce. Le rendez-vous se fit à Réalmont, hors la ville, au logis du Buisson Ardent. Il les mena à Lyon; et, de Lyon, les frères Gautier, qui étaient des Cévennes, les menèrent à Genève (*Arch. int.*, C. 167).

C'est de Lyon que part Auternau fils, autre guide, marchand pelletier dans la Grande-Rue; il opère surtout du côté de Castres; quelquefois aussi il descend jusqu'à Tarascon, pour embarquer les fugitifs; dans cette dernière ville, il a des amis (*Arch. int.*, C. 167).

C'est encore à Lyon qu'habite Emeric, dit Raya, le camarade du guide Berger; il loge à la Croix Blanche, faubourg de la Croix Rousse, et vient parfois jusqu'à Avignon, où il a des amis, même dans l'entourage du vice-légat (*Arch. int.*, C. 167).

Sur la route, les amis ne manquent pas: tel Jean Hug n, nouveau Converti de Villeneuve, dans le Vivarais, qui est accusé de cacher dans sa maison les fugitifs du Languedoc et des Cévennes (*Arch. int.*, C. 167).

A Lyon, nombreuses sont les hôtelleries où on peut descendre en toute sécurité. « Etant à Lyon, lisons-nous sur un billet, aller loger à la Samaritaine, rue du Mulet. Voyez Messieurs Hacre, qui demeurent devant votre logis; Messieurs Cromelin frères, français; Monsieur Jean Albert, allemand; Messieurs Georges et Henri Rictament » (*Arch. int.*, C. 166). Ajoutons-y les hôtelleries de la Croix Rousse, de la Croix Blanche, de la Bonne Chère, du Bœuf, où les fugitifs trouveront, non seulement un refuge, mais encore des voitures (*Arch. int.*, C. 167).

Quelques-uns cependant préfèrent ne pas aller jusqu'à Lyon, et se rapprocher de la vallée du Rhône. Ils passent l'Ardèche — passage facile avec de l'argent — principalement au pont d'Aubenas, ou encore entre le Saint-Esprit et Ayguisse; de là ils atteignent le bourg Saint-Andéol et vont loger au Poussin, à l'enseigne des Trois-Pigeons, dont l'hôte a soin de faire passer le Rhône (*Arch. int.*, C. 167). On peut encore couper plus court et se diriger tout droit sur Loriol, où un voiturier fournit chevaux et litière; c'est même un individu d'Uzès « qui a le parti des chevaux audit Loriol » (*Arch. int.*, C. 167).

Cette route par le centre de la France ne dut être bien pratiquée que lorsque les guides revinrent des pays étrangers pour conduire ceux qui voulaient aller hors du royaume. Elle était longue, et partant, je crois qu'elle dut au commencement peu attirer les fugitifs des diocèses de Nîmes-Alais, Uzès et Montpellier, les trois diocèses qui ont fourni le plus grand nombre d'émigrés. Ceux-ci durent fuir directement vers l'Italie par des routes parallèles à la mer. C'est du moins ce qui ressort de l'étude des documents.

Dès que les premiers fugitifs furent arrivés sains et saufs, ils envoyèrent à leurs amis, restés en Languedoc, l'itinéraire qu'ils avaient suivi, et cela dès la fin de 1685, et sûrement au plus tard, dès les premiers jours de 1686. Dès cette époque, des itinéraires contenant toutes les indications voulues, circulent dans le Languedoc, et tous, par des routes parallèles à la mer, c'est-à-dire par le chemin le plus court et le plus direct pour atteindre la frontière.

Voici la première en date : elle fut trouvée sur Teissier, le fameux viguier de Durfort, que nous retrouverons ailleurs, et paraphée par lui le 26 février 1686, quelques jours avant son exécution.

C'est un itinéraire de Tarascon à Nice avec la distance entre chaque étape.

De Tarascon à Salon, 7 lieues ; de Salon à Aix, 5 lieues ; d'Aix à Negreau, 2 lieues ; de Negreau à Lacaron, 2 lieues ; de Lacaron à Pourcieu, une demi-lieue ; de Pourcieu à Saint-Maximin, une lieue ; de Saint-Maximin à Font-Couverte, une lieue ; de Font-Couverte au Val, 2 lieues ; de Val à Perdiguen, 2 lieues ; à Perdiguen, faut laisser Draguignan sur la droite, de même que Lorgues, qu'il faut éviter, qui est à 2 lieues de Draguignan en y allant ; de Perdiguen à un logis qui est sur le chemin a une lieue ; de ce logis à Braguamont, 7 lieues en évitant de loger pas à Braguamont, y ayant divers villages sur ledit chemin qu'on pourrait loger ; de Braguamont à Bastide, 4 lieues ; de la Bastide au Mas, 4 lieues, qui est en Savoie, ou lieu de sûreté pour leur personne ; du Mas à Saint-Martin, 7 lieues ; de Saint-Martin à Nice, 6 lieues.

« Où étant, logerez au faubourg, et, sur le soir, avant qu'on ferme les portes, entrer dans la ville et demander M. Jacques Sabatuq, marchand français dudit Nice, et lui dire qu'ils sont là de la part (mot tellement raturé qu'il est impossible de deviner une lettre).

» Au surplus, faut observer d'être prudent et avisé, et ne se faire connaître à personne et même éviter, tant qu'il se pourra, de ne loger pas aux villes, de même de ne s'accompagner pas de personne dans votre route; en ce faisant, je prie Dieu qu'il vous veuille conduire » (non signé) (*Arch. int.*, C. 166).

Parallèlement à cette route, mais un peu plus au nord, ayant toujours Nice pour objectif, il y avait un autre itinéraire par Avignon, Riez, Draguignan et Nice. Le voici :

Avignon, 7 lieues de Nîmes; Cavaillon, 4 lieues; Mérindol 4 lieues; à Manosque, 6 lieues; à Riez, 5 lieues (voir Alexandre Arabin) ; à Draguignan, 8 lieues (voir Caudier frères) ; à Grasse, 7 lieues ; à Antibes, 3 lieues (voir Sara, marchand, de la part de l'ami et lui demander); à Nice (voir Gauthier, marchand français); à Cannes, 2 lieues de Grasse (demander M. Mirman, marchand (*Arch. int.*, C. 166).

Plus au nord encore, mais toujours parallèlement à la mer, en suivant la Durance, et se dirigeant droit sur Embrun, les fugitifs passaient à Orange, à Molan, au Buys, à Orpierre, où Mademoiselle Lafage leur donnait l'hospitalité, à las Dieu legas, à la Sausse, à Talar, à Vaussères, à Georges, à Trumières, à Embrun. « Il faut passer, continue l'itinéraire, par-dessous Laroche ou par-dessous la ville, à Châteauroux, à Saint-Clément et à Guillestre, chez le sieur Roustan, et au château de Coiras, à Aiguilles, chez Barthélemy *Meiffre* (?); de là vous passerez à la montagne de la Croix, de là au Villar de Bobes (*Arch. int.*, C. 166).

C'est toujours le chemin le plus direct vers la frontière en évitant les villes autant que possible, en passant par les endroits les moins fréquentés. C'est ce qu'on remarque encore dans l'itinéraire suivant, le plus long que j'ai trouvé, puisqu'il marque toutes les distances d'Alais à Embrun, et dans lequel, après le passage du Rhône jusqu'à Gap, on ne trouve aucune ville de quelque importance.

« A Allais : à Foncouverte, 2 lieues; au Pin Lagrange, 2 lieues; à Bagnols, 2 lieues; Alport d'Ardoize, 2 lieues; à Rochegude, 2 lieues; à Tuteste, 2 lieues; à Suze, 1 lieue $1/2$; à Saint-Maurice, 1 lieue $1/2$; au molin de *Vonsobre* (?), 1 lieue;

à Genoux, 1 lieue; à las Pallas, 1 lieue; à Corgnoi, 1 lieue; Arpabon, 1 lieue; à Virelauze, 1 lieue; au Pinizes, 1 lieue; au Palens, 1 lieue; à Rouzan, 1 lieue ½; à les Pins, 1 l. ½; à Moneluy, 1 lieue; à Serre, 1 lieue; à la Barraque-Bastide, 1 lieue ½; à Viney, 1 lieue ½; au plan de la Roche, 2 lieues; à Gap, 2 lieues; à la Bastido Novo, 2 lieues; à Chorges, 1 l.; à la Prunière, 1 lieue; à Savine, 1 lieue; à Embrun, 1 lieue; à Saint-Clément, 2 lieues; à Fraissinière, 2 lieues; à Palou, 2 lieues; voir Jean Pelgri et Michel frères » (*Arch. int.*, C. 166).

En 1685, beaucoup de pasteurs avaient pris la route de Genève par Grenoble. Celle-ci était la plus courte et la plus directe pour aller en Suisse par la Savoie. Des fugitifs durent la suivre sur leurs traces, peut-être même devons-nous attribuer à un pasteur exilé le tracé de l'itinéraire suivant :

« Il faut passer au port d'Ardoize, Montélimart, Lauriol, Crest, Chambrun, Monsalicon, les Caux, au port de Périès, passer l'Isère à Saint-Marcelin, éviter la ville, demander la Terrière, hôte dans la ville, auquel on peut s'informer, lequel vous donnera des lumières; le port de Trelin; côtoyer la montagne à Saint-Gervais, Saint-Quentin, Sessenage et à Grenoble; éviter la porte de France de cette ville et passer le port de Draix pour entrer à porte de Beaune; loger chez la diligence, rue de Plère (?); demander M. Lanterne, qui loge dans le même cabaret, qui fournira le nécessaire » (*Arch. int.*, C. 166).

Ainsi donc, dès 1686, circulent dans le Languedoc des itinéraires, donnant aux fugitifs tous les renseignements utiles : distance, villes à éviter, chemins à suivre, hôtelleries. Dès lors, des guides, venus des pays étrangers, parcourent la province en tous sens, s'exposant à des peines terribles. Lyon et Grenoble devinrent, à cause de leur proximité de la frontière, le but de ce long voyage : ce sera le repos au milieu des fatigues. Lyon surtout les attire à cause de son industrie. Les fugitifs invoquent, comme une excuse légitime, le besoin d'aller chercher du travail.

Les guides aussi peuvent s'y cacher plus à l'aise, car à cette époque, ce devient un métier lucratif. Entre eux, même, ils s'associent comme Lafeuillade et Laget à Montpellier, Jean Foucal et Jean Soulier à Léques (*Arch. int.*, C. 168).

Ils bravent tous les dangers, courent toutes les aventures, et beaucoup parmi eux iront expirer sur une potence.

Reillet et Malet, deux marchands de Genève, viennent jusqu'en Languedoc chercher les fugitifs (*Arch. int.*, C. 167). Autemère, marchand pelletier de Lyon, en fait aussi un grand commerce : il opère surtout du côté de Castres (*Arch. int.*, C. 167). Les chaudronniers savoyards sont aussi d'un grand secours aux nouveaux Convertis (*Arch. int.*, C. 167). A son tour Berger est venu plusieurs fois, une fois du côté de Castres pour emmener Ricard et sa famille; une autre fois à la foire de Beaucaire pour prendre le sieur Saint-Just, de Malerargues et sa belle-sœur, qui ont manqué au rendez-vous (*Arch. int.*, C. 167).

Les guides ont aussi des recruteurs dans le pays, qui correspondent avec Genève, tiennent les pasteurs au courant de tout ce qui se passe et leur indiquent les personnes qui veulent sortir; tel Palmier, huissier à Uzès, qui est en relation avec le voiturier de Loriol (*Arch. int.*, C. 167); telle la dame de Moret, à Montpellier; « cette dame ayant beaucoup d'intrigues », peut procurer beaucoup de fugitifs; ceux-ci se rassemblent dans une métairie, à une lieue de Montpellier (*Arch. int.*, C. 167).

Servir de guide est un métier dangereux : aussi se font-ils bien payer leurs services. Le prix du voyage se discute et varie suivant les guides, les circonstances et la qualité du fugitif.

Jérussien, de Sommières, dit dans une lettre à un de ses amis que le voyage a coûté à chacun cinq louis « pour nous conduire en toute sûreté en Suisse, sa dépense payée ». Le voyage a été long : Gévaudan, Auvergne, Forez, Lyon, Bresse, Bugey, Franche-Comté (*Arch. int.*, C. 163).

Etienne Abric, ancien maître d'école et chantre de Congenies, passe traité avec Larose pour deux louis d'or (*Arch. int.*, C. 168); tandis que la femme de Brousson, allant rejoindre son mari en Suisse, a donné quarante-deux pistoles à Viane (*Arch. int.*, C. 167).

La nommée Lafeuillade, de Montpellier, donne vingt pistoles à Viane pour conduire des fugitifs. Elle l'a trompé, dit-il, d'une demi-pistole. Combien payait chaque fugitif? Les billets suivants ne nous l'apprennent pas.

« M. Laget laissera passer les deux demoiselles qui ont

toutes payé, et vous prendrez le présent billet. Fait à Montpellier, le 24 juin, 1686. *Signé:* Vincenzo. (*Arch. int.*, C. 166).

Et cet autre :

« M. Laget laissera passer les demoiselles qui vous donneront le présent billet; car ils (*sic*) ont toutes payé; elles viendront toutes ensemble et n'y aura point des hommes. Fait à Montpellier, le 24 juin 1686. *Signé:* Vincenzo. (*Arch. int.*, C. 166).

Dumas, d'Agde, comme je l'ai déjà dit, qui, en juillet 1686, transporta sur une barque Delbos de Saint-Ambroix, Mirman de Nîmes avec leurs familles, reçut 200 livres, en plus des 300 qu'il devait au dit Delbos (*Arch. int.*, C. 166).

Les gens du peuple ne devaient pas payer aussi cher. Plus haut, j'ai donné l'inventaire de ce qu'emportaient les fugitifs de Labastide et de Saint-Chinian. A son tour, Anne Perarayre compte bien faire le voyage jusqu'à Genève avec les sept écus ou environ qu'elle a économisés (*Arch. int.*, C. 168).

Quelquefois le fugitif paiera le guide avec le cheval qu'il lui abandonnera à Genève. Tel Galibert qui a accepté de conduire à Genève Soult, sa femme et ses trois filles; il gardera les trois chevaux que Soult emmène pour la route; au surplus il a dit au guide de ne pas se mettre en peine, et qu'il fournira tout ce qui est nécessaire pour le voyage (*Arch. int.*, C. 168). Jean Aurel de Castres a reçu de Françoise Seguier 130 livres; il dit au juge n'en avoir reçu que 90 pour acheter deux chevaux (*Arch. int.*, C. 168).

François Coste, premier consul d'Anduze, va nous apprendre comment se faisaient les marchés. Le 9 avril 1688, Simon Formental vient le trouver et lui dit qu'il a dans sa métairie un homme à qui il a promis d'amener des nouveaux Convertis qui voudraient sortir du royaume. Ce guide était David Vernières, de Florac. Le consul aussitôt va trouver le sieur de la Farette, médecin et un bourgeois du nom de Cavalier, et tous trois se rendent à la métairie.

Aussitôt ils entrent en conversation avec le guide. Celui-ci s'engage à les conduire sûrement à Genève par la route du Puy qui, dit-il, « est la plus sûre », et leur demande s'ils ont mis leur argent en lettres de change. Tout est bien réglé, répondent nos trois compères. Ils veulent connaître aussi le prix du voyage. Vernières ne demande rien au début : ils paieront à l'arrivée. Le consul et ses deux amis veulent un traité en règle et bien conclu. Le guide demande alors quatre pistoles par tête : marché conclu et accepté.

Ils décident de partir de suite, font une prière et se mettent en route, deux à deux, séparés par une distance de cinquante pas.

Ils font ainsi quelques moments route ensemble, puis l'arrêtent ; et, le 14 avril 1688, Vernières comparaît devant le juge. Il nie être le guide ; mais avoue être sorti du royaume avec Bruguière de Lassalle ; ils passèrent par Vienne et Grenoble ; là ils trouvèrent un guide qui se disait du Vigan ; deux autres troupes vinrent se joindre à la leur ; ils formèrent ainsi une bande d'une quarantaine de personnes tant hommes que femmes (*Arch. int.*, C. 168).

Les villes d'eau jouèrent aussi un grand rôle à cette époque. Une absence, motivée pour cette raison, ne pouvait faire naître aucun soupçon, et les quelques jours qu'on pouvait passer en villégiature dans la plus grande tranquillité, permettaient de se mettre en relation avec les guides ou les étrangers qui y avaient donné rendez-vous. C'était le moyen le plus sûr pour dépister la surveillance, et il dut être employé par les personnes riches et aisées qui pouvaient, avec quelque apparence de vérité, mettre ce motif en avant pour expliquer leur absence auprès des consuls ou des curés.

Balaruc et Vals furent les deux stations particulièrement choisies. C'est à Balaruc qu'en septembre 1686, se rendent Madame de Castillon et ses filles. Le curé de Saint-Jean d'Aureilhan s'aperçoit bien de leur absence. Il demande à M. de Castillon où se trouvent sa femme et ses filles. — A Balaruc, répond-il. Huit jours après, même demande. Cette fois, elles sont un peu plus loin : à Montpellier. Bientôt le bruit se répand qu'elles sont hors du royaume (*Arch. int.*, C. 165).

C'est encore à Balaruc que Dumas, d'Agde, va embarquer Delbos de Saint-Ambroix, sa sœur et ses deux autres demoiselles, tandis que M. de Mirman et sa famille ont quitté Balaruc pour aller s'embarquer à Bouzigues sur la même barque afin de ne pas donner l'éveil (*Arch. int.*, C. 166).

Paul Berger semble avoir fait sa spécialité d'opérer son recrutement dans les villes d'eau. Quand il fut arrêté, le 18 août 1688 et enfermé au château de Moissac (Gévaudan), il dit aller aux bains de Bagnols par Mende. Quel est son vrai nom? Tantôt il s'appelle Abraham Soyer, de la R. P. R., habitant à Lyon, rue de l'Enfant-qui-Pisse, et être venu en Languedoc pour prendre les eaux de Vals. Le 24 août, il devient Antoine de la Cottière, gentilhomme de Bourg-en-Bresse et ancien catholique. Le 13 septembre, il s'appelle La Cottière, natif de Sainte-Marie-aux-Mines, et enfin, le 16 septembre il change encore de nom et dit s'appeler Paul Berger, né au pays des Grisons : est-ce son vrai nom? (*Arch. int.*, C. 167).

Le séjour de Paul Berger à Vals nécessita une enquête de la part de l'intendant. Le prieur de Vals, Fabre, répondit à Lamoignon en lui envoyant la liste des Suisses et des Genevois qui y avaient pris les eaux en 1688. Cinq Suisses de Neufchâteau et sept Genevois y avaient séjourné pendant la saison. Parmi eux ne se trouvait aucun nom de ceux que Berger prétendait y avoir connus. (*Arch. int.*, C. 167).

Mais la lettre du prieur nous intéresse à un autre titre. Il y a quatre maisons suspectes, nous apprend le prieur, où descendent les nouveaux Convertis ou les étrangers protestants; ce sont : la demoiselle Guibardenche, la veuve de Nagier, M. Gauchemard et surtout la demoiselle Deyriargues.

« Nous aurions besoin, dans ce lieu, estime le prieur, d'une ordonnance par laquelle les Huguenots, qui viennent boire les eaux, fussent obligés de loger chez les anciens catholiques et de ne pas fréquenter comme ils ont fait, les nouveaux, pour ne pas rendre leur séjour suspect » (*Arch. int.*, C. 167).

Si le métier de guide était un métier lucratif, il était aussi bien dangereux. Ils ne pouvaient ignorer à quelles peines ils s'exposaient.

Jusqu'à la déclaration du 12 octobre 1687, il n'y eut pas de législation spéciale contre les guides. Il y avait bien sans doute la déclaration du 7 mai 1686 (*éd. et arr.*, p. 286) contre ceux qui, « directement ou indirectement auront contribué à l'évasion », mais il n'y est pas question de guide, et cette constatation est encore une preuve de ce que j'ai dit plus haut, que l'émigration n'avait pas eu lieu en 1686, mais plus tard, quand les guides revinrent des pays étrangers pour conduire les fugitifs.

A ce mal nouveau, Louis XIV opposa la déclaration du 12

octobre 1687 (*éd. et arr.*, p. 300). Cette dernière est dirigée contre ceux, sujets ou étrangers « qui se mêlent de conduire des nouveaux Convertis hors de Notre Royaume, soit en se chargeant de les guider eux-mêmes, soit en les excitant à prendre ce mauvais parti et leur indiquant des routes par où ils pourront passer plus commodément ». Désormais les guides seront punis de la peine de mort.

Il y eut donc deux déclarations que nous allons voir appliquées dans le Languedoc : la première, celle du 7 mai 1686, moins explicite ; la deuxième, au contraire, dirigée contre les guides. Sous le régime de la déclaration de 1686, ceux qui favorisaient la fuite des nouveaux Convertis étaient condamnés seulement aux galères ; sous le régime de la déclaration de 1687, les guides étaient condamnés à mort.

Le 16 juillet 1686, Vincenzo Viane est condamné aux galères perpétuelles (*Arch. int.*, C. 163). Il réussit à s'échapper. Au commencement de juillet 1688, il est de nouveau arrêté à Pont-Saint-Esprit, servant de guide à la femme de Brousson. Par jugement du 31 juillet 1688, il est condamné à être pendu à Nîmes (*Arch. int.*, C. 167)[1].

A son tour, Etienne Cazaux, qui avait conduit la bande arrêtée à Saint-Chinien fut condamné à être pendu à Castres par jugement du 25 mai 1688 (*Arch. int.*, C. 167).

Le 23 avril 1688, Massip, avocat du Roi, demande la même peine pour Barthélemy Vassal (*Arch. int.*, C. 168). Je n'ai pas trouvé le jugement, mais l'issue ne peut en être douteuse. De même Rieys, du Cayla, qui avait formé une association avec Jean Foucal et Jean Soulier, entend le procureur du Roi demander sa tête le 26 mars 1688 (*Arch. int.*, C. 168).

Le 25 mai 1688, Nouys, avocat du Roi, demande que Montfajon et Provençal soient pendus au Vigan : le premier est un fugitif ; le second est un guide (*Arch., int.* C. 168). Provençal est condamné à mort ; Montfajon aux galères perpétuelles (*Arch. int.*, C. 167).

---

1. Il est à remarquer que dans les mesures répressives prises par Louis XIV avant comme après l'édit de Révocation, ce dernier n'a fait que suivre les exigences des Etats ou des juges du Languedoc. Chazal qui fut le procureur du Roi dans le premier jugement de Viane et dans celui de Dumas, d'Agde, en 1686, avait demandé pour eux la peine de mort. La déclaration de 1687 lui donna raison.

Le 26 mars 1688, Denis Quet, salpêtrier de Nîmes, est condamné à être pendu dans sa ville natale pour avoir séduit les sujets de Sa Majesté, avec cet écriteau : Guide et séducteur (*Arch. int.*, C. 191).

Le même jour (26 mars 1688), le nommé Raymond est condamné à Montpellier pour le même motif et dans les mêmes conditions (*Arch. int.*, C. 191).

Bientôt cependant, on constate un relâchement et on revient à l'application de la déclaration de 1686.

Le 14 avril 1689, Louis Boyer, ouvrier en soie de Nîmes, est condamné seulement aux galères perpétuelles (*Arch. int.*, C. 189).

Barthe d'Aumessas, malgré les conclusions de Remisse, procureur du Roi, qui demandait sa tête, est condamné aux galères perpétuelles par jugement du 18 octobre 1691 (*Arch. int.*, C. 171).

Segond et Peirenc, autres guides, opérant ensemble, sont condamnés aux galères : le premier, perpétuelles, le second, pour cinq ans, par jugement du 21 août 1692 (*Arch. int.*, C. 172).

Cette différence dans l'application de la loi ne doit pas nous surprendre. Comme je l'ai dit et démontré plus haut, ce ne fut qu'en 1687 et 1688 que s'organisèrent les bandes de fugitifs dans le Languedoc. Elles sont rares en 1686 et après 1688 ; dès lors, cette mitigation ne doit pas nous étonner de la part d'un intendant qui, malgré tout ce qu'on a dit, ne fut pas le bourreau impitoyable des protestants.

Il appliqua fidèlement les déclarations du Grand Roi, toutes fois qu'il les jugea utiles au bien de l'Etat ; mais, dans sa conduite et dans son administration, il fit tous ses efforts pour accomplir tous ces ordres avec toute la modération que pouvait lui laisser ce système législatif, afin de calmer ces populations et de diminuer dans la mesure du possible le nombre des fugitifs.

Nous allons le voir agir dans l'administration des biens des fugitifs, et tous les lecteurs pourront juger quelle conduite différente tint Lamoignon de Blaville envers les parents des fugitifs, quand on la compare à celle de nos gouvernants actuels, par rapport à ces autres fugitifs aussi intéressants que les victimes de l'édit de Révocation.

CHAPITRE QUATRIÈME

BIENS DES FUGITIFS. — LÉGISLATION.

Louis XIV avait-il prévu toutes les conséquences de son grand acte ? Je ne le crois pas ; et peut-être serait-il plus juste de dire que les événements furent les plus forts, et comme malgré lui, le jetèrent dans une voie qui devait nécessairement le mener à la spoliation de ses sujets. Devant ces conversions en masse, qui avaient précédé l'édit de Révocation, et qu'il avait lieu de croire sincères, pouvait-il prévoir qu'un nombre si grand de fugitifs passeraient la frontière ? Il se sentit alors sur un terrain glissant et dangereux ; malgré la théorie qui lui était chère de maître absolu de ses sujets, il hésita.

Ces hésitations de Louis XIV se remarquent dans la législation sur les biens des fugitifs. Les historiens n'ont pas, à mon avis, suffisamment insisté sur ce point. On croit généralement que la confiscation suivait nécessairement le départ du légitime possesseur. Poussée jusque dans ses dernières limites, cette assertion n'est pas exacte.

Il faut bien distinguer en effet entre les diverses époques : je distingue comme trois étapes : de 1669 à 1685 ; de 1685 à 1688 ; de 1688 à 1690.

Je n'insisterai pas sur la législation avant 1685. Conformément à l'édit du Roi, enregistré le 13 août 1669, les biens des fugitifs étaient confisqués ; par cet édit qui va servir de base à toute la législation, le roi faisait défense à ses sujets de s'établir sans sa permission dans les pays étrangers, « à peine de confiscation de corps et de biens, et d'être censés et réputés étrangers, sans qu'ils puissent être ci-après rétablis ou réhabilités, ni leurs enfants naturalisés pour quelque cause que ce soit » (*éd. et ar.*, p. 26).

Vint ensuite la déclaration de juillet 1682 par laquelle le Roi cassait les actes de vente ; et, en cas de retraite des vendeurs, ordonnait la confiscation de ces biens (*éd. et arr.*, p. 113).

Enfin la déclaration du 20 août 1685, véritable prime à la délation, donnait la moitié des biens à quiconque dénoncerait un fugitif (*éd. et arr.*, p. 232).

Loin d'aggraver ces dispositions, l'édit de la Révocation y apporta quelque soulagement. L'article IX (*éd. et arr.*, p. 244) proclamait une amnistie pour ceux qui rentraient dans l'espace de quatre mois. Ils pouvaient de nouveau jouir de leurs biens comme s'ils n'étaient pas sortis; ceux qui ne rentraient pas avaient leurs biens confisqués, conformément à l'édit du 20 août 1685.

Quelques-uns profitèrent de cette amnistie, ceux surtout qui n'étaient pas encore dans les pays étrangers, mais « roulaient » dans les montagnes, et rentrèrent en possession de leurs biens.

La confiscation était donc suspendue pour quatre mois; le délai expirait légalement le 22 février 1686, puisque l'édit d'octobre 1685 ne fut enregistré que le 22 du même mois. Ce n'est aussi qu'à partir de février 1686, que nous trouverons les comptes des séquestres, et les provisions fournies par ordre de l'intendant aux enfants ou aux parents des fugitifs. Ce système de régie dura deux ans: de février 1686 à janvier 1688.

Peut-être Louis XIV fut-il surpris de voir combien était petit le nombre de ceux qui avaient profité de l'amnistie accordée par l'édit de Révocation; loin de diminuer, en effet, l'émigration augmentait.

Aussi, le 1er juillet 1686 paraissait une nouvelle déclaration dont l'article VI nous intéresse seul en ce moment, et qui proroge jusqu'au 1er mars 1687 la permission de rentrer dans le royaume.

« Et parce que nous sommes informés que la plupart de nos sujets de la R. P. R., qui se sont laissé persuader d'abandonner les biens qu'ils avaient dans le royaume, pour se retirer dans les pays étrangers, désireraient revenir et quitter leurs erreurs, et qu'ils n'en sont empêchés que par l'appréhension d'être punis de leur évasion et de n'y plus trouver leurs biens dont leur retraite leur a fait encourir la confiscation, nous déclarons que nous ne disposerons point avant le premier jour de mars de l'année prochaine 1687 des biens de ceux des susdits sujets de la R. P. R., sortis de notre royaume, qui nous sont ainsi confisqués : et, ce faisant, voulons et ordonnons que ceux qui, avant ledit jour, premier mars, reviendront dans notre royaume et feront abjuration de leur fausse religion, rentrent en la possession de leurs biens et effets, nonobstant même le don que nous pourrions avoir ci-devant fait d'aucuns desdits biens, lesquels dons nous avons dès à présent révoqués et révoquons, à condition que lesdits de la R. P. R.., en entrant dans le royaume, feront leur déclaration par devant le juge royal plus prochain du lieu où ils seront entrés, du dessein qu'ils ont de se réunir à l'Eglise catholique; et, pour cet effet, ils marqueront les lieux où ils voudront faire leur abjuration, et ceux par lesquels ils devront passer pour s'y rendre; après laquelle abjuration qu'ils seront tenus de faire dans huitaine du jour de leur arrivée dans le lieu qu'ils auront marqué, et rapportant le certificat de ladite abjuration bien et dûment légalisé: ce qui sera fait sans frais » (*éd. et arr.*, p. 293).

Telles étaient les conditions de l'amnistie et la situation légale des biens des fugitifs : ceux-ci devaient être confisqués; pratiquement ils furent seulement séquestrés, soumis à la régie ou donnés à bail; et des commissaires furent nommés par l'intendant dès le mois de février 1686 pour les administrer, comme nous verrons au chapitre suivant.

Les ordonnances de régie des biens des fugitifs se succèdent alors rapidement dans tout le Languedoc; les commissaires parcourent leurs districts et font preuve d'un zèle extraordinaire, prenant tout, le mettant en régie malgré les parents, et toutes les raisons que ceux-ci peuvent invoquer pour expliquer l'absence des fugitifs.

Les parents s'adressèrent alors à Lamoignon: enfants, femmes, pères ou mères lui envoyèrent des suppliques pour demander une provision. Je n'en ai pas trouvé sans réponse favorable; quelquefois l'intendant n'accorde pas toute la somme demandée, mais toujours il prête à la supplique une oreille attentive. Elles sont pourtant bien nombreuses ces demandes; et répandues dans diverses liasses, notamment dans les liasses C. 167, 298, 311 et 313. On comprendra donc que je ne puisse toutes les citer.

J'ai déjà publié dans les *Poètes Cévenols* la supplique de la mère de Brousson. En voici d'autres.

Pierre et Jacques Salles, de Sodorgues, sont orphelins.

Par son testament du 23 mars 1679, leur père leur a légué à chacun d'eux 300 livres pour en jouir à vingt-cinq ans. Leur mère, Suzanne Bruguière, est partie : on la croit fugitive. Coupy, directeur des domaines du Roi, a fait saisir et mettre sous séquestre les biens de leur père : ils demandent chacun 50 livres. Lamoignon leur en accorde 15 (*Arch. int.*, C. 167).

Blanche Coulane réclame aussi une provision pour elle et ses frères. Leur mère est morte ; leur père les a laissés tous sept ; le plus jeune n'a que trois ans. Elle demande 60 livres de provision par mois. Lamoignon leur accorde 200 livres par an (*Arch. int.*, C. 167).

Anne Ducros, pauvre vieille de 70 ans, a vu partir son mari Veyret avec sa fille. Elle est maintenant à l'hôpital ; elle supplie l'intendant de lui accorder une provision et de la faire porter chez elle. L'intendant lui accorde 120 livres et la fait sortir de l'hôpital (*Arch. int.*, C. 167).

Abdias Bourrely, chirurgien de Massillargues, a abandonné sa femme avec un enfant au sein ; elle a plus de 1.000 livres hypothéquées sur les biens de son mari ; elle obtient 50 livres de provision (*Arch. int.*, C. 167).

Françoise de Mollias, de Meyrueis, femme de Jean de Roux, sieur de Costeguizon, a eu 5.000 livres de dot. Son mari l'a délaissée avec un enfant de quatorze mois ; les créanciers ont fait saisir les biens. Le juge lui a accordé l'intérêt de sa dot, plus un écu par mois pour sa fille, « mais ladite provisionnelle lui a été inutile parce que le fermier du domaine de Sa Majesté a fait saisir tous lesdits biens ». Par ordre de l'intendant elle touche 150 livres de provision (*Arch. int.*, C. 167).

Marguerite de Claris, femme de Jean Portal, de Saint-Hippolyte-du-Fort, a eu pour dot une maison, 2.000 livres et des meubles : son mari est fugitif. Le tribunal de Sauve lui accorde une provision de 300 livres. Cependant les créanciers ont fait établir le séquestre, même sur sa maison. Lamoignon lui fait donner 200 livres de provision (*Arch. int.*, C. 167).

David de Terson, de Puylaurens, a donné tous ses biens à son fils moyennant cent livres de rentes viagères. Ce fils est parti ; les biens ont été saisis et annotés par Barbara. En attendant de faire casser la donation, le père demande une provision de 200 livres (*Arch. int.*, C. 167).

Marie Colomb s'adresse aussi à l'intendant. Coupy, commis à la régie des biens des fugitifs, a fait saisir les biens de son mari défunt, sous prétexte que son fils aîné, qui a abjuré, est sorti du royaume. Or il voyage pour son négoce; il sera de retour « sans doute avant le mois de mars prochain qui est le temps que Sa Majesté a donné aux fugitifs pour revenir dans son royaume » (*Arch. int.*, C. 167).

Jean et Hector de Barjac ont vu leur père et leur grand-père, le seigneur de Rochegude, partir pour l'étranger. Ils « furent conduits au couvent des R. P. Doctrinaires de la ville de Beaucaire, où ils ont demeuré depuis le neuvième du mois d'avril de l'année 1686 », à raison de quinze livres de pension mensuelle; ils doivent 240 livres de pension et 138—12—0 pour les fournitures. Le 15 mai 1587, Lamoignon accorde au Père Recteur 600 livres de provision (*Arch. int.*, C. 167).

Autre supplique du même genre que la précédente, adressée à l'intendant par Vincent, un des régents de l'école d'Uzès. En septembre 1686, Larnac, commissaire de l'intendant, lui confia les quatre enfants de Jean Folcher, d'Uzès, fugitif; l'aîné était âgé de dix ans; le plus jeune de cinq; à raison de huit livres par mois « pour iceux être nourris, instruits, élevés et blanchis ». Malgré cette pension modique, il y a consenti; il lui est dû quatre mois ou 128 livres, sans compter le papier et autres fournitures de classe. Lamoignon lui fait payer les 128 livres (*Arch. int.*, C. 167).

Quelques exemples encore : Isabeau Jausserand, femme de Pierre Barbut, de Massillargues, a une provision de 150 livres (*Arch. int.*, C. 167); Catherine Fouque en obtient une de 20 livres : elle n'a que 300 livres sur les biens de son mari (*Arch. int.*, C. 167); Jeanne Alibert, femme de Paul Lebon, de Nîmes, a eu 4.000 livres de dot; elle a 200 livres de provision (*Arch. int.*, C. 167); Cent livres de provision sont accordées à Jeanne de Lauzière sur les biens de son père fugitif (*Arch. int.*, C. 167); 115 livres, à la femme de David Fraissinet, d'Anduze (*Arch. int.*, C. 167); 600 livres à Antoine Rouvière, fils de Jean de Rouvière, de Nîmes (*Arch. int.*, C. 167).

J'en passe : à quoi bon faire usage de tous ces documents

que j'ai sous la main et qui ne présentent aucun intérêt particulier. Le lecteur m'en fera grâce; et celui qui voudrait encore mieux approfondir cette question n'a qu'à consulter les liasses indiquées plus haut. D'une manière générale, l'intendant du Languedoc accorde aux suppliants une provision équivalente au 5 pour cent du capital réclamé.

Au surplus, il importe de remarquer que plusieurs de ces provisions excèdent le revenu des biens.

Le frère de Laurent Domerc, fugitif de Montpellier, obtient une provision de 375 livres; les revenus ne suffisent pas à payer cette somme (*Arch. int.*, C. 304). La femme de Chamberadon, aussi de Montpellier, obtient deux ordonnances. La première lui accorde 100 livres de provision. Celle-ci excède de beaucoup le revenu des biens saisis. Elle a ensuite main-levée (*Arch. int.*, C. 304).

Beaucoup de parents obtiennent, en effet, un brevet du Roi ou main-levée. Citer les noms est impossible. Verduron, commis par l'intendant à la régie des biens dans le diocèse de Montpellier, en fournit une longue liste dans son état contenant les noms des fugitifs, des biens desquels il n'a été rien pris, à cause des ordonnances de main-levée ou des provisions qui ont excédé le revenu de leurs biens, obtenues par leurs parents. On trouve dans cet état les noms de 36 fugitifs, presque tous de la ville de Montpellier : voici les plus connus et les plus importants dont les parents obtinrent ces sortes d'ordonnances : Jean Durand, avocat; baron de Temelac, Pierre Barbut, bourgeois; La Feuillade, chirurgien; Jean et Daniel de Belcastel (de Mauguio); marquis de Vignoles, marquis d'Aubais (*Arch. int.*, C. 304)[1].

Le 3 avril 1688, il présente son second compte. Cette fois la liste des non-valeurs a augmenté, soit à cause des provisions ou des brevets du Roi, soit aussi à cause des réclama-

---

1. Cet état a été fait lors du premier compte présenté par Verduron et signé par l'intendant (premier mars 1687). On lit à côté du nom du marquis d'Aubais cette note : « le sieur Ducayla aurait obtenu un brevet du Roi portant don de ce fugitif » Ces biens étaient très considérables et le marquis d'Aubais était l'un des plus riches fugitifs. Ce Ducayla (*sic*) serait-il un parent de l'archiprêtre des Cévennes? Je n'ai pu contrôler cette assertion. Au surplus, dans l'état présenté par Verduron le 3 avril 1688, et comprenant la recette du 10 février 1687 au 29 février 1688, le marquis d'Aubais ne figure plus sur aucune liste, ni sur celle des recettes, ni sur celle des non-valeurs par suite de provisions ou de brevets (*Arch. int.*, C. 304).

tions des créanciers: 76 fugitifs au lieu de 36. Aux noms déjà cités, ajoutons Jean Devaux, avocat, et surtout les ministres Jean et Isaac Dubourdieu et Jean Gautier. La femme d'Isaac a obtenu une provision de 500 livres; les revenus ne sont que de 30 (sic) livres (*Arch. int.*, C. 304).

Même chose pour le diocèse de Béziers; je ne citerai là aussi que les principaux : le sieur de Montagnac et Claudine de Combelles dont les parents ont eu main-levée (*Arch. int.*, C. 304). Ajoutons-y, les deux ministres Antoine Besombes, ministre de Saint-André de Sangonis et Antoine Barbeirac, ministre de Montagnac (*Arch. int.*, C. 304)[1].

Pour les diocèses de Castres, Lavaur, et Albi, pendant l'année 1686, le total des provisions, payées par Fournials, s'élevèrent à la somme de 6.421 livres et 9 sols (*Arch. int.*, C. 311); et pour l'année 1687 à 13.120—12—5 (*Arch. int.*, C. 311).

Telle fut pratiquement la situation des biens des fugitifs jusqu'en janvier 1688. De droit, ils étaient confisqués; mais dans l'espérance que beaucoup rentreraient, Louis XIV suspendit par deux fois l'effet de ses édits.

En janvier 1688 parut un nouvel édit du Roi, enregistré au Parlement le 6 janvier 1688, qui mettait enfin un terme à toutes ces hésitations. La cause en est indiquée dans les préambules. Après avoir constaté que quelques fugitifs ont

---

1. Sur quel édit ou déclaration du Roi s'appuyaient les commissaires pour mettre en régie les biens des ministres? Je l'ignore. D'octobre 1685 à janvier 1688, il n'existe pas, à ma connaissance, d'édit du Roi ou d'ordonnance de Lamoignon, concernant les biens des ministres. Parmi les fugitifs, ceux-ci sont dans une situation spéciale : exilés volontaires. L'édit de Révocation est muet sur l'emploi de leurs biens. Ceux-ci, cependant furent soumis à la régie dès le mois de février 1686; et cela, je crois, contre l'intention de Sa Majesté, qui ensuite, en 1688, les confisqua, faisant ainsi une fois de plus loi du royaume une innovation soit de l'intendant, soit de ses subalternes. Quels sont les coupables? je ne puis trancher la question.

La supplique de Bernardine de Jaussand, fille de Louis de Jaussand, ministre à Castres et plusieurs autres que l'on me dispensera de citer en ce moment, disent que cette mise en régie « est contraire à l'intention de Sa Majesté et à la vôtre (*Arch. int.*, C. 304 F, *Supplique à l'intendant*). Lamoignon lui accorde 400 livres de provision, le 11 janvier 1687, et non pas main-levée. Elle est encore obligée de renouveler sa demande l'année suivante (*Arch. int.*, C. 167). Même demande de la part de Françoise Cabride, fille de Jacques Cabrit, ministre de Lezan. Le commis à la régie des biens des fugitifs du diocèse de Nîmes a affermé les biens de ce ministre pour la somme annuelle de 50 livres. Lamoignon n'accorde à sa fille que 30 livres de provision (*Arch. int.*, C. 167). Je traiterai tout au long cette question dans mon étude: *Pasteurs et Consistoires*.

profité de la déclaration de juillet 1686, le Roi constate aussi qu'il « y en a d'autres qui demeurent dans leur opiniâtreté. »

« Après avoir différé, continue-t-il, jusques à présent l'exécution de nos édits et déclarations, nous nous voyons enfin forcé de pourvoir à ces biens qu'ils ont abandonnés, et qui dépériraient par un plus grand retardement; non que nous prétendions en augmenter nos revenus, ni en profiter en quelque manière que ce soit; mais pour les employer à des usages pieux, pour l'accroissement de la véritable religion, qui est le principal objet de notre continuelle application. A ces causes... voulons et nous plaît que les biens immeubles qui ont appartenu aux Consistoires, aux ministres de la R. P. R. et à ceux de nos sujets qui sont sortis et sortiront de notre Royaume au préjudice de nos édits et déclarations, soient et demeurent réunis à notre domaine, pour être lesdits biens immeubles dorénavant administrés et régis en la même forme et manière que nos autres domaines, et en être fait des baux aux fermiers des domaines de chacune généralité, ou autres particuliers, au plus offrant et dernier enchérisseur » (*éd. et arr.*, p. 302).

Dans ces conditions, que devenaient les provisions accordées pendant ces deux ans par Lamoignon ? Le même édit réglait cette situation. Le Roi ne voulait réunir à son domaine que des biens absolument liquides. Tous ceux donc qui, à un titre quelconque, prétendaient avoir un droit sur ces mêmes biens devaient, dans l'espace d'un an, montrer leurs titres.

« Ordonnons que les particuliers qui prétendront quelques droits sur lesdits biens par partages, substitutions, dettes, hypothèques et en quelque sorte et manière que ce puisse être, seront tenus de représenter dans un an à partir du jour de la publication des Présentes, les titres de leurs prétentions par devant lesdits sieurs intendants et commissaires départis dans les départements desquels lesdits biens sont situés, dont ils dresseront des états et mémoires qu'ils enverront en notre conseil pour y être par nous pourvu ainsi qu'il appartiendra » (*éd. et arr.*, p. 304).

Ce point de l'édit fut exécuté ponctuellement et bien nombreuses furent les réclamations qui furent faites à cette époque. On les trouve dans les liasses de l'intendance 282 à 288.

Sur ces sept liasses trois surtout sont pour nous d'une importance capitale dans cette question : ce sont les liasses 282, 283 et 284. Elles contiennent les oppositions qui furent faites sur les biens des fugitifs, oppositions déposées au greffe de l'intendance de Languedoc. Voici le modèle imprimé (*Arch. int.*, C. 282).

L'an 1688, le..... jour d'..... a comparu au greffe de l'intendance de Languedoc..... lequel a déclaré qu'il s'oppose sur sur les biens appartenant à..... situés à..... diocèse de...... pour raison de ..... (ici on mettait la somme réclamée par l'opposant), en vertu... (dot, dette, etc.) qu'il représente et en a requis acte et signé.

Fait à Montpellier les jour et an que ci-dessus.

La première opposition eut lieu le 12 avril 1688 (*Arch. int.*, C. 282); elles furent reçues jusqu'en septembre 1688 et atteignirent un chiffre de près de quinze cents. Il est vrai qu'il y a plusieurs oppositions sur les biens du même fugitif. Quelquefois la somme réclamée est bien minime : 30 ou 40 livres; mais des fois aussi la somme est considérable : 20.000, 60.000 et même plus comme pour le baron d'Aubais dont le fils réclame 128.885 livres (*Arch. int.*, C. 283): aussi atteignent-elles un chiffre considérable, dépassant de beaucoup un million et demi de livres. Audiffret, comme nous le verrons bientôt, dut soutenir six cents procès. Ces oppositions furent une des causes de sa ruine : elles créèrent un véritable chaos, où personne ne put se reconnaître : exemple frappant de l'anarchie que crée le pouvoir central quand il entre dans la voie de l'arbitraire et porte atteinte à un des principes fondamentaux de la société, tout en prétendant le sauvegarder.

On sent malgré soi dans cet édit de janvier 1688, du dépit et de la nervosité. Pour imposer une loi à la conscience de ses sujets, Louis XIV en arrive nécessairement à l'expropriation. Cent ans après arrivera la revanche.

Tel est l'édit de janvier 1688, expliqué encore par un arrêt du conseil du 31 mars 1688 (*éd. et arr.*, p. 309). Conformément à cette nouvelle législation, l'intendant fit dresser les listes des fugitifs avec la valeur des biens et, fin mai 1688, il mettait aux enchères l'afferme de ces biens réunis au domaine.

Ce régime dura deux ans; au milieu de quelles difficultés pour le fermier, on le devine, et je les dirai au chapitre suivant quand je parlerai du bail d'Audiffret. Celui-ci, en effet, dut non seulement soutenir de nombreux procès contre les parents qui revendiquèrent les biens; mais encore le roi vint compliquer la situation par plusieurs ordonnances, notamment par celle du 12 mars 1689 (*éd. et arr.*, p. 327) par laquelle les fugitifs qui se retireraient à Hambourg, ou iraient servir dans les troupes du roi de Danemark, jouiraient de la moitié du revenu de leurs biens; ils devaient seulement, tous les six mois, faire constater leur résidence dans cette ville, ou présenter leurs états de service dans les troupes de ce roi.

Cette ordonnance n'était pas faite pour éclaircir la situation et diminuer les difficultés que Louis XIV constate lui-même dans son édit de décembre 1689, enregistré le 9 du même mois. Il n'y avait que deux moyens de sortir de cet imbroglio : se lancer complètement dans la voie révolutionnaire, et vendre tout à l'encan, comme on fera cent ans plus tard, ou rapporter tous les édits depuis 1669. Louis XIV ne se sentit pas de taille à suivre la première solution; il préféra la seconde. C'était avouer sa défaite; il sut la pallier comme il le fera plus tard, en 1698, quand il relâchera en faveur des nouveaux Convertis la sévérité des lois.

Les préambules de l'édit de décembre 1689 sont remarquables. Après avoir rappelé l'édit de janvier 1688, le Roi ajoute :

« Ayant été informé des difficultés qui se rencontrent à l'exécution de ce projet, à cause des différentes prétentions que plusieurs de nos sujets ont sur lesdits biens; ayant d'ailleurs égard aux supplications qui nous ont été faites de conserver lesdits biens aux héritiers légitimes de ceux qui, par leur retraite, les ont délaissés; et pouvant, par d'autres moyens, pourvoir à l'établissement de ce qui sera jugé nécessaire pour l'avantage de la religion dans notre royaume, sans réduire tous ces biens en main-morte et les ôter du commerce de ceux qui aident à supporter les charges de notre Etat; à ces causes... nous avons... par le présent édit perpétuel et irrévocable, dit, déclaré, statué et ordonné... (*éd. et arr.*, p. 331).

Remarquons d'abord que l'édit de 1689 est irrévocable; nous verrons bientôt comment, pour le Languedoc, il fut violé et réduit presque à n'être plus que lettre morte.

Les articles I et VII servent de palliatif à cette première

reculade. Par l'article I, les biens des consistoires, ceux destinés pour l'entretien des ministres, ceux des pauvres, devaient continuer à être administrés comme par le passé, par les établissements religieux, hôpitaux, communautés régulières ou séculières, « à la charge de payer les droits d'indemnité si aucuns sont dus, les charges réelles et toutes les dettes légitimes... ». Par l'article VII, les biens des sujets sortis du Royaume avec permission — en grande majorité les ministres dans le Languedoc — devaient être rendus à leurs enfants, si ceux-ci étaient restés dans le royaume; s'il n'y avait pas d'enfants nés et restés en France, et ou s'il n'y avait pas du tout de descendance directe, ces biens étaient régis par l'édit de 1688 (*éd. et arr.*, pp. 332 et 335). Après la mort seulement de ces personnes, sorties par permission du Roi, ces biens, propriétés et usufruit devaient revenir aux héritiers légitimes restés dans le royaume, conformément à l'article II de ce même édit (*éd. et arr.*, p. 335).

Puis, dans cinq articles, le Roi établissait pour les fugitifs, sortis sans permission, une nouvelle législation.

L'article II est le plus important : « Voulons que les biens délaissés par nos sujets qui sont sortis et pourraient sortir ci-après de notre royaume, au préjudice des défenses portées par nos édits, appartiennent à ceux de leurs parents paternels ou maternels, auxquels, suivant les dispositions des coutumes et des lois observées dans les provinces de notre royaume, ils eussent appartenu par la mort naturelle de ceux qui se seront ainsi retirés, et qu'ils les partagent et possèdent en la même manière que s'ils les avaient recueillis par succession, et aux mêmes charges, dettes, douaires, pensions viagères et autres conditions; soit de substitutions, garanties ou autrement, dont lesdits biens sont chargés; révoquant à cet effet tous dons faits par brevets, arrêts ou lettres patentes jusqu'à notre présent édit; sans néanmoins que les donataires soient tenus de restituer les jouissances, par eux perçues en conséquence desdits dons, sur lesquels ils seront seulement tenus de payer les charges réelles, à proportion du temps de leur jouissance » (*éd. et arr.*, p. 332).

Non seulement les héritiers directs avaient droit de rentrer en possession des biens, mais encore ils pouvaient faire dresser des procès-verbaux de l'état dans lequel se trouvaient ces biens; en cas de dégradations, faites pendant la régie, ils pouvaient se pourvoir par devant les juges contre ceux qui les avaient causées, même contre les donataires (*éd. et arr.*, p. 334).

Pour rentrer en possession de ces biens au 1er janvier 1690, les parents devaient présenter des requêtes contenant le degré de parenté, lesquelles devaient être communiquées aux procureurs du Roi; les lieutenants des bailliages et sénéchaussées, ou les juges dans le ressort desquels ces mêmes biens étaient situés, prononçaient la mise en possession (*éd. et arr.*, art. 3, p. 333).

Les juges pouvaient connaître de tous procès et différends mus et à mouvoir, pour raison de propriété de ces biens, ou pour dettes, substitutions, douaires, pensions viagères, et autres charges dont on prétendra que ces biens sont grevés (*éd. et arr.*, art. 4).

Les créanciers pouvaient poursuivre le paiement de leurs dettes contre ceux qui étaient déclarés les plus proches parents et héritiers légitimes, et même faire saisir réellement et décréter ces mêmes biens par devant les juges (*éd. et arr.*, art. 6).

En résumé, l'édit de décembre 1689, applicable dès le 1er janvier 1690, annulait les édits, cassait les baux et rendait aux parents, sans même leur demander un certificat de catholicité — certificat exigé en 1686 pour avoir une provision — les biens des fugitifs, tels qu'ils étaient en 1686, puisque les héritiers avaient le droit de se pourvoir par devant les juges pour raison des dégradations qui auraient pu y avoir été faites.

A partir de janvier 1690, il n'y eut donc que les biens des ministres ou des personnes sorties avec permission — nombre peu considérable — et qui n'avaient pas d'enfants dans le royaume, qui restèrent soumis à la régie. Ces biens même devaient plus tard faire retour aux héritiers collatéraux à la mort de leurs propriétaires.

Cette loi vraiment libérale et qui, dans la pensée de Louis XIV, devait amener une détente chez les nouveaux catholiques, fut aussitôt mise en vigueur dans le Languedoc. Lamoignon suspendit de suite le bail d'Audiffret, et les juges se mirent en demeure de faire rendre aux parents les biens des fugitifs avec le même empressement que, quatre ans auparavant, ils avaient mis à les confisquer.

A quoi bon citer tous les jugements qui furent rendus à cette occasion par les juges et qu'on pourra consulter dans les archives de l'intendance. Dès le 4 janvier 1690, nous voyons les juges de Castres rendre un jugement en faveur de Jeanne Canitrot, sœur de Jean-Jacques et David Canitrot, fugitifs;

Le 5 janvier, quatre autres ordonnances : elles se succèdent ensuite jusqu'en 1697 (*Arch. int.*, C. 310). Mêmes jugements pour toutes les villes ayant des juges, rendus pendant cet intervalle de sept ans : Revel, Sommières, etc.

On voit l'empressement que mirent les parents à réclamer ces biens, puisque, dès les premiers jours de janvier 1690, les juges sont déjà occupés à rendre des ordonnances. Quelques héritiers furent même trop pressés à réclamer ces biens et Lamoignon dut rendre l'ordonnance suivante : (*Arch. int.*, C. 171).

Nicolas de Lamoignon, etc.,

Sur ce qui nous a été présenté que sous le prétexte de l'édit de décembre 1689, qui adjuge les biens des religionnaires fugitifs à leurs plus proches parents, plusieurs ont surpris des ordonnances des juges royaux, et se sont mis en possession de ceux appartenant aux ministres et autres sortis du royaume avec permission de Sa Majesté, et qui n'ont point laissé d'enfants dans le royaume, quoique exceptés; et que ce soit l'intention de Sa Majesté qu'ils fussent régis et administrés par les personnes par elle commises; ce qui étant contraire aux dispositions de l'art. VII,

Nous ordonnons que les biens de ceux de la R. P. R., sortis du Royaume avec permission, qui n'ont point laissé d'enfants dans le Royaume, compris au présent rôle, seront affermés à la diligence des receveurs généraux du domaine, en la forme ordinaire par les commissaires par nous subdélégués en chaque diocèse, si fait n'a été; et, au cas que quelques particuliers, sous prétexte de l'édit de décembre 1689, se soient adjugés lesdits biens par les sénéchaux ou autres juges, ils seraient obligés de s'en désister du jour de la publication de la présente ordonnance, et de restituer aux receveurs généraux du domaine, chacun dans l'étendue de leur généralité, tous les fruits et revenus qu'ils en ont retirés depuis le 1er janvier 1690, comme aussi les sommes en principal et intérêts qu'ils auront reçus par leurs débiteurs;

Ordonnons, en outre, qu'à l'avenir, lesdits receveurs généraux se feront payer, année par année, des intérêts qui seront échus et même les sommes principales, si le quart en échoit, pour, sur le compte qu'ils nous en rendront, être disposé desdites sommes ainsi que nous jugerons à propos.

Fait à Montpellier, le...

Cette ordonnance de Lamoignon n'est pas signée et ne porte pas de date. Tout porte à croire que c'est un brouillon, ou tout au moins un modèle de celles qui furent expédiées aux divers subdélégués. Elle porte d'ailleurs elle-même sa date, 1690, ou au plus tard, 1691.

La situation devenait claire dans le Languedoc. L'imbroglio créé par la législation antérieure était dénoué. Toutes les oppositions faites en 1688 sur les biens des fugitifs s'évanouissaient. La plus grande partie, en effet, avait été faite par les héritiers : femmes, parents, enfants; à leur tour, les créanciers n'avaient qu'à s'adresser aux héritiers pour réclamer le paiement de leurs dettes. Très peu de biens restèrent en régie, et chaque année devait en voir diminuer leur nombre par la mort des ministres ou des fugitifs, sortis avec permission.

Il est facile de saisir le but poursuivi par Louis XIV : cette mesure de clémence devait, dans son esprit, lui attirer l'affection des nouveaux Catholiques et lui faire pardonner un peu la sévérité de l'édit de Révocation.

Il n'en fut rien : sept ans se passèrent, et, comme le constate Lamoignon dans une lettre que j'ai rapportée plus haut, les nouveaux Convertis ne furent pas plus dociles. Cette augmentation de richesse ne servit même qu'à les rendre plus récalcitrants, parce que la fortune leur donna plus d'influence.

Aussi, tandis que le Roi se préparait à publier sa déclaration du 13 décembre 1698, qui devait être une seconde reculade, Lamoignon se disposait à opérer une seconde confiscation des biens.

Nous avons vu que Louis XIV ne demandait pas en décembre 1689 un certificat de catholicité aux parents des fugitifs pour rentrer en possession des biens. Dès 1686, l'intendant de Languedoc avait fait de ce certificat une condition nécessaire aux provisions qu'il accordait aux parents. Sur quelle loi du royaume se basait-il ?

En 1699, il revient au même système. Il exige un certificat de catholicité. Alors furent faites, dans tout le Languedoc, de nouvelles listes de fugitifs; en face se trouve le nom de celui qui jouit des biens, conformément à l'édit de décembre 1689, avec une note de catholicité. Presque tous ou du moins la grande majorité sont de « méchants huguenots » ou « ne font pas leur devoir ». J'ai dit au chapitre premier que l'intendant demanda avis au ministre de Louis XIV. Aussi les ordonnances se succédèrent-elles nombreuses ; c'est par fournées que les confiscations eurent lieu et que les biens furent de nouveau soumis à la régie à partir de 1700.

Sur qui l'histoire doit-elle faire retomber la responsabilité d'un tel acte ? Il vaut la peine, je crois, de le rechercher. La conduite de Lamoignon était conforme, sinon à la lettre, du moins à l'esprit de la législation. Dans toute sa conduite dans le gouvernement de cette immense province, il a un esprit de suite que l'on cherche vainement dans la conduite de Louis XIV. L'intendant de Languedoc n'a pas de volonté : il exécute, mais en homme intelligent et logique, comprenant que la fin implique les moyens. On peut le blâmer, et je ne me ferai pas, malgré mon admiration pour lui, son apologiste ; mais on ne peut s'empêcher de reconnaître en lui l'homme d'énergie tenace, le serviteur zélé et dévoué du Roi, interprétant ses déclarations et ses édits avec indépendance. Rien ne le rebute ; il ne redoute pas le jugement de la postérité.

Doit-il donc porter seul devant l'histoire la responsabilité d'une telle initiative ?

On sait qu'à cette époque, l'autorité de Lamoignon était fortement battue en brèche auprès du Roi. Une réaction s'était opérée en haut lieu ; et, devant l'insuccès, Louis XIV s'était décidé à demander leur avis aux évêques et aux intendants. Au fond, toute cette enquête était dirigée contre le roi de Languedoc, ayant des pouvoirs plus étendus que les autres intendants, jugeant souverainement et sans appel.

Cette enquête a été publiée dernièrement : « Mémoires des évêques de France », éd. Picard, Paris 1902. Je crois inutile de rapporter ici les avis des évêques de la province, qui, en grande majorité, approuvèrent la conduite de l'intendant.

Or, non seulement dans le Languedoc, mais aussi dans certaines provinces qui comptaient beaucoup de nouveaux Convertis, s'était créé un courant contre l'édit de décembre 1689.

On lit en effet dans le mémoire de Pinon, intendant à Pau : « on ne saurait imposer aux nouveaux Convertis des peines trop sévères pour empêcher leur évasion hors du royaume; et, lorsque le cas arrive, il semble qu'on devrait prononcer la confiscation des biens, parce que, sur la foi de l'édit de 1689, ils ont la facilité de retirer dans les pays étrangers une bonne partie des revenus de leurs biens que leurs parents trouvent moyen de leur envoyer (Mém. des Evêques de France, p. 339).

De son côté, Begon, intendant de la Rochelle, demande, le 4 mai 1698, que Sa Majesté « interprétant la déclaration du mois de décembre 1689 », déclare « qu'elle n'a pas entendu que les héritiers des fugitifs, qui ne font point leur devoir de catholiques, jouissent des biens abandonnés; et qu'à commencer aux premiers jours de janvier prochain, elle veut et entend qu'ils soient dévolus au plus prochain héritier, habile à succéder au fugitif, qui fera profession publique de la religion catholique, apostolique et romaine; et, au défaut d'héritiers catholiques, à ceux auxquels la succession appartiendra par droit de déshérence; et, à l'égard des revenus que les hérétiques ont touchés, depuis la déclaration de 1689, ils seront poursuivis pour en compter et les rapporter à ceux qui seront connus dans chaque généralité pour les recevoir; et seront employés à l'entretien des petites écoles et autres œuvres pieuses, par les ordres de Sa Majesté, sur les avis des archevêques, évêques et intendants des provinces; étant certain qu'il n'y a rien qui ait fait si grand tort à la religion que l'abandon qu'on a fait aux hérétiques des successions de ceux qui sont sortis du royaume, avec lesquels ils en partagent les revenus, ce qui épuise l'Etat par les sommes considérables qu'on envoie dans les pays étrangers. Il y en avait, en 1689, dans les seules élections de la Rochelle et de Marennes, qui sont très petites, pour 2.400.000 livres de rente (Mém. des évêques de France, p. 354).

Plus préoccupés des intérêts spirituels des nouveaux Convertis, les évêques signalent, cependant, en passant, les funestes effets qu'a produits l'édit de 1689. Je ne citerai pas les mémoires des évêques de la province qui, pour la plupart reflètent les idées de Lamoignon.

Voici d'abord l'opinion de Mascaron : « Je ne dis rien de la disposition des biens des fugitifs; il est certain que les laisser à la disposition de leurs plus proches, c'est les abandonner aux fugitifs mêmes, et fournir des armes aux ennemis de l'Etat (même mém., p. 200).

Barillon, évêque de Luçon, écrit à son tour : « Qu'en expliquant la déclaration du Roi par laquelle les biens des fugitifs ont été donnés aux plus proches parents, on ajoutât : à la charge qu'ils feraient profession de la religion C. A. et R. et qu'ils auraient rempli les devoirs de bons catholiques, suivant les certificats donnés par les évêques (*même mém.*, p. 48). Il va même plus loin et demande de déshériter tous ceux qui ne justifient pas « des certificats en bonne forme qu'ils ont fait le devoir de bons catholiques », tout comme Begon, intendant de la Rochelle.

On peut encore voir, sur ce sujet, l'opinion de Francheville, évêque de Périgueux, de la Brunetière, évêque de Saintes et de plusieurs autres.

L'évêque de Montauban résumait donc bien la pensée dominante, quand il écrivait : « La déclaration du Roi qui donnait le bien de ceux qui sortaient du Royaume au plus proche parent, a eu de très mauvaises suites, et l'on sait, par mille expériences, qu'une famille fugitive laissait toujours quelqu'un qui recueillait la succession, qui faisait souvent très mal son devoir de catholicité, et qui envoyait tous les revenus à ses parents, en sorte que par ce moyen, ils jouissaient de leurs biens comme s'ils eussent encore été dans leurs terres et dans leurs maisons (*même mém.*, p. 120).

Lamoignon peut porter devant l'histoire l'initiative d'avoir exigé, dès 1686, un certificat de catholicité, pour accorder des faveurs aux nouveaux Convertis ; son autorité à la Cour, battue en brèche par d'Aguesseau, à qui il avait succédé dans l'intendance de Languedoc, loin d'en être ébranlée, fut au contraire raffermie. Suspendus pendant neuf ans, de 1690 à 1698, ces certificats allaient réapparaître. Ce n'est plus seulement Lamoignon qui les demande, ce sont les évêques des autres provinces, même quelques intendants. Louis XIV va faire loi d'Etat cette innovation de l'intendant de Languedoc. Avant comme après l'édit de Révocation, cette province était destinée à servir de champ d'expérience.

Le 13 décembre 1698, Louis XIV publiait une déclaration, qui devait être pour la conscience des nouveaux Convertis ce que l'édit de décembre 1689 avait pour les biens des fugitifs.

« Voulons au surplus que nos dits sujets jouissent paisiblement de leurs biens et exercent leurs commerces ainsi que les autres, à la charge par eux de se faire instruire et con-

firmer en la religion catholique, apostolique et romaine »
(*éd. et arr.*, art. 15, p. 378).

Cet article n'est encore qu'un premier avertissement. Sans doute, ils doivent se faire instruire, mais depuis 1685, le Roi n'a pas laissé échapper une occasion sans le leur recommander; au surplus, il n'y a pas de pénalité édictée contre tous ceux qui manquent à cette obligation. Il n'y est pas non plus question spécialement des biens des fugitifs.

Il faut rapprocher cet article XV de l'article VIII de la déclaration du 29 décembre 1698. Celle-ci est une nouvelle amnistie pour les fugitifs qui, de l'étranger, voudraient rentrer dans le royaume; en s'engageant à se faire catholiques, dans le mois qui suivrait leur retour, ils devaient rentrer en possession de leurs terres et aussi des biens qu'ils auraient eu par héritage s'ils n'étaient pas sortis du royaume.

Au cas où les fugitifs ne rentreraient pas, le Roi maintenait les possesseurs de ces biens dans leur propriété « à la charge par eux de vivre exactement et fidèlement dans la profession et exercice de la religion catholique, apostolique et romaine, et de n'envoyer dans les pays étrangers aucune partie des fonds, ni même du revenu desdits biens... à peine d'être privés de la jouissance et même du fond desdits biens. Dans ce cas, le Roi se réservait d'en disposer comme il l'entendrait (*éd. et arr.*, p. 383).

Ainsi donc l'intendant de Languedoc triomphait. Le certificat de catholicité, inauguré par lui, en 1686, pour avoir une provision, devenait maintenant obligatoire pour tous les nouveaux Convertis qui jouissaient des biens des fugitifs, et cela, non seulement dans sa province, mais encore dans la France entière.

Ce fut, on le devine, une nouvelle hécatombe : des communautés entières tombèrent de nouveau sous le coup de la confiscation : les listes des fugitifs s'étaient allongées depuis 1689. Tous ces biens furent de nouveau mis en régie, et de Saintaurant, pour le Languedoc, en présenta, année par année, le compte à l'intendant.

C'était un retour en arrière : nous revenons à l'année 1686. Tous les anciens édits sont remis en vigueur. Si les nouveaux Convertis en avaient pu douter un instant, la déclaration du Roi, du 5 mai 1699 (*éd. et arr.*, p. 387) leur aurait fait tomber toute illusion sur ce point. Cette déclaration annulait l'édit de décembre 1689, et rendait force de loi aux édits antérieurs sur les biens des fugitifs.

La déclaration de décembre 1698 resta en vigueur jusqu'à la fin du règne de Louis XIV.

Récapitulons sommairement :

Avant 1685, les biens des fugitifs étaient confisqués, conformément à l'édit de 1669.

De janvier 1686 à janvier 1688, la confiscation fut suspendue, les biens furent mis en régie; on accorda aux parents une provision; Lamoignon exigea un certificat de catholicité.

En janvier 1688, Louis XIV réunit au domaine tous les biens; c'est l'époque du bail d'Audiffret.

Du 1er janvier 1690 au premier janvier 1699, les parents des fugitifs entrent en possession de ces biens — exception faite pour ceux qui étaient sortis avec permission — et en jouissent comme si ces biens leur appartenaient en propre.

A partir du 1er janvier 1699, jusqu'en 1715, les plus proches parents continuèrent à en jouir; mais le certificat de catholicité fut indispensable. Quiconque ne remplissait pas exactement et fidèlement ses devoirs de catholique perdait ces biens et le Roi en disposait à sa volonté.

CHAPITRE CINQUIÈME

ADMINISTRATION DES BIENS DES FUGITIFS.

§ I.

DE 1686 JUSQU'AU BAIL D'AUDIFFRET

Dès que fut expiré le délai fixé par l'édit de Révocation, pour mettre les biens des fugitifs en régie, Lamoignon nomma des commissaires dans chaque diocèse pour l'administration de ces biens et en percevoir les revenus.

Il eut soin aussi de stimuler le zèle des juges pour avoir un état aussi complet que possible de ces biens. Immeubles, meubles, dettes, marchandises, tout fut annoté avec le plus grand soin. Les immeubles furent estimés sur le compois des lieux; on dut aussi faire un état des baux (*Lettre à Azéma*, juge de Gignac. *Arch. int.*, C. 310).

A son tour, les séquestres furent contraints de rendre leurs comptes. Il y en eut de récalcitrants. Lamoignon les y obligea par l'ordonnance suivante : (*Arch. int.*, C. 167).

Nicolas Lamoignon, etc...

Etant nécessaire d'obliger les séquestres des biens des fugitifs à rendre compte de leur gestion; les adjudicataires des loyers et baux, à payer le prix de leurs baux; et les débiteurs des fugitifs à payer les intérêts des sommes qu'ils ont en leurs mains;

Nous ordonnons qu'à la diligence du sieur Chastan que nous avons commis pour recevoir les deniers des fugitifs des pays du Vivarais, les séquestres, fermiers et adjudicataires de leurs biens seront contraints, par toutes voies, à payer ce qu'ils se trouvent devoir pour le fait de leur séquestration et pour le prix des baux qui leur ont été adjugés; comme aussi que les débiteurs desdits fugitifs seront tenus de remettre audit sieur Chastan, tous et chacun, les intérêts qu'ils doivent, et de représenter à cet effet leurs dernières quittances. A quoi faire ils seront contraints par les mêmes voies. Fait à Aubenas, ce 8e d'août 1687 (pas signé).

Ce sont ces comptes que nous allons maintenant dépouiller, diocèse par diocèse. Je rappelle que le premier nombre indique les livres, le second les sols et le troisième les deniers.

Diocèse de Montpellier.

Par ordonnance du 16 février 1686, Lamoignon commet Verduron de Rabieux à la régie des biens des fugitifs de la ville et du diocèse de Montpellier (*Arch. int.*, C. 308). En 1687, il présenta le compte des recettes depuis le 16 février 1686 jusqu'au 10 février 1687 (*Arch. int.*, C. 308). Il avait comme aide dans ce travail les nommés Margouet et Campmal.

1) Sommes provenant de la vente des marchandises ou meubles	3794- 5-5
2) Sommes provenant de la vente des grains et autres fruits	2129- 6-8 [1]
3) Sommes provenant des loyers des maisons et autres affaires à prix d'argent.	1188- 0-0
Total	7.111-12-1

L'état des recettes comprend trois chapitres :

Sur le chapitre premier de cet état, il y a d'abord une opposition de la dame de Manse sur les meubles du sieur Vivens, dont tous les meubles n'ont pas été vendus ; les marchandises, montres, pendules, papiers, etc. de Pierre Valette n'ont pas été vendues. Enfin, il y a une somme de 1.823—15—0 que Blanc associé de Jean Artaud, fugitif, réclame comme lui appartenant. Verduron fait figurer cette somme à son actif, ce qui porte dès lors à 5.618—0—5 le montant de ce premier chapitre et la somme totale à 8.935—7—1 (*Arch. int.*, C. 308) [2].

---

1. Non compris 64 sestiers de touzelle remis par le fermier de Jean Barbut.

2. Verduron donne comme total 8.938—16—0. L'Etat ne porte pas d'addition pour chaque chapitre : j'ai contrôlé de mon mieux les opérations. Je crois que le chiffre de 8.935—7—1 est exact. Cette erreur ne doit pas nous surprendre. Elles sont très nombreuses dans les comptes de l'intendance ; surtout pour les biens des pauvres et des consistoires. Aussi voit-on de nombreux états se terminer ainsi : sauf erreur de calcul.

Outre ces sommes, Collondres, marchand de Montpellier, a la somme de 3.530—8—3, montant des marchandises de Pierre Cementery, évaluées par lui avant son départ. Ces marchandises n'ont pas été vendues; d'ailleurs, les associés et les créanciers de Pierre Cementery font opposition pour des sommes plus considérables (*Arch. int.*, C. 308).

Moynier, greffier des inventaires, a aussi 15.984 livres, provenant des marchandises de Lajard; il est dans le même cas que Pierre Cementery (*Arch. int.*, C. 308).

Enfin, Margouet et Cammal n'ont pas encore levé une somme de 206 livres (*Arch. int.*, C. 308).

A ce même état présenté par Verduron et qui contient une exposition détaillée des recettes opérées jusqu'au 10 février 1687 est joint un autre état des non-valeurs, au nombre de 36: ce sont les fugitifs dont les parents ont obtenu une provision qui absorbe tout le revenu ou encore main-levée (*Arch. int.*, C. 308).

Verduron ne dit rien des dépenses; ses employés y suppléent. Le premier mars 1687, ils présentent leurs comptes de recettes et dépenses: je n'ai trouvé que ce bordereau: (*Arch. int.*, C. 308).

Recettes	8.743- 5-7
Dépenses	4.569-10-5
Reste dû	4.173-15-2

Ils garderont pour eux 300 livres; donneront 400 livres à Verduron et verseront le reste dans les caisses de Sartre, receveur général des finances, soit la somme de 3.473—15—2 *Arch. int.*, C. 308).

Le 3 avril 1688, Verduron présente le second compte de février 1687 à février 1688.

Il y a d'abord un état de non-valeurs qui ont plus que doublé depuis le dernier compte; il y en a 76 au lieu de 36 *Arch. int.*, C. 308).

Puis vient l'état des recettes. Cette fois Verduron ne les a pas divisées en chapitres comme dans son premier état: les recettes provenant des loyers, des maisons, de la vente des fruits ou des meubles, et des baux sont jetées pêle-mêle sans aucun ordre. Il porte aussi quelques fugitifs pour mémoire, n'ayant rien perçu: ils sont au nombre de onze; il y en ajoute un douzième dont le frère a 375 livres de provision, tandis que les biens ne rapportent que 350 (*Arch. int.*, C. 308).

Il dit enfin qu'il n'a rien perçu des dettes actives ; or, Malhautier et Delbosc, associés et fugitifs, figurent de ce chef pour 856—16—0 dans son état.

Voici le bordereau de cet état : (*Arch. int.*, C. 308).

Recettes	8.198-4-7
Dépenses : 5.617-18-11, auxquelles il faut ajouter 223-8-8 en reprise, soit :	5.841-7-7
Reste dû	2.357-2-5 [1]

Diocèses de Béziers et d'Agde.

La régie des biens des deux diocèses de Béziers et d'Agde fut confiée à Jean de Bernard (*Arch. int.*, C. 308).

Le 23 février 1687, il présenta un premier état, qui fut signé à Montpellier le même jour par Lamoignon. De ce compte je n'ai trouvé que la recette qui s'élève à 4.575—2—3 *Arch. int.*, C. 308).

Le 30 mai 1688, il présenta son second compte. En tête, il y a un état des biens des fugitifs qui n'ont rien rapporté à la régie, au nombre de dix. A ce nombre, il faut ajouter le baron de Faugères, dont les biens ont été donnés par le Roi au capitaine de Sourlan.

Voici le bordereau des recettes et dépenses depuis le 13 février 1687 jusqu'au 30 mai 1688 (*Arch. int.*, C. 308).

Recettes	3.697-15-11
Dépenses	3.026-12- 0
Reste dû	0.671- 3-11

Nous verrons figurer cette somme dans le bordereau de M. Cassagnas.

Diocèse de Lodève.

Azemar, juge de Gignac, fut commis par Lamoignon à la régie des biens délaissés par les fugitifs de ce diocèse (*Arch. int.*, C. 310).

Le 27 mars 1687, Lamoignon approuve le premier compte fourni par ce subdélégué (*Arch. int.*, C. 310).

---

1. Cette opération n'est pas exacte : il reste dû exactement 2.856—17—0.

Recettes	1.341-7-1
Dépenses	1.160-5-0
Reste dû	181-2-1

A la fin du compte, on lit cette annotation : « de laquelle (somme) le comptable prendra tant pour ses vacations que celles de son greffier et de l'huissier 90 livres; le surplus sera remis aux mains de M. Sartre ». Azemar donna 21 liv. au greffier, 7—10—0 à l'huissier et garda pour lui 70—10—0.

Le surplus éatit donc 91—2—1 (*Arch. int.*, C. 310).

Le 1er avril 1688, l'intendant approuva le second compte que lui présenta Azemar (*Arch. int.*, C. 310).

Recettes	207-7-2
Dépenses	146-0-0
Reste dû	161-7-2

Cette fois le bordereau ne dit pas ce que l'intendant donna à Azemar pour ses peines pendant l'année 1687. Il importe de remarquer que ce diocèse ne figure pas dans le chapitre premier du bordereau de Cassagnas, que je rapporterai après le bail d'Audiffret. Que sont devenues les 91 livres de l'année 1686 et les 61 de l'année 1687 ?

Diocèses de Nîmes-Alais et d'Uzès[1].

Ce fut d'abord Coupy qui fut chargé par Lamoignon de percevoir les revenus des biens des fugitifs dans ces deux diocèses. Malgré toutes mes recherches, je n'ai pu trouver aucun état fourni par Coupy pour l'année 1686. Je n'ai pu, en effet que me procurer un compte des recettes et dépenses des biens des fugitifs de la ville d'Uzès, présenté par Henri Rafin, receveur des tailles du diocèse d'Uzès, le 20 février 1687 et signé par Chazel (*Arch. int.*, C. 312).

Recettes	1.157-14-6
Dépenses	1.113-15-5
Reste dû	43-19-1

---

1. Pendant l'année 1686, ces deux diocèses durent être séparés. Coupy était commissaire subdélégué pour celui de Nîmes-Alais (*Arch. int.*, C. 313) et Antoine Devèze, pour celui d'Uzès (*Arch. int.*, C. 313).

Le 3 février 1687, Chazel remplaçait Coupy. Comme don de joyeux avènement, Lamoignon lui faisait cadeau de mille livres. Voici ce petit billet, tout entier de la main de l'intendant : (*Arch. int.*, C. 305).

« M. Chazel prendra à bon compte pour ses frais et vacations employés aux biens des fugitifs, la somme de mil livres sur les premiers deniers dont il fera le recouvrement, qu'il emploira dans son compte. Fait à Montpellier, le 3 février 1687. »

Signé : Delamoignon de Basville.

Au commencement de mars 1688, il présente à Lamoignon le compte de gestion (*Arch. int.*, C. 312) depuis le 3 février 1687 :

Recettes		56.655- 2-2
Dépenses	30.682-10- 4	49.867- 8-2
Reprises	19.184-17-10	
Reste dû par Chazel		6.787-14-0

Chazel remettra cette somme à Sartre, et nous la retrouverons un jour.

Dans les dépenses figurent : 800 livres à un prêtre nommé Siché ; 1.500 livres à l'hôpital de Nîmes, et 3.747 livres à Chazel. Cette année-là, Chazel a donc touché 4.747 livres ; ces petits bénéfices qu'il en retire avec Barbara et ses confrères nous expliquent peut-être l'acharnement qu'ils mirent à poursuivre les nouveaux Convertis.

Diocèse du Vivarais.

Le Vivarais comprenait le diocèse de Viviers et formait une partie des diocèses de Valence et de Vienne. Par ordonnance de Lamoignon, du 19 juin 1686, Chastan fut commis à la régie des biens des fugitifs de ces trois diocèses (*Arch. int.*, C. 299).

Le 5 décembre 1686, Lamoignon signe le premier compte qui lui est présenté par Chastan (*Arch. int.*, C. 309).

Recettes	5.165-14-6
Dépenses	3.606
Reste dû	1.559-14-6

Parmi les dépenses, nous trouvons 1.200 livres données au comptable ou à ses commis (*Arch. int.*, C. 309).

Le second compte de Chastan n'aurait été approuvé que le 12 février 1690 (*Arch. int.*, C. 309) c'est-à-dire après le bail d'Audiffret. Malgré cela, je crois qu'il ne nous donne que les sommes perçues jusqu'en 1688.

Recettes		7.156-6-8
Dépenses	5.191-16-8	6.523-6-8
Reprises	1.331-10-0	
Reste dû		633-6-0

Nous retrouverons cette dernière somme dans le bordereau de Cassagnas.

Tout nous porte à croire que nous avons bien les deux comptes de Chastan. Dans une de ses lettres, il donne le reliquat des comptes qu'il a fournis; et il n'y a que deux reliquats: le premier est de 1.559—14—6; le second de 633 liv. reliquat concordant avec les comptes que je donne (*Arch. int.*, C. 299).

Cette même lettre nous apprend qu'il a donné 1.900 livres à l'hôpital de Nîmes (*Arch. int.*, C. 299).

Par ordonnance du 8 décembre 1687, il donna 2.000 livres à Monge, vicaire général de Viviers, « pour être employées suivant les ordres du Roi, en achat d'ornements pour les église dudit diocèse » (*Arch. int.*, C. 299).

Voici quelques autres dépenses qui présentent un certain intérêt : 41—10—0 à un charretier nommé Louis Gounon, pour avoir porté quatre balles pleines de livres, de Montpellier en Vivarais (*Arch. int.*, C. 299); 100 livres à Bechetaille « pour ses peines et vacations et fournitures par lui employées pour la saisie des biens des fugitifs d'Annonay » (*Arch. int.*, C. 299); 135 livres à Privat, huissier, pour avoir aidé Chastan pendant un mois à rechercher les biens des fugitifs (*Arch. int.*, C. 299); 280 livres comme indemnité aux anciens catholiques du Cheilar pour les dédommager du logement du régiment de Saint-Amaur (*Arch. int.*, C. 299).

Dans un état des baux des biens des fugitifs, nous voyons que le montant s'élève à 7.433—17—8 : de cette somme il faut probablement retrancher 775 livres, prix du bail des biens des frères Antoine et Paul de Fournier, somme rayée dans l'original : reste donc la somme de 6.768—17—8 pour l'année 1687 (*Arch. int.*, C. 309).

Chastan les afferma ensuite pour trois ans, 1688 à 1690, pour la somme de 6.123—11—5 (*Arch.int.*, C. 309). Ce fut sur ces entrefaites que le roi réunit tous ces biens à son domaine et qu'Audiffret afferma tous les biens des fugitifs de Languedoc.

Diocèses de Castres, d'Albi et de Lavaur.

A Castres se trouvait un juge du nom de Barbara. Dans toute cette époque, Lamoignon n'eut pas un serviteur plus fidèle, ni les nouveaux Convertis un juge plus implacable. L'intendant le connaissait bien quand il disait de lui, dans une lettre à l'évêque de Castres que je publierai un jour : « De quelque façon que ce soit, il (Barbara) en tirera pied ou aile ». Barbara en tira le pied et l'aile.

Le 13 février 1686, il fut nommé par Lamoignon à la régie des biens des fugitifs des trois diocèses de Castres, d'Albi et de Lavaur (*Arch. int.*, C. 310). Il se met aussitôt en mouvement : ses déplacements lui seront bien payés. Ce n'est pas lui qui présente les comptes à l'intendant : c'est Jean Fournials, receveur des décimes du diocèse de Castres ; mais il ajoute : « par les soins de Mathieu Barbara ».

Le 5 février 1687, Lamoignon clôt le premier compte (*Arch. int.*, C. 311).

Recettes	21.791- 6-1
Dépenses	9.701-18-8
Reste dû	12.089- 7-5

Voyons quelques dépenses : il y a 6.421 livres de provisions 220 livres pour dégât de grêle et vent, données à quelques particuliers ; 300 livres pour le greffier et 2.200 livres à Barbara, « y compris les frais de l'huissier qu'il sera tenu d'acquitter » (*Arch. int.*, C. 311).

Le comptable doit donc 12.089—7—5 ; il gardera 4.000 liv. pour les employer selon les ordres que lui fera parvenir l'intendant et remettra le surplus à M. Sartre (*Arch. int.*, C. 311).

Le 12 janvier 1688, il présenta son second compte depuis le 5 février 1687 (*Arch. int.*, C. 311 et 301).

Recettes : 1) reliquat du dernier compte 12.089-7-5 ⎫
        2) nouvelles (1687)   27.047-5-3 ⎬ 39.202-12-8
        3) 3 chevaux   66-0-0 ⎭

Dépenses   30.003-15-0

Reste dû   9.199-17-8 [1]

Voici quelques-unes des dépenses les plus considérables : à Sartre 8.089—7—6 ; à l'évêque de Castres 5.000 ; pensions et provisions 13.120—12—5 ; à Barbara, pour ses frais, 183—2—0 ; à Barbara et au greffier 2.500. Ce compte fut arrêté à Montpellier le 20 janvier 1688 (*Arch. int.*, C. 301 et 311).

Enfin le 30 juin 1688, Lamoignon clôt un troisième compte de Fournials (*Arch. int.*, C. 311).

Recettes, y compris les 9.199-17-8
    du reliquat du précédent   17.100-16-7
Dépenses et reprises   10.771- 7-3

Reste dû   6.329- 9-4

Le comptable versera cette somme entre les mains de Leclerc.

BAS-MONTAUBAN.

Les fugitifs de ce diocèse ayant des biens en Languedoc furent peu nombreux ; ils possédaient en revanche des biens considérables comme le baron de Monbeton et le sieur de Verlhac.

Ceux du baron de Monbeton furent affermés pour l'année 1686, 1.103—15—5 ; et pour 1687, 2.550 livres ; ceux du baron de Verlhac en 1687, 5.500 livres.

Cathala, chargé par l'intendant de la régie de ces biens, ne présenta qu'un seul compte.

Recettes   10.915-15-11
Dépenses   8.966 -2-10

Reste dû   1.939-13- 1

Voici quelques-unes de ces dépenses : 1.411—10—0 au comptable et au commissaire subdélégué ; 304 livres à Charles de Chevalier de Roussein pour conduire le sieur de Verlhac du fond de Brescou à Marseille où on doit l'embarquer pour

---

1. Erreur de calcul : c'est 9.198—17—8 qu'on doit Fournials.

l'Amérique. Nous retrouverons ce sieur de Verlhac dans mon étude sur les nouveaux Convertis. Ses enfants eurent 3.000 livres de provision; dans le compte susdit, ils ne figurent que pour 1.500 livres (*Arch. int.*, C. 310).

Diocèse de Mende.

Pour ce diocèse, ce fut Rouvière, juge à Marvejols, qui fut chargé de la régie des biens des fugitifs. Je publierai au chap. V° son rapport. Je ne le publie pas ici: j'ignore pourquoi, en effet, il n'a pas séparé comme les autres commissaires les sommes dues aux fugitifs de la valeur de leurs biens. Je ne pourrai qu'égarer le lecteur sur la valeur réelle des immeubles, qui nous occupent surtout en ce moment. Au chapitre suivant, au contraire, où je publierai les listes des fugitifs et donnerai aussi pour chaque paroisse la valeur des biens et le montant des dettes actives et passives, sinon toujours par paroisses au moins par diocèses, ce rapport de Rouvière sera à sa place.

Une question à résoudre se pose maintenant. Combien avaient été affermés, en 1688, les biens des fugitifs par les commissaires de l'intendant? Tâchons de la résoudre en serrant la vérité aussi près que possible, afin d'avoir comme Audiffret un point de repère.

Les biens des fugitifs du diocèse de Montpellier avaient été affermés pour 1688, 5.708 livres (*Arch. int.*, C. 308); ceux des diocèses de Nîmes-Alais et d'Uzès, 52.468 livres « sur quoi il faut déduire des baux passés, pour l'année prochaine 1688, se portant environ à 4.000 livres » (*Arch. int.*, C. 313). C'était donc environ 48.000 livres; dans le Vivarais ils furent affermés pour l'année 1688, 6.213—11—5. De cette somme, il est vrai, il faut retrancher 220 livres, montant de l'afferme des biens d'Antoine Baron; reste donc la somme de 6.000 livres (*Arch. int.*, C. 309).

Une lettre d'Azemar, juge de Gignac, nous apprend que les baux, pour le diocèse de Lodève, s'élèvent à la somme de 402 livres, « et si on en déduit 75 livres des affermes des biens dudit Pierre Descouts, et 40 livres de l'afferme de ceux de Madeleine Quatrefages qui ont fait abjuration, il ne restera que 287 livres à quoi on pourra ajouter 50 livres ou en viron (Lettre du 9 juillet 1687, *Arch. int.*, C. 310) : c'était donc environ 340 francs [1].

Je n'ai pas trouvé d'état des baux pour les diocèses de Béziers et d'Agde; j'ai publié plus haut la recette du compte présenté par Bernard et approuvé le 30 mai 1688; elle se monte à 3.697—15—11. Or, dans cette somme il y a autre chose que le revenu des biens immeubles : vente des meubles, intérêts des dettes, etc. En estimant à 3.000 livres au maximum le revenu des biens, nous sommes aussi près que possible de la vérité ; il y a même peut-être une exagération.

---

1. Il faut que le lecteur puisse juger par lui-même du rapport de ces biens : voici les comptes détaillés que présente Azémar, et qui sont signés du 1er au 6 mars 1687 (*Arch. int.*, C. 310).

Biens de Pierre et de Jean Dascouts :
    Recettes   96 – 0 – 0
    Dépenses   49 – 6 – 4
    Comptable doit   47 – 4 – 8 *(sic)*

Biens d'Antoine Bijou :
    Recettes   40 – 0 – 0
    Dépenses   21 – 1 – 2
    Comptable doit   18 – 8 – 10 *(sic)*

Biens de Pierre Mazet :
    Recettes   49 – 10 – 0
    Dépenses   76 – 7 – 2
    Dû au comptable   26 – 17 – 2

Biens de Jean Boille :
    Recettes   13 – 4 – 0
    Dépenses   16 – 11 – 6
    Dû au comptable   3 – 7 – 6

Biens de Jean Forestier :
    Recettes   161 – 3 – 0
    Dépenses   170 – 13 – 0
    Dû au comptable   9 – 10 – 0

Biens d'Etienne Forestier :
    Recettes   5 – 3 – 0
    Dépenses   6 – 8 – 2
    Dû au comptable   1 – 5 – 2

Biens de Besombes, ministre :
    Recettes   162 – 15 – 4
    Dépenses   174 – 18 – 5
    Dû au comptable   12 – 3 – 1

Biens de Pierre Seimandy :
    Recettes   18 – 10 – 0
    Dépenses   15 – 9 – 4
    Comptable doit   3 – 0 – 8

Les biens des fugitifs du Bas-Montauban furent affermés en 1687 pour la somme de 9.789 livres (*Arch. int.*, C. 310). Je n'ai pas trouvé le montant des baux pour les trois diocèses de Castres, Lavaur et Albi. La recette atteint pour 1687 un peu plus de 27.000 livres; puis quelques mois après, Fournials accuse encore une recette de 7.000 livres : je crois donc que sans exagération et jusqu'à preuve du contraire, les baux devaient approcher bien près de 30.000 livres pour ces trois diocèses.

Nous avons donc ainsi approximativement la valeur des biens des fugitifs :

Diocèse de Montpellier.	5.708
Diocèses de Nîmes-Alais et d'Uzès.	48.000
Diocèses du Vivarais	6.000
Diocèse de Lodève	287
Diocèses de Béziers et d'Agde . .	3.000
Bas Montauban	9.789
Diocèses de Castres, Albi et Lavaur.	30.000
Soit environ	102.784

Et si nous divisons cette somme par généralité, puisque c'est par généralités que l'intendant va les mettre aux enchères, nous aurons pour celle de Montpellier comprenant les diocèses de Montpellier, de Béziers, d'Agde, de Lodève, le Vivarais, Nîmes et Uzès, 62.000 livres, et pour celle de Toulouse, comprenant le reste de la province, 40.000 livres.

§ II

LE BAIL D'AUDIFFRET

(1er janvier 1688, au 31 décembre 1689.)

Conformément à l'édit de janvier 1688, Lamoignon dut procéder à la confection de nouvelles listes des fugitifs et à l'estimation de leurs biens. Avant même de mettre en adjudication tous ces biens, il fit ouvrir un registre au greffe de l'intendance pour recevoir les oppositions soit des créanciers pour leurs dettes, soit des femmes pour leur dot, soit des parents eux-mêmes réclamant une pension viagère ou une partie des biens.

En même temps l'adjudication du bail des biens était publiée dans toutes les villes de Languedoc, et fixée à Montpellier pour la fin mai 1688, pour trois années consécutives commençant au premier janvier 1688 et finissant au 31 décembre 1690 (*Arch. int.*, C. 307).

Auparavant faisons bien connaître les conditions de ce bail (*Arch. int.*, C. 307)[1].

I. — « Sera baillé et délaissé à titre de ferme et prix d'argent pour trois années et trois récoltes consécutives qui ont commencé au premier janvier et finiront au dernier décem- 1690,

» Tous les biens-fonds saisis ou non saisis jusqu'au jour du bail, des sujets de Sa Majesté de la province de Languedoc, faisant profession de la R. P. R., qui sont sortis du royaume, réunis au domaine du Roi par édit du mois de janvier 1688, en quoi qu'ils puissent consister, à l'exception des rentes constituées en argent, sans que le preneur puisse, sous aucun prétexte, prétendre aucune indemnité; moyennant la somme à laquelle ils seront enchéris, payable par chacune des trois années, et à la charge d'en user en bon père de famille, et de payer le prix de l'adjudication qui sera faite, en deux paiements égaux : le premier payable au 15 août prochain, et l'autre à Noël, entre les mains des receveurs généraux des domaines, leurs procureurs ou commis en leurs bureaux, établis à Montpellier et Toulouse, aux contraintes desquels ils se soumettront comme pour les deniers et affaires de Sa Majesté.

» Et encore aux conditions suivantes :

II. — » Le preneur paiera et acquittera les charges réelles, qui se trouveront bien justifiées, et les tailles dont les immeubles sont chargés, ensemble toutes les impositions et départements, de quelque nature qu'ils soient, à l'exception de ceux qui pourraient survenir pour le logement et foule de gens de guerre, si aucun était mis à l'avenir dans les communautés où il y aura desdits sujets.

III. — » Sera tenu de faire faire les menues réparations locatives aux maisons, moulins et autres bâtiments, de lais-

---

1. L'original ne porte pas de numéros ; je les y ai ajoutés pour faciliter les renvois.

ser les héritages ensemencés et les cabaux et bêtes aratoires et autres bestiaux, au même état qui lui auront été remis et délivrés, dont ils seront tenus de fournir un état dans six mois.

IV. — » Tiendra registre de tous les droits, parts et portions desdits immeubles, leurs appartenances et dépendances, dont il jouira et fera le recouvrement, qui seront cotés et paraphés par nous ou par les juges des lieux, sans frais.

V. — » Ne pourra faire aucuns sous-baux qu'ils ne soient passés devant notaires.

VI. — » Lui sera loisible d'entretenir ou annuler ceux qui ont été faits par nos subdélégués pour le temps qui en reste à expirer, en remboursant les frais des semences et cultures à dire d'experts.

VII. — » Tiendra pareillement d'autres registres paraphés comme dessus, des droits casuels, seigneuriaux et féodaux, qu'il recevra pendant le cours de son bail, chacun article contenant le nom des acquéreurs, le prix des contrats, le dénombrement des terres nobles, le nombre et la qualité des héritages tenus en roture et les confins des héritages mentionnés aux contrats.

VIII. — » Fournira audit receveur, six mois avant l'expiration de son bail, des états en détail et par le menu, signés et certifiés par lui, de tous les domaines, parts, portions et droits dont il jouira et fera le recouvrement, ensemble des charges réelles et tailles dont ils se trouveront chargés.

IX. — » Lesquels baux, états et registres, il sera tenu de remettre à la fin du bail ès mains dudit receveur des domaines ou de ceux qui seront nommés par Sa Majesté pour les recevoir; à quoi il se soumet d'être pareillement contraint comme pour les propres affaires de Sa Majesté.

X. — » Pour plus grande sûreté du paiement de prix, exécution et entretènement des charges et conditions du bail, le preneur sera tenu dans le jour de fournir bonnes et suffisantes cautions agréables aux receveurs du domaine qui s'obligeront solidairement avec le preneur au paiement dudit prix, termes, charges, clauses et conditions dudit bail comme pour deniers royaux.

XI. — » Et ne seront compris dans le présent bail les biens de la baronnie de Faugères et d'Aubais, des barons de

Montbeton et de Moussac, de Grogues, ministre de Castagnols, du sieur de Vaux et de Pierre Monteil.

XII. — » Et au cas que par erreur, sous prétexte de restitution de dot des femmes ou de légitime des enfants, il ait été fait des baux par les commissaires ci-devant par nous établis, de fonds appartenant aux maris ou pères desdits fugitifs, il en sera accordé indemnité au preneur au cas de la résiliation desdits baux et que lesdits maris ou pères seront rétablis dans la possession de leurs domaines (*Arch. int.*, C. 307). »

Telles furent les conditions du bail. Je ne ferai en ce moment qu'une remarque : l'intendant ne mettait pas en bail les biens des plus riches fugitifs du Languedoc (art. XI du bail) comme les biens des barons de Faugères, d'Aubais et de Montbeton.

On sait que le Languedoc était divisé en deux généralités : celle de Toulouse et celle de Montpellier. Il y avait donc trois moyens d'affermer les biens des fugitifs : par diocèse, par généralité ou en bloc.

Le premier qui se présenta fut Louis Maurin, procureur à la cour des aides : il offrit 6.000 livres par an pour les diocèses d'Albi, de Castres et de Lavaur (*Arch. int.*, C. 307).

Denis Temple, notaire à Nîmes, offrit 25.000 livres par an pour les biens des diocèses du Vivarais, de Nîmes-Alais et d'Uzès (*Arch. int.*, C. 307).

Personne autre ne surenchérissant, l'adjudication fut remise au 24 mai (*Arch. int.*, C. 307).

Ce jour-là, Louis Duval offrit 5.000 livres pour le Bas-Montauban, et Maurin 3.000 pour le diocèse de Montpellier (*Arch. int.*, C. 307).

Audiffret paraît, et, délaissant les diocèses, porte aussitôt les enchères sur les généralités, au prix de 45.000 livres : 30.000 celle de Montpellier, 15.000 celle de Toulouse (*Arch. int.*, C. 307).

Arnoux, notaire à Nîmes, offre 31.000 livres de la généralité de Montpellier; surenchère d'Audiffret à 32.000; nouvelle surenchère d'Arnoux à 34.000 livres (*Arch. int.*, C. 307).

A son tour Jean Verniolles offre 18.000 livres des biens compris dans la généralité de Toulouse et du Bas-Montauban; Audiffret 19.000; Verniolles 19.500; Audiffret 20.000; Verniolles 21.000. L'adjudication est encore remise au 26 mai; elle atteignait déjà 55.000 livres pour les deux généralités (*Arch. int.*, C. 307).

Le 26 mai, Audiffret offre 34.500 de la généralité de Montpellier, et 21.300 de celle de Toulouse, soit un total de 55.800. La généralité de Toulouse ne fut plus l'objet que d'une seule surenchère. Verniolles en offrit 21.600. Nous allons voir comment elle lui échappa (*Arch. int.*, C. 307).

Ce fut autour de celle de Montpellier que la lutte s'engagea entre les surenchérisseurs. Arnoux en offrit 35.000 livres; Audiffret 35.500; Arnoux 36.000; les deux généralités étaient donc à 57.600 livres. Audiffret réunit les deux généralités et surenchérit de 400 livres, soit 58.000 livres. Arnouz reprend à part la généralité de Montpellier et en offre 37.500. Audiffret ne sépare plus les deux généralités : 60.000. Son antagoniste surenchérit encore celle de Montpellier à 40.000 livres; 63.000 livres pour les deux généralités, répond Audiffret, et cette fois sans division; il reste maître du terrain (*Arch. int.*, C. 307).

L'adjudication lui est passée moyennant « caution bonne et suffisante dans vingt-quatre heures et sauf le tiercement et doublement dans ledit temps (*Arch. int.*, C. 307). »

Le lendemain, Arnoux se présente et porte à 64.500 livres la surenchère des biens des fugitifs. Il ne peut fournir caution dans le délai voulu; et le 29 mai Audiffret demanda à être reçu comme adjudicataire des biens des fugitifs pour 63.000 livres; « ce que n'ayant voulu accorder audit Audiffret, il nous aurait requis de confirmer l'adjudication que nous lui avons ci-devant faite pour la somme de 64.500 livres, offrant de fournir bonne et suffisante caution. » (*Arch. int.*, C. 307).

Les cautions d'Audiffret furent Samuel Verchant, contrôleur général à la chancellerie de Montpellier et Jacques Marcha, avocat de Montpellier. L'authentique du bail porte ces quatre signatures, dans l'ordre suivant (*Arch. int.*, C. 307).

Audiffret, Marcha, Verchant, Delamoignon.

Ce refus de l'intendant de passer le bail à Audiffret pour 63.000 livres, sa dernière surenchère, prouve son étonnement. Il pensait bien que le bail atteindrait une plus forte somme. De son côté, le fermier se faisait aussi certainement illusion sur la valeur de ces biens, et ne soupçonnait pas toutes les difficultés qui allaient surgir sur sa route; il croyait y trouver, je ne dis pas un Pérou, mais certainement une petite mine d'argent; il y trouva beaucoup de déboires.

La moitié de la première année était presque écoulée, quand Audiffret entra en possession de son bail. On était donc à la veille de la récolte : quelle récolte allait-il recueillir? Il était libre sans doute de garder les fermiers actuels ou de les renvoyer. Que de commis ne lui fallait-il pas dans cette immense province, soit pour renouveler les baux, déjà conclus et expirants, soit pour les rompre et en faire d'autres plus avantageux, soit pour affermer les terres incultes et en friche depuis le départ de leurs propriétaires?

Tous ces commis, il fallait les payer; et, s'il voulait aller vite en besogne, être prêt pour la récolte qui allait arriver à maturité, il fallait en mettre un grand nombre; dépenses considérables.

A leur tour, les fermiers qui avaient fait des dépenses, ensemencé les terres, ne devaient pas se laisser évincer facilement. Il m'est impossible, on le comprendra, de tout rapporter; quelques faits seulement.

Etienne Grailhe a affermé les biens de Jean Cluzel dans le Vivarais pour trois ans. Il demande qu'Audiffret lui restitue les grains pris sur le domaine et aussi les tailles; malgré l'article VI des conditions, Audiffret refuse; Lamoignon le condamne à donner 60 livres à Etienne Grailhe (*Arch. int.*, C. 299).

Zacharie Ravel a affermé aussi pour trois ans et pour 160 livres les biens de Paul Tourton, dans le Vivarais. A son tour, Audiffret trouve à les affermer pour 180 livres à Jean Barjon. Par ordre de Lamoignon, il doit rembourser les 160 livres au premier fermier (*Arch. int.*, C. 299).

Difficultés de la part des parents qui ne veulent pas laisser enlever les récoltes; tel Pierre Figarède, de Canet, diocèse de Lodève, qui fait couper le blé d'un champ de sa femme fugitive. L'employé d'Audiffret proteste, dresse procès-verbal; personne dans le village ne veut lui servir de témoin. Il doit aller à Ceyras pour y trouver un autre employé d'Audiffret. Le 14 août 1688, Pierre Figarède comparaît devant le juge; il croit que sa femme est fugitive.

« Interrogé pourquoi il a empêché le fermier des biens des fugitifs d'en jouir,

» A dit qu'il ne l'a point empêché, mais qu'il en a joui lui-même croyant en avoir droit.

» Interrogé s'il n'est pas vrai que le fermier des biens des fugitifs a voulu se mettre en possession des dits biens, et qu'il l'en a empêché, ayant emporté les fruits,

» A dit qu'il reconnaît avoir emporté les fruits comme lui appartenant. » (*Arch. int.*, C. 167).

Je n'ai pas trouvé le jugement, qui d'ailleurs ne peut faire aucun doute, vu les conditions du bail, et surtout l'ordonnance de Lamoignon que je vais citer.

Au surplus les charges du fermier étaient considérables : nombreux sont les registres à tenir, les états à fournir; il doit payer les tailles, mais a le privilège de ne rien payer pour la *foule* des troupes; les réparations sont à sa charge; puis surtout il y a les réclamations des créanciers et des parents, les procès qu'il devra soutenir; et enfin le Roi qu'il ne faut jamais perdre de vue dans cette affaire, et dont les idées ne sont pas bien arrêtées encore, malgré le coup de force qu'il vient d'opérer en réunissant tous ces biens à son domaine.

Il ne manquait plus à Audiffret qu'à être mis en possession de son bail; c'est ce que fit l'intendant par une ordonnance du 31 mai 1688.

Nicolas de Lamoignon, etc.

Vu le bail par nous passé à M. André Audiffret des biens des fugitifs de la province de Languedoc, pour trois années, qui ont commencé le 1ᵉʳ janvier dernier et finiront le dernier décembre 1690.

Nous ordonnons que ledit Audiffret sera, en vertu de son bail et de la présente ordonnance, mis incessamment en entière possession desdits biens desdits fugitifs affermés et non affermés; qu'il en prendra les fruits perçus et à percevoir, en remboursant les fermiers desdits biens, ou autres particuliers qui les auront cultivés et ensemencés, des cultures et semences à dire d'experts dont ils conviendront par de[vant] nous. Enjoignons aux séquestres desdits [......] leur compte de leur administration depuis ledit jo[ur prem]ier janvier et leur remettre les fruits qu'ils auront eus n[......] moyennant décharge qui leur sera fournie par ledit Audiffret ou ses procureurs et commis; et à tous consuls et autres officiers de tenir la main à l'exécution du bail dudit Audiffret, et de lui donner, pour raison de ce, aide et main-forte avec défense à toutes personnes, de quelle qualité et condition qu'ils soient, de le troubler en la jouissance des biens desdits fugitifs, et perception des fruits d'iceux, à peine de désobéissance et de punition corporelle; duquel trouble il en sera informé par devant le premier magistrat royal ou docteur gradué pour, l'information à nous rapportée, être ordonné ce qu'il appartiendra[1] *(Arch. int.,* C. 297).

Muni de son bail et de cette ordonnace, Audiffret se mit en devoir de rechercher tous les biens, et de les gérer au mieux de ses intérêts. Un an après il présentait ses comptes qui furent arrêtés et clos le 20 juillet 1689. Trois jours auparavant, l'intendant avait rendu une ordonnance réduisant à 41.700 livres le prix du bail, au lieu de 64.500 *(Arch. int.,* C. 307).

Examinons attentivement ce premier compte d'Audiffret. La recette est de 64.500 livres, montant du bail *(Arch. int.,* C. 307).

Il y a sept chapitres de dépenses. Le chapitre Ier contient les dépenses faites à cause du montant des fermes; elles s'élèvent à 40.351 livres *(Arch. int.,* C. 307).

Le chapitre II comprend les versements opérés entre les mains des receveurs généraux des deux généralités savoir : à Cassagnas, receveur général de celle de Montpellier : 16.337—10—0, en trois versements; à Leclerc, receveur général de celle de Toulouse : 10.700 livres en cinq versements; soit un total de 27.037 livres, 10 sols *(Arch. int.,* C. 307).

Le chapitre III comprend les provisions payées par Audiffret, soit 1610 livres *(Arch. int.,* C. 307).

Le chapitre IV comprend les dépenses faites à cause des non-jouissances du comptable provenant des sommes prises sur les rentes de l'année 1688 par les parents, par les commissaires subdélégués et par les créanciers; et de plusieurs biens qui n'ont été affermés que pour une partie de l'année 1688, à cause du temps de l'évasion des fugitifs, et de celui auquel le bail a été passé au comptable. Pour toutes ces raisons Audiffret demande qu'on lui alloue 3846—1—4 : on lui accorde seulement 1297—5—2 *(Arch. int.,* C. 307).

Le chapitre V comprend le prix des réparations faites ou les frais exposés par les commissaires pour la vérification de ces réparations; il demande 783—13—5; on lui accorde seulement 601—8—7 *(Arch. int.,* C. 307).

Le chapitre VI comprend les semences remboursées, soit 501—13—1 : le tout est rayé *(Arch. int.,* C. 307).

---

1. Cette ordonnance est un très mauvais état; quelques mots ont disparu.

Enfin le chapitre VII est une longue lamentation ; il faut le citer en entier : « Fait dépense le comptable de la somme de *(en blanc)* pour son indemnité à cause du grand nombre des brevets de dons, expédiés sur les meilleurs et les plus considérables biens de sa ferme qui lui ont été évincés ; à cause des frais extraordinaires qu'il a exposés pour faire les fermes ou la régie desdits biens donnés ; à cause de la conjoncture du temps auquel le bail lui a été expédié, qui était à la veille de la récolte ; dans lequel temps, pour sauver les fruits qui lui appartenaient, il a été obligé d'avoir un nombre excessif de commis ; les appointements desquels ou les autres frais que le comptable a été obligé de faire la première année de sa ferme lui ont consommé près de 36.000 livres, ainsi qu'il le justifiera par des états et pièces justificatives d'iceux, qu'il vous remettra, diocèse par diocèse ; et à présent il ne lui reste à jouir pour les deux années de son bail que les plus méchants domaines dont la plus grande partie ne sont pas affermés pour la dernière année de son bail, de sorte qu'il lui est impossible qu'il se puisse recouvrer des grands frais qu'il a faits pendant la première année, qui lui causeront une perte inévitable ; outre le grand travail et l'application extraordinaire qu'il a prise pour l'établissement de cette affaire qui seraient infructueux pour le dit comptable, si vous n'avez la bonté de lui accorder une indemnité proportionnée à son risque et à son travail. Il vous plaira encore de considérer, Monseigneur, que le comptable a été traversé dans l'exploitation de sa ferme par plus de six cents procès, qu'il a été obligé de soutenir devant vous, à cause des requêtes en main levée, données par les femmes, enfants, parents et créanciers des fugitifs, sur lesquelles il vous a plu accorder des mains levées ou recréances pour environ 6.000 livres de rente, sur des biens la plupart saisis et affermés par vos subdélégués, et compris dans leurs comptes et dans les états par eux remis au comptable lors de la passation de son bail, qui lui a fait grand préjudice ; sur quoi il vous plaira faire telles conditions que de raison » (*Arch. int.*, C. 307).

Lamoignon lui accorde pour ce chapitre la somme de 3.000 livres. (*Arch. int.*, C. 307).

Rétablissons le compte d'Audiffret, tel qu'il le présenta à

l'intendant, non compris par conséquent le chapitre VII des dépenses. Nous avons :

Recettes	64.500
Dépenses	74.129 – 17 – 10
Audiffret est donc créancier de	9.629 – 17 – 10

Si nous tenons compte des ratures opérées par l'intendant, le compte s'établit ainsi :

Recettes 64.500
Dépenses :
non contestées (ch. 1, 2 et 3) 68.998 – 10
contestées (ch. 4, 5, 6) 1.898 – 13 – 9 } 73.897 – 3 – 9
plus ch. 7 3.000

Audiffret est encore créancier de 9.397 – 3 – 9

Or, pour régler ce compte, le plus intéressant de tous, Lamoignon ne table plus sur le prix du bail, 64.500 livres; mais il donne à son ordonnance du 17 juillet 1689, un effet rétroactif.

A la fin du compte on lit, écrit de la main de Liesellier, secrétaire de l'intendant. (*Arch. int.*, C. 307).

Recettes	41.700
Dépenses	33.431 – 3 – 9
Audiffret doit	8.268 – 16 – 3

Par quel coup de baguette magique, l'intendant a-t-il pu transformer un créancier en débiteur? D'où sortent ces 33.000 livres de dépenses[1]? C'est pour le dédommager des dépenses du chapitre I que Lamoignon a abaissé le prix du bail de 64.500 à 41.700; mais d'où proviennent ces 33.000 livres de dépense, je l'ignore.

En additionnant en effet les dépenses des chapitres II, III, IV, V et VI, approuvées par l'intendant, on trouve 33.546—3—5, et non 33.431—3—9.

Audiffret n'eut qu'à s'exécuter. Il reprit ses papiers et ins-

---

1. On a vu plus haut (chap. I des dépenses du premier compte), que le montant des rentes données par le Roi n'était que de 40.131 livres. Nous verrons bientôt Audiffret se plaindre d'une erreur de 3.000 livres à son préjudice.

crivit ce premier déficit, 8.268—16—3. Plus heureux que nous il devait savoir d'où il provenait.

Le 13 avril 1690, le second compte d'Audiffret est approuvé par Lamoignon (*Arch. int.*, C. 307). Conformément à l'ordonnance du 17 juillet 1689, le prix du bail n'est plus que de 41.700 livres « à cause des dons particuliers faits par Sa Majesté pour 41.351 livres de rente pour le total des sous-baux du comptable. » Audiffret va encore une fois tâcher d'émouvoir Lamoignon au sujet de ces donations.

Ce second compte s'établit ainsi :

Recettes :   prix du bail 41.700
        reliquat du 1er compte 8.268 – 16 – 3   { 49.968 – 16 – 3
Dépenses   34.813 – 18 – 10
      Audiffret doit   15.154 – 17 – 5

Dans la dépense figurent les sommes versées aux receveurs généraux, savoir : 26.102—8—8 à Cassagnas ; et 6.550 à Leclerc, total : 32.652—8—8 (*Arch. int.*, C. 307).

Or, depuis trois mois, Audiffret n'était plus fermier général ; l'édit de décembre 1689 l'avait dépossédé comme je l'ai dit. Aussi demanda-t-il, et, ce semble, avec justice, une indemnité, pour la non-jouissance de l'année 1690. En marge du compte, on lit :

« Rayé, d'autant qu'il a été fait droit au comptable par notre ordonnance de cejourd'hui mise au pied de l'état de recouvrement du montant des jouissances sur les donataires par brevets purs et simples, depuis le 1er janvier 1688, jusqu'au jour de la signification desdits brevets et de nos ordonnances. » (*Arch. int.*, C. 307).

Cette note marginale n'est pas très claire, expliquons-la avant de montrer comment Lamoignon fit droit à la réclamation du fermier général.

Reportons-nous encore au chapitre premier du premier compte d'Audiffret. Nous l'avons vu porter en compte une dépense de 40.351 livres (ailleurs 41.351). Cette somme représentait la perte que le fermier avait subie par suite des dons du Roi aux parents des fugitifs, ou des procès qu'Audiffret avait perdus contre les créanciers. Dans cette année 1688, il y eut en effet plus de soixante donations, et des plus importantes, comme le dit Audiffret dans son compte (*Arch int.*, C. 307).

Les parents des fugitifs ne pouvaient percevoir les fruits des biens donnés, qu'à partir du jour où le brevet du Roi leur était notifié. Jusqu'à ce moment, les biens restaient sous le régime du bail. Ces revenus atteignaient la somme de 15.515—11—3; et, au moment où l'intendant réglait le second compte, Audiffret n'avait encore perçu que 5.951—7—6, somme qui ne figure dans aucun des comptes précédents (*Arch. int.*, C. 307).

Audiffret avait donc deux causes de mécontentement : la première, les 41.000 livres de dons faits par le Roi, que ne pouvaient certes pas compenser les 15.500 livres des revenus partiels qu'il avait touchés, ou toucherait sur ces biens, et dont il faudrait rendre compte; la deuxième, la non-jouissance de l'année 1690.

Aussi, en présentant ce second compte, Audiffret adressa à l'intendant la supplique suivante : (*Arch. int.*, C. 307).

« Les intéressés en la ferme d'Audiffret supplient très humblement Mgr de Basville, intendant, de leur accorder telle somme qu'il lui plaira pour l'indemnité de sa non-jouissance de l'année 1690, causée par l'édit de Sa Majesté, qui donne le bien des fugitifs aux plus proches parents, en considération des frais immenses que lesdits intéressés ont faits, la première année de ladite ferme, qu'ils prirent précisément à la veille de la récolte; et encore, dès qu'avant que d'être à la fin de ladite première année de jouissance, il survint de dons particuliers pour environ 42.000 livres de rente, lesquels furent déduits sur le total des sous-baux dudit Audiffret, et non pas sur les 64.500 du prix de sa ferme; en sorte que, par là, ladite ferme fut portée à 82.000 livres, y compris les dons particuliers, et ils espéraient de se recompenser desdits frais immenses dans la dernière année de ladite ferme qui leur a été ôtée par ledit édit. »

En réponse, l'intendant fait une ordonnance (13 avril 1690) pour le recouvrement des sommes dues, soit : 9.564—3—9; « et avant dire droit sur sa demande en indemnité, ordonnons qu'il nous remettra l'état des frais par lui faits en l'année 1688, et un semblable état de l'année 1689 (*Arch. int.*, C. 307).

Au chapitre VII des dépenses de son premier compte, Audiffret avait promis de fournir cet état des frais, pour justifier les 36.000 livres qu'il avait dépensées, à cause du grand nombre des commis employés; Lamoignon lui accorde donc ce qu'il avait demandé.

Cet état des frais exposé, je ne l'ai pas trouvé; et je ne crois pas qu'Audiffret l'ait jamais présenté. En effet, le 6 janvier 1691, il fournit son troisième compte, qui s'établit ainsi : (*Arch. int.*, C. 307).

Recettes : reliquat du deuxième compte	15.154 – 17 – 5	30.670 – 8 – 8	
Somme perçue en vertu de l'ordonnance du 13 avril 1690	15.515 – 11 – 3		
Dépenses		20.201 – 7 – 11	
Audiffret doit en clôture de compte		10.469 – 0 – 9	

Je crois inutile de rapporter les dépenses chapitre par chapitre ; elles ne présentent aucun intérêt général. Il n'en est pas de même des deux derniers chapitres que je tiens à citer en entier.

Au chapitre VII, Audiffret demande 22.500 livres d'indemnité, sinon il se trouvera en perte. Les raisons valent la peine d'être exposées :

1º Les dons accordés par Sa Majesté « d'une grande partie des biens des fugitifs ». En 1688, on lui a passé en compte 3.000 livres; « et rien du tout au compte de 1689, quoique le dommage, qu'ont souffert lesdits intéressés à cause desdits dons, soit une perte qui revient tous les ans. » Il demande donc 3.000 livres pour l'exercice 1689 (*Arch. int.*, C. 307).

2º « A cause de la non-jouissance de la troisième année de leur ferme, dont ils ont été dépossédés par édit du mois de décembre 1689; dans laquelle année, ils pouvaient espérer, par une jouissance paisible, de se recouvrer d'une partie des frais immenses de régie et des procès qu'ils ont été obligés de soutenir pendant les premières années de leur ferme. » De ce chef ils demandent 12.000 livres d'indemnité (*Arch. int.*, C. 307).

3º « A cause de plusieurs mains levées, accordées par Monseigneur l'intendant, des biens des fugitifs, avant et après l'état affirmé par lesdits intéressés, desquels il ne leur a point été tenu compte; et de plusieurs non-valeurs, qui se sont trouvées dans leur recouvrement; soit à cause de l'insolvabilité des fermiers; soit à cause de la non-jouissance d'aucuns desdits biens, pendant une partie de la première année, dont ils ne sont entrés en possession qu'au premier juin; soit à cause que les biens dont le revenu avait été mis dans l'état affirmé pour une certaine somme, se sont trouvés monter à beaucoup moins. » D'où perte de 4.000 livres pour laquelle ils demandent indemnité (*Arch. int.*, C. 307).

4° Enfin, erreur de calcul, dans le compte de 1688, au préjudice d'Audiffret, et se montant à 3.500 livres (*Arch. int.*, C. 307).

Au chapitre VIII, le comptable demande 2.000 livres pour payer les commis employés à lever les sommes portées au dernier état, en vertu de l'ordonnance du 13 avril 1690. (*Arch. int.*, C. 307).

Pour ces deux chapitres, on lit : « Passé pour l'indemnité des frais faits pendant la première année et la non-jouissance de la troisième, 4.098 livres. » (*Arch. int.*, C. 307).

Cette somme est bien modique, nous pouvons même dire, dérisoire; mais elle l'est bien plus, si nous considérons attentivement les raisons données par Audiffret pour demander une indemnité de 22.500 livres. N'oublions pas surtout la quatrième raison; l'erreur de calcul de 3.500 livres, erreur qui n'est pas contestée par Lamoignon. En toute justice cette somme était due au fermier général. En ne lui accordant pour son indemnité que 4.098 livres, l'intendant ne lui accordait en réalité que 598 livres pour tous ses frais et la non-jouissance de la troisième année de son bail.

Récapitulons sommairement ce que la ferme des biens des fugitifs, sortis sans permission, a rapporté de net à l'intendant.

Audiffret a versé dans les caisses des receveurs généraux des généralités de Montpellier et de Toulouse les sommes suivantes :

Par le premier compte	27.037 – 10 – 0
Par le second compte	32.652 – 8 – 8
Par le troisième compte	10.469 – 0 – 9
Soit un total de	70.158 – 19 – 5

§ III

COMPTES DES RECEVEURS GÉNÉRAUX

Avec les comptes que j'ai publiés jusqu'ici, nous ne pourrions nous faire une idée complète et adéquate de ce que les biens des fugitifs ont rapporté, si je ne publiais en même temps les comptes des receveurs généraux du Languedoc. Ces comptes, comme on pourra s'en convaincre bientôt, surtout pour celui de Cassagnas, ne contiennent pas seulement les débets des comptes des commis à la régie, ou d'Audiffret ; mais à leur tour ils ont opéré de véritables recettes et fait des dépenses que le lecteur doit connaître pour savoir quelle était vraiment la valeur de ces biens.

Je publierai d'abord le compte de Cassagnas, receveur général des domaines de la généralité de Montpellier. Ce bordereau de compte nous donnera une idée exacte des revenus des fugitifs pour cette généralité, et complétera tout ce que j'ai dit jusqu'ici. On comprendra que, vu sa longueur, je ne cite pas ce compte dans tous ses détails, et que je ne donne que le total des recettes, diocèse par diocèse, au lieu de le donner pour chaque fugitif en particulier comme fait Cassagnas ; je le diviserai aussi en chapitres comme le receveur général des domaines du Roi, et en plus, à chacun, je donnerai un numéro d'ordre. Ce bordereau se trouve aux archives de l'intendance. C. 307.

Il a pour titre : *Bordereau du compte que rend à Mgr de Lamoignon, intendant en Languedoc, M. Henry Cassagnas, receveur général des domaines de la généralité de Montpellier, de la recette et dépense par lui faites des biens, meubles et immeubles, des consistoires, des pauvres, des ministres et des sujets de Sa Majesté qui fait profession de la R. P. R. qui sont sortis du Royaume.*

Premièrement :

Recette à cause des débets des comptes rendus par les commis à la régie desdits biens, de l'administration par eux faite, jusqu'à l'édit de réunion du mois de janvier 1688.

Fugitifs.

Du s^r Verduron, commis à la régie des biens des fugitifs du diocèse de Montpellier	2.878 – 10 – 11
De Moinier, greffier des encans de Montpellier pour les effets de Lajard marchand	3.781 – 7 – 0
Du s^r Bernard, commis à la régie aux diocèses de Béziers et Agde	671 – 3 – 11
Du s^r Chazel, commis à la régie au diocèse de Nîmes	6.787 – 14 – 0

Consistoires.

Du sr Bernard, commis à la régie aux
    diocèses de Béziers et Agde   1.044 - 8 - 0

*Autre recette à cause des biens
immeubles des fugitifs.*

De M. André Audiffret, fermier des biens
des fugitifs, pour le prix de sa ferme de
    l'année 1688   40.000
Dudit pour l'année 1689   40.000   }   80.000 - 0 - 0

Autre recette.

De Chastaing   633 - 0 - 0

    Total pour ce chapitre   95.796 - 4 - 6

CHAPITRE II

Autre recette à cause des revenus des biens immeubles des fugitifs depuis le bail d'Audiffret ou arrérages avant ledit bail :

Diocèse de Montpellier	2.314 - 16 - 4
Diocèse de Nîmes-Alais	2.404 - 6 - 6
Diocèse d'Uzès	2.197 - 9 - 6
Diocèse de Mende	266 - 10 - 7
Diocèse de Viviers	1.165 - 0 - 6
Diocèse de Béziers	412 - 3 - 4
Diocèse d'Agde	145 - 10 - 0
Diocèse de Lodève	797 - 5 - 6
Total pour ce chapitre	9.703 - 3 - 3

CHAPITRE III

Autre recette à cause des biens meubles et dettes actives des fugitifs :

Diocèse de Montpellier	1.421 - 1 - 4
Diocèse de Nîmes-Alais	6.566 - 2 - 9
Diocèse d'Uzès	843 - 9 - 0
Diocèse de Mende	1.326 - 16 - 6
Diocèse de Viviers	977 - 4 - 6
Diocèse de Béziers	1.751 - 5 - 10
Diocèse d'Agde	277 - 18 - 0
Diocèse de Lodève	497 - 2 - 3
Total pour ce chapitre	13.659 - 19 - 2

CHAPITRE IV.

Autre recette des biens meubles et immeubles des pauvres et consistoires :

Diocèse de Béziers	375 – 3 – 0
Diocèse d'Agde	35 – 0 – 0
Total	410 – 3 – 0

Diocèses de Montpellier, Nîmes, Uzès, Mende, Viviers et Lodève : il n'est ci fait aucune recette du revenu des biens des consistoires desdits diocèses, le comptable n'en ayant pas eu la régie

« Somme totale de la recette du présent compte : cent dix-neuf mil quatre cent quinze livres, quatre sols, cinq deniers. » Savoir quatorze cent cinquante livres, onze sols, pour les consistoires, et cent dix-sept mil neuf cent soixante livres, onze sols, cinq deniers, pour les fugitifs. » (*Arch. int.*, C. 307) [1].

Dépense du présent compte :

Chapitre I. — A cause des sommes payées sur le revenu général des biens meubles et immeubles des fugitifs :

A M. Gilles Clément	7.000 – 0 – 0
A M. Esprit Fléchier	2.400 – 0 – 0
A M. François	3.000 – 0 – 0
A M. Pierre Sartre	6.472 – 12 – 0
Aux directeurs du Petit Séminaire	1.000 – 0 – 0
Total pour ce chapitre	19.872 – 12 – 0

Chapitre II. — Autre dépense à cause des tailles, charges

---

1. En faisant les calculs aussi exactement que je l'ai pu, j'ai trouvé pour le total général : 119.569—9—11, soit une différence de 154—5—6. La part des consistoires est de 1.454—11—0. La recette des biens des fugitifs, la seule qui nous occupe en ce moment, s'élèverait donc à 118.114—18—11.
Au surplus, opérons sur les nombres que donne Cassagnas :

Somme totale	119.415— 4— 5
Part des consistoires	1.450—11— 0
Reste	117.964—13— 5

et non 117.960—11—5, soit une différence de 4—2—0. — On constatera d'ailleurs que quelques additions sont inexactes.

réelles, réparations et provisions alimentaires sur le revenu des biens des fugitifs.

Je juge inutile de citer tout au long la liste assez longue de ces dépenses, diocèse par diocèse; chacune en particulier ne présente pas beaucoup d'intérêt; je les donnerai donc en bloc, ne faisant d'exception que pour les dépenses faites en faveur des couvents ou autres œuvres religieuses, et des collecteurs des diocèses.

Diocèse de Montpellier :

Au couvent de la Trinité de Montpellier	50 – 0 – 0
Aux collecteurs	610 – 8 – 1
Autres dépenses	1.676 – 1 – 4
Total pour ce diocèse	2.336 – 9 – 5

Diocèse de Nîmes

Aux religieuses de Ste-Ursule	88 – 0 – 0
Aux religieuses de Ste-Catherine	200 – 0 – 0
Aux Augustines de Montpellier	40 – 0 – 0
Au syndic de la Charité (Anduze)	100 – 0 – 0
Au collecteur de Sommières	7 – 11 – 2
Autres dépenses	9.947 – 15 – 2
Total pour ce diocèse	10.383 – 6 – 4

Diocèse d'Uzès

Aux R. P. de la doctr. chrét. de Beaucaire	851 – 4 – 0
Aux religieuses de Ste-Ursule de Bagnols	235 – 1 – 0
Au syndic des six prêtres	324 – 0 – 0
A la supérieure du couvent Ste-Marie d'Uzès	100 – 0 – 0
A la supérieure du couvent Ste-Ursule	67 – 6 – 8
Au collecteur d'Uzès	210 – 10 – 10
Aux consuls de Nîmes	55 – 11 – 0
Au collecteur de St-Quentin	332 – 19 – 10
Autres dépenses	2.902 – 0 – 0
Total pour ce diocèse	5.078 – 12 – 6

Diocèse de Mende

Provisions seulement	742 – 0 – 0

Diocèse de Viviers

Provisions seulement	934 – 0 – 0

Diocèse de Béziers

Au fermier des usages du Chapitre de St-Aphrodise	1 – 10 – 0
Aux collecteurs de Béziers etc...	226 – 11 – 2
Autres dépenses	214 – 17 – 0
Total pour ce diocèse	442 – 18 – 2

Diocèse d'Agde

Provisions seulement	200 – 0 – 0

Diocèse de Lodève

Provisions seulement	40 – 0 – 0

Chapitre III. — *Autres frais :*

Reprise	30.679 – 17 – 4
Frais de régie : imprimés	80 – 0 – 0
Timbre pour 200 exemplaires	20 – 0 – 0
A des exprès	50 – 0 – 0
Aux copistes	77 – 15 – 0
Appointements aux commis de chacun des sept diocèses [1] 300 :	2.100 – 0 – 0
Total pour ce chapitre	33.007 – 12 – 4

La dépense totale de ce compte, y compris les 30.679—17—4 de la reprise s'élève donc à la somme de 53.161—18—9.

*
* *

Le bordereau de la généralité de Toulouse présente aussi beaucoup d'intérêt; mais comme il y est question surtout des biens des fugitifs sortis avec permission du Roi, il aura sa place toute indiquée dans mon étude : *Pasteurs et Consistoires.*

---

1. Béziers et Agde n'avaient qu'un seul commis: de même aussi les trois diocèses du Vivarais n'en avaient qu'un. A noter que ces trois diocèses (Viviers, Vienne et Valence pour la partie de leur territoire située en Vivarais) sont quelquefois séparés, surtout pour les consistoires, quelquefois aussi unis sous le nom générique de Vivarais.

§ IV

ADMINISTRATION DES BIENS DES FUGITIFS

DE 1690 A 1715.

J'ai dit plus haut comment à partir du premier janvier 1690, et conformément à l'édit du Roi, les plus proches parents des fugitifs rentrèrent en possession des biens. J'ai dit aussi que Louis XIV ne fit d'exception que pour les biens des ministres et des sujets sortis avec permission, qui n'avaient pas d'enfants dans le Royaume. A la mort de ces fugitifs les biens devaient faire retour aux légitimes héritiers. Ce sera donc dans une prochaine étude que je publierai ces comptes de 1690 à l'édit de décembre 1698.

J'ai dit aussi comment, par la déclaration du 29 décembre 1698, Louis XIV obligea tous les Nouveaux Convertis du Royaume, à présenter un certificat de catholicité sous peine de perdre les biens des fugitifs qu'ils détenaient en vertu de l'édit de 1689. Dans le Languedoc, les confiscations furent très nombreuses. Je n'ai pas retrouvé les comptes des commis à la régie de ces biens pendant les années 1699, 1700 et 1701; mais lorsque par arrêt du 5 février 1701, Boucher fut chargé de centraliser toutes les sommes provenant de ces saisies (*éd. et arr.*, p. 405), il eut pour commis dans le Languedoc Desaintaurant qui présenta régulièrement les comptes à l'intendant.

Ce sont ces comptes que je vais publier.

Compte de 1702, présenté et affirmé véritable le 18 juin 1704 (*Arch. int.*, C. 316).

Recette.

Chapitre I. — Reste dû à cause des comptes précédents en deux états de recette et dépense arrêtés le 24 décembre 1701, et le 7 septembre 1702	15.309 – 6 – 3
Chapitre II. — Amendes	12 – 0 – 0

Chapitre III. — Vente de meubles

    Diocèse de Montpellier   113 – 10 – 0
    Diocèse de Nîmes   45 – 0 – 0
    Diocèse d'Agde   510 – 10 – 0
    Diocèse de Béziers   4 – 16 – 0

                         Total   673 – 16 –

Chapitre IV. — Revenus des biens immeubles légitimes, dettes des fugitifs

    Diocèse de Montpellier   3.605 – 14 – 2
    Diocèse d'Agde   785 – 3 – 10
    Diocèse de Nîmes   8.103 – 10 –
    Diocèse d'Uzès   1.780 – 9 – 8
    Diocèse d'Alais   2.453 – 13 – 7
    Diocèse de Viviers   1.061 – 6 – 0
    Diocèse de Béziers   3.074 – 3 – 8
    Diocèse de Castres   7.920 – 13 – 2
    Diocèse d'Alby   545 – 0 – 0
    Diocèse de Lavaur   2.222 – 6 – 6
    Diocèse de St-Pons   365 – 0 – 0
    Diocèse de Mende   300 – 0 – 0

            Total pour ce chapitre   32.217 – 9 – 1

            Total général de la recette   48.212 – 11 – 4

Dépenses.

Chapitre I. — Réparations, cultures des terres, tailles.   11.791 – 11 – 8

Chapitre II. — A cause des ordonnances de l'intendant, achat de la maison de travail suivant l'état arrêté au conseil le 12 septembre 1702 :   2.000

Gratification au sʳ Duteil   300

Pensions et entretien des enfants N. C.   3.045 – 10 – 4 :   5.345 – 10 –

Chapitre III. — Sommes payées pour acquitter les lettres de change tirées sur lui par Mʳ Boucher « pour des pensions des cy-devant ministres et autres »   15.951 – 19 – 4

Chapitre IV. — Diminution des espèces		646 – 12 – 10
Frais de régie		140 – 7 – 0
Pour lui, à raison de 2 sols pour livre de recette se montant pour ce compte à 30.090 – 1 – 5, non compris les saisies, publications et exploits qu'il fera figurer en dernier compte s'il ne rentre pas dans ses fonds		3009 – 0 – 0
Total de la dépense	36.895 – 1 – 2	
Total des reprises	2.813 – 3 – 8	39.708 – 4 – 10
Recette générale	48.212 – 11 – 4	
Dépense générale	39.708 – 4 – 10	
Reste dû par le comptable	8.504 – 6 – 6	

Arrêté et signé par Lamoignon le 20 novembre 1704 (*Arch. int.*, C. 316).

Compte de 1703.

Recettes.

Chapitre I. — Reliquat du compte précédent		8.504 – 6 – 6
Chapitre II. — Reprises		2.813 – 3 – 8
Chapitre III. — Amendes et confiscations		2.182 – 0 – 0
Vente des meubles et effets mobiliers		1.036 – 18 – 10
Chapitre IV. — Revenus des immeubles [1]		
Diocèse de Montpellier	3.559 – 12 – 6	
Diocèse d'Agde	1.577 – 6 – 6	
Diocèse de Nîmes	9.900 – 0 – 8	
Diocèse d'Uzès	2.048 – 6 – 8	
Diocèse d'Alais	2.293 – 18 – 11	
Diocèse de Viviers	2.700 – 0 – 0	
Diocèse de Béziers	1.321 – 2 – 9	
Diocèse de Castres	5.245 – 7 – 9	

---

1. Ces recettes sont un peu fictives; il y a en effet beaucoup de reprises. Par exemple, pour le diocèse de Nîmes, il y a 5.587–4–8 de recettes réelles, et 4.312–16–0 de reprises. Ce diocèse aurait dû rapporter 9.900–0–8 en 1703. De fait, le commis ne perçut que 5.587–4–8. Cette remarque s'applique à tous les comptes de Desaintaurant. Nous allons voir augmenter considérablement le nombre des reprises.

Diocèse d'Alby	1.303 – 8 – 0	
Diocèse de Lavaur	1.316 – 19 – 10	
Diocèse de St-Pons	90	
Toulouse, Mirepoix, Bas-Montauban	284 – 13 – 7	31.618 – 16 – 11
Total de la Recette		46.147 – 5 – 11

Dépenses.

Chapitre I. — Tailles, réparations, etc.	10.249 – 8 – 2
Chapitre II. — Sommes payées en vertu des ordonnances	16.008 – 9 – 6 [1]
Chapitre III. — Lettres de change livrées sur le comptable par Boucher « pour des pensions des cy-devant ministres et autres »	14.353 – 10 – 0
Chapitre IV. — Diminution des espèces	48 – 8 – 4
Au comptable 2 sols pour livre, la recette s'élevant à 26.727 – 3 – 4	2.672 – 14 – 0
Frais, publications, etc.	avertatur
Total général de la dépense	43.333
Reprises (1702 et 1703)	10.815 – 16 – 1
Dépenses et reprises	54.148 – 16 – 1

Ce compte pour 1703 s'établit donc ainsi :

Recettes	46.147 – 5 – 11
Dépenses	54.148 – 16 – 1
Dû au comptable	8.001 – 10 – 2

Arrêté et signé par Lamoignon le 20 novembre 1704 (*Arch. int.* c. 316).

COMPTE DE 1704.

Recettes.

Chapitre I. — « Fait recette le comptable pour garder l'ordre de compte seulement de la somme de 10.815 – 16 – 1 pour les reprises »	10.815 – 16 – 1
Chapitre II. — Amendes et confiscations	4.457 – 13 – 0
Chapitre III. — Revenus des immeubles et légitimes	

---

[1]. Dans les dépenses du chap. II sont compris 12.578—9—6 pour l'entretien des enfants des N. C., et 2.000 pour l'achat de la maison du travail. Voir pour cette maison: compte 1702, à la dépense.

Diocèse de Montpellier	3.547 – 7 – 6	
Diocèse d'Agde	1.047 – 16 – 9	
Diocèse de Nîmes	6.126 – 14 – 8	
Diocèse d'Uzès	2.476 – 16 – 8	
Diocèse d'Alais	1.265 – 4 – 4	
Diocèse de Viviers	2.326 – 4 – 0	
Diocèse de Béziers	1.492 – 0 – 0	
Diocèse de Castres	5.752 – 7 – 11	
Diocèse d'Alby	933 – 14 – 3	
Diocèse de Lavaur	1.657 – 0 – 8	
Diocèse de St-Pons	90 – 0 – 0	
Toulouse, Mirepoix, Bas-Montauban	274 – 0 – 0	26.989 – 6 – 9
Total de la Recette		42.262 – 15 – 10

Dépenses.

Chapitre I. — Dû au comptable du précédent compte	8.001 – 10 – 2
Chapitre II. — Réparations, tailles, etc.	10.499 – 7 – 7
Chapitre III. — Dépenses pour le procès du sr de Salgas	4.137 – 0 – 2
Chapitre IV. — Sommes payées en conséquence des ordonnances [1]	9.196 – 11 – 0
Chapitre V. — Lettres tirées sur le comptable par Boucher « pour des pensions des ci-devant ministres et autres »	863 – 6 – 8
Chapitre VI. — Frais de régie : 2 sols pour livre sur une recette de 27.308 – 2 – 1	2.730 – 16 – 0
Somme totale de la dépense	35.428 – 11 – 7

1. Sur cette somme il y a « 9.076—11—0 pour le reste et entier paiement, à la réserve de 59 sols 2 deniers de la somme de 41.000 livres que le Roi a ordonné être payée sur les ordonnances de M. l'intendant, pour les pensions des Nouveaux Catholiques de la province de Languedoc à prendre sur les fonds de la régie arrêtée au conseil, savoir: 6.000 dans l'état arrêté le 23 avril 1701; 15.000 dans celui arrêté le 27 décembre au dit an; 10.000 par celui arrêté le 27 septembre 1702, et les 10.000 restant aussi accordés par sa Majesté suivant la lettre de M. d'Aguesseau écrite à M. l'Intendant au mois de novembre 1703, en attendant qu'il fût arrêté un état au conseil ; lequel état y a été arrêté du depuis et envoyé à M. l'Intendant, le tout suivant les ordonnances par vous rendues, Monseigneur, rapportées avec les quittances, savoir dans le premier compte rendu par le dit comptable pour 5.520; dans le second compte pour 10.776—10—0; dans le troisième compte pour 3.045—10—4; dans le quatrième compte pour 12.578—9—6 et pour 9.076—11—0 dans le présent compte qu'il demanda lui être alloué en conséquence des ordonnances et quittances. » *Arch. int.* C. 316.

Reprises (depuis 1702) 14.954 – 13 – 9

Le compte s'établit ainsi :

    Recettes   42.262 – 15 – 10
    Dépenses et reprises   50.383 – 5 – 4

    Dû au comptable   8.120 – 9 – 0

Compte clos et arrêté par l'intendant le 31 décembre 1705 (*Arch. int.*, C. 316).

Compte de 1705.

Recettes.

Chapitre I. — Reprises du précédent compte		14.954 – 13 – 9
Chapitre II. — Confiscation des biens de Salgas		2.572 – 0 – 0
Chapitre III. — Vente de meubles et effets		2.844 – 16 – 8
Chapitre IV. — Revenus des immeubles et légitimes		
Diocèse de Montpellier	2.986 – 19 – 0	
Diocèse d'Agde	940 – 16 – 8	
Diocèse de Nîmes	5.512 – 15 – 6	
Diocèse d'Uzès	840 – 15 – 0	
Diocèse d'Alais	1.656 – 6 – 10	
Diocèse de Viviers	1.768 – 6 – 0	
Diocèse de Béziers	594 – 2 – 9	
Diocèse de Castres	4.239 – 16 – 7	
Diocèse d'Albi	1.150 – 0 – 11	
Diocèse de Lavaur	1.552 – 16 – 2	
Diocèse de St-Pons	90 – 0 – 0	
Toulouse, Mirepoix, Bas-Montauban	120 – 0 – 0	21.422 – 15 – 5
Total général de la recette		41.794 – 5 – 10

Dépenses.

Chapitre I. — Dû au comptable du précédent compte	8.120 – 9 – 0
Chapitre II. — Réparations, tailles, etc. [1]	11.609 – 11 – 7

---

1. Dans la publication de ces comptes, je ne puis entrer dans tous les détails. Il faudrait alors un volume pour les seules quinze dernières années du règne de Louis XIV. Cependant pour que le lecteur comprenne pourquoi Lamoignon, malgré tous ses pouvoirs, n'ose pas allouer le chap. VI de ce compte à ce comptable, j'entrerai dans quelques détails. Dans ce chapitre II, outre les frais nécessaires, c'est-à-dire répa-

Chapitre III. — Dépenses faites à cause de la confiscation des biens de Salgas	2.333 – 17 – 4
Chapitre IV. — Sommes payées en vertu des ordonnances de l'intendant	139 – 3 – 0
Chapitre V. — Lettres tirées par Boucher pour les pensions des ci-devant ministres et autres	9.424 – 5 – 0
Chapitre VI. — Frais de régie [1]	2.699 – 10 – 0
Somme totale de la dépense	34.326 – 15 – 11
Autre dépense à cause des sommes dont il doit être déchargé 3.450 – 19 – 8 ; il est déchargé de 1.387 – 0 – 8, et en reprise la somme de 2.163 – 19 – 0 cy	1.387 – 0 – 8

Reprises.

Précédents comptes :   7.968 – 5 – 2
Reprises pour 1705   3.379 – 17 – 4

(*La fin manque.*)

Ce compte fut présenté le 24 janvier 1707. (*Arch. int.*, C. 316).

COMPTE DE 1706.

Recettes.

Chapitre I. — Reprises des comptes de 1705 :	13.412 – 1 – 6
Chapitre II. — Amendes et confiscations	8.528 – 16 – 0

rations, tailles et capitations, il y a aussi un sol pour livre que le comptable accorde à ses commis et qui se monte pour ce chapitre à la somme de 1223—10—8. Le comptable prend donc maintenant les 3/20 au lieu des 2/20 ; à partir de 1707, nous allons voir réduit le comptable au 1/20 seulement ; mais Chazel va reparaître et il y aura aussi Redonnel, qui figurera dans les comptes à raison de 100 livres par mois.

Dans les 11.600 livres de ce chapitre II, figurent les frais du jugement de Castanet, Ravanel et autres compagnons de Roland pour 2.223—7—6 ; et aussi 436 livres d'indemnité accordées à M. de Calvière pour l'incendie de son moulin, aux portes de Nîmes, ordonné par Montrevel vers Pâques 1703.

1. « Consistant les dits frais de régie a faire compter les procureurs substitués dudit comptable, loyer du bureau, tenir un commis pour les écritures, impressions, papier timbré, papier commun, encre et plumes, répondre toutes les requêtes en main levée et autres, assister aux audiences de M. l'Intendant, porter des lettres, voyages dans les villes et lieux où M. l'Intendant lui ordonne de se transporter pour les biens de la régie, et plusieurs autres menus frais. »

En marge on lit : « renvoyé au conseil pour être alloué. »

Chapitre III. — Vente de meubles et effets . . . 6.899 - 5 - 6

Chapitre IV. — Immeubles des fugitifs et condamnés

Diocèse de Montpellier	1.795 - 3 - 1	
Diocèse d'Agde	761 - 13 - 4	
Diocèse de Nîmes	4.512 - 19 - 4	
Diocèse d'Uzès	745 - 15 - 0	
Diocèse d'Alais	1.109 - 3 - 5	
Diocèse de Viviers	2.097 - 12 - 0	
Diocèse de Béziers	523 - 2 - 9	
Diocèse de Castres	3.078 - 13 - 9	
Diocèse d'Albi	463 - 0 - 0	
Diocèse de Lavaur	1.041 - 0 - 4	
Diocèse de St-Pons	60 - 0 - 0	
Toulouse, Mirepoix, Bas-Montauban, Mende, mémoire		16.287 - 13 - 0
Total général de la recette		45.126 - 16 - 0

Dépenses.

Chapitre I. — Dû du compte précédent . . . 7.331 - 12 - 3

Chapitre II. — Capitations, tailles, etc. . . . 15.545 - 10 - 5

Chapitre III. — Sommes payées en conséquence des ordonnances concernant la confiscation des biens de Salgas . . . 6.389 - 17 - 7

Chapitre IV. — Restitution faite en vertu d'une ordonnance de l'Intendant . . . 1.120 - 6 - 8

Chapitre V. — Sommes payées sur l'État des distributions arrêté au conseil en conséquence des ordonnances . . . 1.550 - 0 - 0

Chapitre VI. — Pensions des ci-devant ministres et autres . . . 9.996 - 10 - 0

Chapitre VII. — Frais de régie : 2 sols pour livre . . . 3.072 - 13 - 0

Total de la dépense 45.006 - 9 - 11
Reprises 14.400 - 4 - 11

Somme totale 59.406 - 14 - 10

« Y compris 9996—10—0 pour les lettres de change du sieur Boucher acquittées par le comptable, et 3072—13—0 pour les frais de régie du comptable à raison de 2 sols pour livre, lesquels articles nous avons renvoyés au conseil pour les allouer. »

Ce compte s'établit donc ainsi :

Recettes	45.126 – 16 – 0
Dépenses	59.406 – 14 – 10
Reste dû au comptable	14.279 – 18 – 10

Clos et arrêté le 9 janvier 1708 par l'intendant (*Arch. int.*, C. 316).

Compte de 1707.

Recettes.

Chapitre I. — Reprises		14.400 – 4 – 11
Chapitre II. — Confiscation des biens de Salgas		1.500 – 0 – 0
Amendes		néant
Chapitre III. — Meubles et immeubles des fugitifs et condamnés		
Diocèse de Montpellier	1.794 – 11 – 2	
Diocèse d'Agde	703 – 10 – 4	
Diocèse de Nîmes	6.712 – 8 – 4	
Diocèse d'Uzès	515 – 5 – 0	
Diocèse d'Alais	1.496 – 14 – 6	
Diocèse de Viviers	723 – 10 – 0	
Diocèse de Béziers	426 – 10 – 9	
Diocèse de Castres	2.142 – 10 – 2	
Diocèse d'Alby	403 – 0 – 0	
Diocèse de Lavaur	1.044 – 14 – 2	
Diocèse de St-Pons	(main levée)	
Bas-Montauban, Toulouse, Mende : advertatur		15.959 – 14 – 6
Somme totale de la recette		31.859 – 19 – 5

Dépenses.

Chapitre I. — Dû au comptable par le précédent compte, suivant l'arrêt du conseil du 5 février 1709, 4.957 – 8 – 6, au lieu de 14.279-18-10 .... 4.957 – 8 – 6

Chapitre II. — Tailles, capitations, etc., « et autres charges et dépenses par vous, Monseigneur, ordonnées ensemble le sol pour livre accordé aux procureurs substitués audit comptable pour droit de régie »   6.876 - 5 - 4

Chapitre III. — Sommes payées en conséquence de la confiscation des biens de Salgas   1.250 - 0 - 0

Chapitre IV. — Sommes payées par ordonnance   300 - 0 - 0

Chapitre V. — Sommes payées, en conséquence des ordonnances en exécution de l'état de distribution arrêté au conseil le 4 février 1708   1.950 - 10 - 0

Chapitre VI. — Sol pour livre accordé au comptable sur une recette de 14.681 – 7 – 3   734 - 1 - 3

Chapitre VII. — Gratification qu'il plaira à l'intendant à accorder au comptable (rayé)   600 - 0 - 0

Total de la dépense   16.068 - 5 - 1

Total général des reprises, dépenses et décharges de ce compte   33.309 - 17 - 3

Ce compte s'établit donc ainsi :

    Recettes   31.859 - 19 - 5
    Dépenses   33.309 - 17 - 3
    Est dû au comptable   1.449 - 17 - 10

Ce compte fut clos par Lamoignon le 20 mai 1709 (*Arch. int.*, C. 316).

Compte de 1708.

Recettes.

Chapitre I. — Reprises du précédent compte :   16.867 - 17 - 7

Chapitre II. — Confiscation des biens de Salgas   1.500 - 0 - 0
Omission au compte de 1707   21 - 10 - 0

Chapitre III. — Vente de quelques effets (vins, huile) des fugitifs ou condamnés de Nîmes et Uzès   935 - 9 - 4

Chapitre IV. — Biens, meubles et immeubles

    Diocèse de Montpellier   1.658 - 15 - 8
    Diocèse d'Agde   482 - 3 - 4
    Diocèse de Nîmes   5.349 - 5 - 0
    Diocèse d'Uzès   504 - 15 - 0

Diocèse d'Alais	384 - 18 - 4	
Diocèse de Béziers	414 - 4 - 9	
Diocèse de Viviers	381 - 0 - 0	
Diocèse de Castres	1.968 - 13 - 2	
Diocèse d'Albi	290 - 0 - 0	
Diocèse de Lavaur	669 - 6 - 2	
Bas-Montauban, Toulouse, Mende, Mirepoix : advertatur		12.383 - 4 - 6
Total de la recette		31.707 - 18 - 10

Dépenses.

Chapitre I. — Dû du précédent compte	1.449 - 17 - 10
Chapitre II. — Tailles, réparations, etc.	5.477 - 5 - 11
Chapitre III. — Dépenses en conséquences des ordonnances pour la confiscation des biens de Salgas	1.250 - 0 - 0
Chapitre IV. — Sommes payées en conséquence de l'arrêt du conseil du 20 juillet 1709	1.400 - 0 - 0
Chapitre V. — Pour frais de justice	330 - 0 - 0
Chapitre VI. — Pour réparations d'églises	1.961 - 8 - 11

Chapitre VII. — Sol pour livre :

à Chazel sur les biens de Salgas	346 - 16 - 0	
au comptable	596 - 19 - 6	943 - 15 - 6
Gratification demandée	600 (rayé)	
Somme totale de la dépense		12.812 - 8 - 2
Reprises et décharges		19.768 - 9 - 0
Somme totale de la dépense		32.580 - 17 - 2

Ce compte s'établit donc ainsi :

Recettes	31.707 - 18 - 4
Dépenses	32.580 - 17 - 2
Est dû au comptable	872 - 18 - 10

Ce compte fut arrêté par l'intendant le 8 mars 1710 (*Arch. int.*, C. 316).

COMPTE DE 1709.

Recettes.

Chapitre I. — Reprise du dernier compte :	17.472 - 0 - 0

Chapitre II. — Confiscation des biens de Salgas   1.542 - 13 - 6
Chapitre III. — Biens de la demoiselle Laliaud   154 - 6 - 2
Chapitre IV. — Meubles et immeubles

Diocèse de Montpellier	1.466 - 10 - 8	
Diocèse d'Agde	422 - 10 - 0	
Diocèse de Nîmes	5.147 - 5 - 0	
Diocèse d'Uzès	1.064 - 16 - 8	
Diocèse d'Alais	551 - 1 - 10	
Diocèse de Béziers	393 - 11 - 9	
Diocèse de Viviers	394 - 0 - 0	
Diocèse de Castres	1.374 - 14 - 10	
Diocèse d'Albi	315 - 0 - 0	
Diocèse de Lavaur	819 - 6 - 8	
Mirepoix, Mende, etc.	néant	11.938 - 17 - 5
Total de la recette		31.107 - 17 - 1

Dépenses.

Chapitre I. — Dû du précédent compte   872 - 18 - 10

Chapitre II. — Réparations, tailles, etc.   5.264 - 18 - 1

Chapitre III. — Dépenses à cause de la confiscation des biens de Salgas   1.250 - 0 - 0

Chapitre IV. — Sommes payées en exécution de l'état de distribution accordé par Sa Majesté, le 28 juin 1711 à des nouveaux convertis   1.564 - 6 - 1

Chapitre V. — Sommes payées aux pensionnaires établis sur les deux tiers du produit net de la Régie, que Sa Majesté s'est réservé   3.128 - 12 - 2

Chapitre VI. — Sol pour livre :

à Chazel	422 - 12 - 3	
au comptable	657 - 16 - 0	1.080 - 8 - 3
Gratification au comptable	(non rayée)	600 - 0 - 0
Total de la dépense		13.161 - 3 - 5
Reprises		17.951 - 12 - 5
Somme totale de la dépense		31.112 - 15 - 10

Ce compte s'établit donc ainsi :

Recettes	31.107 - 19 - 1
Dépenses	31.112 - 15 - 10
Reste dû au comptable	4 - 16 - 9

Ce compte fut arrêté par Lamoignon le 27 septembre 1711 (*Arch. int.*, C. 316).

Compte de 1710.

Recettes.

Chapitre I. — Reprises du précédent compte		17.886 - 12 - 0
Chapitre II. — Intérêt de 768 - 19 - 8 de Jacques Mouret et Marie Lauze, de Saint-Théodorite		42 - 11 - 6
Biens de Salgas [1]		néant
Chapitre III. — Vente des sarments de la demoiselle Laliaud de Nîmes		6 - 5 - 0
Chapitre IV. — Omission au compte précédent		60 - 0 - 0
Chapitre V. — Revenus des meubles et immeubles		
Diocèse de Montpellier	1.442 - 10 - 8	
Diocèse d'Agde	334 - 10 - 0	
Diocèse de Nîmes	4.947 - 8 - 4	
Diocèse d'Uzès	455 - 3 - 4	
Diocèse d'Alais	649 - 8 - 0	
Diocèse de Béziers	270 - 10 - 9	
Diocèse de Viviers	192 - 0 - 0	
Diocèse de Castres	1.216 - 18 - 10	
Diocèse d'Albi	315 - 0 - 0	
Diocèse de Lavaur	813 - 14 - 8	
Mirepoix, Mende, etc.	néant	10.637 - 4 - 7
Total de la recette		28.632 - 17 - 6

Dépenses.

Chapitre I. — Reste du précédent compte	4 - 16 - 9
Chapitre II. — Charges, tailles, etc.	3.525 - 5 - 1
Chapitre III. — Sommes payées en exécution de l'état de distribution arrêtée au conseil, le 12 juin 1712, et ordonnances de l'intendant (gratifications aux nouveaux convertis)	1.244 - 10 - 6

---

1. Ordonnance de Lamoignon du 15 février 1712 confirmant la sentence rendue par le sénéchal de Nîmes le 15 mars 1707 en faveur de Salgas : les revenus des biens sont comptés aux enfants à partir du 1er janvier 1710.

Chapitre IV. — Payé aux pensionnaires établis sur les deux tiers du produit net de la régie que Sa Majesté s'est réservé   2.449 - 1 - 4

Chapitre V. — Sol pour livre :

à Chazel	205 - 9 - 8	
au comptable	400 - 9 - 9	
à Redonnel	200 - 0 - 0	805 - 19 - 5
Gratification au comptable (rayé sauf au comptable à se pourvoir au conseil)		600
Total de la dépense de ce compte		8.009 - 13 - 1
Reprises et décharges		20.623 - 4 - 5
		28.632 - 17 - 6
Recettes de ce compte	28.632 - 17 - 6	
Dépenses	28.632 - 17 - 6	

Le comptable est déchargé par l'intendant qui règle ce compte le 21 juillet 1712.

Compte de 1711.

Recettes.

Chapitre I. — Reprises du précédent compte	20.546 - 17 - 9
Chapitre II. — Confiscation des biens de Lauze	42 - 15 - 6
Chapitre III. — Omissions aux comptes précédents	262 - 5 - 10
Chapitre IV. — Quelques frais reçus	29 - 10 - 0

Chapitre V. — Biens immeubles :

Diocèse de Montpellier	1.906 - 10 - 8	
Diocèse d'Agde	(pages manquent)	
Diocèse de Nîmes	4.286 - 15 - 0	
Diocèse d'Uzès	410 - 3 - 4	
Diocèse d'Alais	449 - 13 - 4	
Diocèse de Béziers	286 - 10 - 9	
Diocèse de Viviers	222 - 10 - 0	
Diocèse de Castres	1.250 - 16 - 11	
Diocèse d'Alby	876 - 0 - 0	
Diocèse de Lavaur	809 - 7 - 1	
Diocèse de Mende	240 - 0 - 0	
Toulouse, Mirepoix, etc.	néant	10.963 - 17 - 3
Total général de la recette		31.845 - 6 - 3

Dépenses.

Chapitre I. — Réparations, tailles, etc.	8.305 - 17 - 9
Chapitre II. — Restitution au s^r de Ginestous (Arrêt du conseil du 5 août 1709)	800 - 0 - 0
Chapitre III. — Sommes payées en vertu de l'état de distribution arrêté au conseil le 25 juillet 1713 (aux N. Convertis)	1.540 - 0 - 0
Chapitre IV. — Sommes payées aux pensionnaires établis sur les deux tiers du produit net de la régie que sa Majesté s'est réservé	1.988 - 0 - 0

Chapitre V. — Sol pour livre :

A Chazel	479 - 11 - 3	
Au comptable	753 - 6 - 6	
A Redonnel	1.200 - 0 - 0	2.432 - 17 - 9
	Total de la dépense	15.066 - 8 - 6
	Reprises et décharges	16.778 - 17 - 1
	Total général	31.845 - 6 - 3

Recette de ce compte : 31.845 - 6 - 3
Dépense de ce compte : 31.845 - 6 - 3

Le comptable est déchargé sauf erreur de calcul le 16 août 1714 (*Arch. int.*, C. 317).

COMPTE DE 1712.

Recettes.

Chapitre I. — Reprises du précédent compte	10.957 - 4 - 10
Chapitre II. — Dettes actives des fugitifs	1.545 - 0 - 0
Chapitre III. — Quelques frais reçus	23 - 10 - 0

Chapitre IV. — Revenu des biens :

Diocèse de Montpellier	1.891 - 10 - 8	
Diocèse d'Agde	181 - 15 - 0	
Diocèse de Nîmes	4.493 - 3 - 4	
Diocèse d'Uzès	583 - 12 - 2	
Diocèse d'Alais	452 - 13 - 2	
Diocèse de Béziers	255 - 0 - 9	
Diocèse de Viviers	300 - 10 - 0	
Diocèse de Castres	1.173 - 18 - 5	
Diocèse d'Alby	460	
Diocèse de Lavaur	809 - 8 - 8	
Diocèse de Mende	130	
Mirepoix, Toulouse, etc.	néant	10.731 - 12 - 2
	Total général de la recette	22.897 - 7 - 0

Dépenses.

Chapitre I. — Réparations, tailles etc.		7.202 - 9 - 2
Chapitre II. — Sommes payées en exécution de l'état de distribution		4.500 - 0 - 0
Chapitre III. — Sol pour livre :		
A Chazel	310 - 15 - 10	
Au comptable	592 - 17 - 6	
A Redonnel	1.200 - 0 - 0	2.103 - 13 - 4
Chapitre IV. — Autre dépense à cause des frais pour faire saisir les biens de plusieurs fugitifs de Montpellier et d'Agde		145 - 0 - 0
Chapitre V. — Autre dépense à cause des lettres de change et récépissé de M. Boucher (en marge on lit : renvoyé au conseil pour y être alloué)		8.934 - 19 - 3
Gratification au comptable (rayé)		600 - 0 - 0
Total de la dépense		11.039 - 13 - 4
Total général des reprises, décharges et dépenses, y compris les 8.000 livres renvoyées au conseil		30.925 - 15 - 0

Ce compte s'établit donc ainsi :

Recettes	22.897 - 7 - 0
Dépenses	30.925 - 15 - 0
Dû au comptable	8.028 - 8 - 0

Ce compte fut arrêté le 21 mai 1715 (*Arch. int.*, C. 317).

Compte de 1713.

Ce compte fut présenté à l'intendant le 15 mars 1716 par Charles Rudavel, procureur de Charles Boucher.

Recettes.

Chapitre I. — Reprises		10.535 - 13 - 9
Chapitre II. — Quelques frais reçus		9 - 0 - 0
Chapitre III. — Reliquat des comptes des séquestres		12 - 16 - 10
Chapitre IV. — Revenu des immeubles		
Diocèse de Montpellier	1.825 - 7 - 2	
Diocèse d'Agde	484 - 15 - 0	
Diocèse de Nîmes	4.566 - 13 - 0	

CHAPITRE V

Diocèse d'Uzès [1]	6.161 - 11 - 10	
Diocèse d'Alais	479 - 2 - 8	
Diocèse de Béziers	235 - 4 - 9	
Diocèse de Viviers	277 - 10 - 0	
Diocèse de Castres	1.300 - 17 - 10	
Diocèse d'Albi	460 - 0 - 0	
Diocèse de Lavaur	863 - 10 - 5	
Diocèse de Mende	70 - 0 - 0	
Toulouse, etc.	néant	16.421 - 18 - 11
Somme totale de la recette		26.979 - 9 - 6

Dépenses.

Chapitre I. — Réparations, tailles, capitations		9.880 - 14 - 3
Chapitre II. — Sommes payées en conformité de l'état de distribution arrêté au conseil		2.428 - 14 - 0
Chapitre III. — Sol pour livre :		
A Chazel	563 - 6 - 2	
A Redonnel	1.200 - 0 - 0 [2]	
Au comptable	781 - 6 - 6	2.544 - 12 - 8
Chapitre IV. — Autre dépense à cause des lettres de change et récépissé de Boucher : en marge on lit : renvoyé au conseil		1.867 - 2 - 6
Gratification au comptable (rayé)		600 - 0 - 0
Total de la dépense		15.621 - 3 - 2
Reprises totales :		11.346 - 6 - 1
Somme totale des dépenses et reprises y compris les 1.800 livres de Boucher		26.967 - 9 - 3

Ce compte se clôture ainsi :

Recettes	26.979 - 9 - 6
Dépenses	26.967 - 9 - 3
Dû au comptable	87 - 19 - 9

Ce compte fut clos le 4 décembre 1716, par l'intendant. (*Arch. int.* C. 317).

---

1. Cette fois il y a en plus les revenus des biens du marquis de Rochegude qui s'élèvent à 5.036—18—0 provenant des domaine, moulin et censives d'Arpaillargues, mandement de Rochegude, etc...
2. Redonnel mourut le 5 juin 1715 ; aussi dans le compte de 1715 ne le voyons-nous figurer que pour 516—19—4.

Compte de 1714.

Ce compte fut présenté par Charles Rudavel le 14 décembre 1716.

Recettes.

Chapitre I. — Reprises du précédent compte	11.346 - 6 - 1	
Chapitre II. — Reliquat des comptes, etc.	90 - 0 - 5	
Chapitre III. — Vente de quelques meubles	200 - 0 - 0	
Chapitre IV. — Recette des immeubles :		
Diocèse de Montpellier	1.779 - 12 - 10	
Diocèse d'Agde	181 - 15 - 0	
Diocèse de Nîmes	4.616 - 13 - 4	
Diocèse d'Uzès	6.386 - 7 - 2	
Diocèse d'Alais	610 - 3 - 8	
Diocèse de Béziers	231 - 18 - 9	
Diocèse de Viviers	280 - 10 - 0	
Diocèse de Castres	1.595 - 13 - 7	
Diocèse d'Albi	460 - 0 - 0	
Diocèse de Lavaur	736 - 0 - 5	
Diocèse de Mende	70 - 0 - 0	16.948 - 6 - 9
Total de la recette		28.584 - 14 - 3

Dépenses.

Chapitre I. — Réparations, tailles, etc.	9.515 - 16 - 8	
Chapitre II. — Sommes payées en conformité avec l'édit de distribution	2.061 - 13 - 4	
Chapitre III. — Diminution des espèces	242 - 1 - 0	
Chapitre IV. — Sol pour livre		
à Chazel	571 - 4 - 4	
au s^r Redonnel (mort le 5 juin 1715)	1.200 - 0 - 0	
au comptable	790 - 8 - 4	2.561 - 12 - 8
Chapitre V. — Dû pour l'année 1713		87 - 19 - 9
Gratification (rayé)		600 - 0 - 0
Dépense totale		14.468 - 13 - 5
Reprises		12.496 - 18 - 9
Somme totale de la dépense		27.245 - 1 - 2

Ce compte s'établit donc ainsi :

Recettes	28.584 - 14 - 3	
Dépenses	27.245 - 1 - 2	
Dû par le comptable	1.339 - 13 - 1	

Ce compte fut clos par Lamoignon le 1er décembre 1717.

COMPTE DE 1715 :

Ce compte fut encore présenté à Lamoignon par Rudavel.

Recettes.

Chapitre I. — Boni du précédent compte	1.339 - 13 - 1	
Chapitre II. — Reprises de l'année 1714	12.496 - 18 - 9	
Chapitre III. — Frais reçus	2 - 0 - 0	
Chapitre IV. — Revenus des immeubles		
Diocèse de Montpellier	1.847 - 12 - 10	
Diocèse d'Agde	181 - 15 - 0	
Diocèse de Nîmes	3.760 - 13 - 4	
Diocèse d'Uzès	5.171 - 13 - 10	
Diocèse d'Alais	680 - 5 - 8	
Diocèse de Béziers	218 - 10 - 9	
Diocèse de Viviers	277 - 10 - 0	
Diocèse de Castres	1.479 - 5 - 8	
Diocèse d'Alby	580 - 0 - 0	
Diocèse de Lavaur	1.238 - 10 - 1	
Diocèse de St-Pons	70 - 0 - 0	
Diocèse de Mende	70 - 0 - 0	15.575 - 17 - 2
Total de la recette		29.414 - 9 - 0

Dépenses.

Chapitre I. — Réparations, capitations, etc.	8.260 - 12 - 9
Chapitre II. — Sommes payées en exécution de l'édit de distribution : 1.282 - 2 - 11 ; en marge on lit : rayé et passé pour.[1]	680 - 0 - 0

---

[1] « Sera observé que le comptable est mort à Paris au commencement de l'année 1717; qu'il avait reçu le produit de la régie de l'année 1715 et avait payé avant et après son départ partie desdits assignés dans l'état de distribution de l'année 1715; qu'à sa mort ses biens ayant été saisis par les créanciers, ses héritiers n'ont pu payer ce qui reste dû aux personnes qui sont employées dans ledit état. »

Chapitre III. — Dépense à cause de la diminution des espèces   857 - 2 - 0

Chapitre IV. — Sol pour livre

à Chazel	471 - 2 - 0	
à Redonnel	516 - 13 - 4	
au comptable pour le sol pour livre « et ce pour lui tenir lieu de remise et frais extraordinaires »	734 - 3 - 1	4.721 - 8 - 5
Total de la dépense		11.519 - 12 - 8
Reprises totales de ce compte		13.388 - 13 - 6
Total général de la dépense		24.908 - 6 - 2

Ce compte s'établit donc ainsi :

Recettes	29.414 - 9 - 0
Dépenses	24.908 - 6 - 2
Dû par le comptable	4.506 - 2 - 6

Ce compte fut arrêté par Lamoignon le 21 avril 1718 (*Arch. int.*, C. 317).

J'arrête là la suite des comptes des revenus de ces biens. Louis XIV n'est plus, et Lamoignon clôture le compte de 1715 l'année même où il quitte l'intendance de Languedoc.

Ces comptes pourraient fournir, à eux seuls, matière à un volume. Mon rôle est seulement de les publier, de donner à chaque lecteur moyen de juger par lui-même. Je doute fort qu'après l'étude attentive de ces documents, on dise que l'Etat s'est enrichi des dépouilles des fugitifs.

En prenant tous les comptes de 1702 à 1715, on voit que pour ces quatorze années, le bénéfice net se réduit à 4.506—2—6 ; c'est maigre, on l'avouera. Et encore pour en arriver à ce résultat, le roi a dû diminuer la part du comptable et ne lui donner qu'un sol pour livre au lieu de deux. Il est vrai que Chazel et Redonnel sont venus s'atteler au râtelier.

On ne pourra juger complètement, que lorsque j'aurai publié les comptes des consistoires et des fugitifs « avec permission de Sa Majesté » ; mais déjà tout esprit impartial pour se convaincre, combien, au moins pour le Languedoc, ont été exagérées les affirmations des historiens. Involontairement on pense au milliard des congrégations : alors comme aujourd'hui ce furent les séquestres qui retirèrent les plus gros bénéfices.

CHAPITRE SIXIÈME

LISTES DES FUGITIFS. — VALEUR DES BIENS.

C'est avec le plus grand soin que j'ai composé les listes que je livre au public. Je ne prétends pas les donner pour une œuvre absolument parfaite : un nom a pu m'échapper, malgré toute l'attention que j'ai pu apporter à ce travail, soit en les copiant aux archives, soit ensuite en les composant.

Quelques mots sur leur composition.

Elles ne se trouvent pas aux archives telles que je les publie; mais le nom du fugitif se trouve dans une des liasses que je donne en référence. On trouvera, en effet, dans ces grosses liasses de l'intendance de Languedoc, plusieurs listes de fugitifs, composées comme je l'ai dit à des époques différentes. Les publier toutes était impossible : il faudrait plusieurs volumes; ce serait aussi s'exposer à des redites inutiles et sans aucun intérêt historique.

Voici la méthode que j'ai suivie : autant que je l'ai pu, j'ai partagé les fugitifs en trois classes : ceux qui sont sortis avant 1688; ceux qui sont sortis de 1688 à 1698; et enfin ceux qui émigrèrent de 1698 à 1715. De ces derniers, j'ai élagué les camisards.

Est-ce à dire qu'il faille ajouter une foi complète à cette division, et qu'un fugitif porté sur les listes que je donne, comme sorti de 1688 à 1698, n'est pas sorti avant cette époque? Nullement. Que le lecteur n'oublie pas ce que j'ai dit plus haut sur la confection de ces listes, faites sur l'ordre de l'intendant pour connaître la valeur des biens; qu'il n'oublie par le billet de catholicité demandé par l'intendant de Languedoc de 1685 à 1688; la législation variant suivant les époques; les non-valeurs dont je n'ai trouvé la liste complète qu'en 1706, remontant, il est vrai, jusqu'en 1685, et il comprendra que si la division adoptée a de grands avantages, si pour plusieurs paroisses elle est même d'une grande exactitude, elle n'a pas cependant toute la valeur historique que nous pourrions demander dans notre légitime exigence.

Malgré ce défaut que nous ne pourrons peut-être jamais faire disparaître, on aurait tort de négliger ces listes. Sans doute la plupart de ces noms sont inconnus et ne présentent guère d'intérêt historique. Qu'importe à l'histoire le nom d'un pauvre paysan des Cévennes qui ne possédait qu'un champ, et qui est parti? C'est vrai. Les historiens ne le jugeront peut-être pas ainsi : ils seront heureux de connaître ces noms, de savoir surtout la valeur des biens pour pouvoir juger sainement et justement. Ces listes, je l'espère, feront tomber bien des légendes; on ne dira plus avec de Felice que le Languedoc compte 50.000 fugitifs; nous sommes maintenant en droit de demander les noms.

Je ferai une remarque importante à propos de la valeur des biens : à part une paroisse ou deux, les listes ne donnent pas le total des biens : j'ai dû faire les additions. J'y ai apporté beaucoup de soins, les faisant, jusqu'à trois ou quatre fois.

J'insiste surtout sur les dettes passives. Placées sans ordre, une dette d'un fugitif du diocèse de Castres, précédant une dette d'un fugitif du diocèse d'Uzès, ou du Vivarais, j'ai pu, malgré tout le soin apporté à ces additions, oublier une dette, ou, vu les milliers d'additions que j'ai dû faire, commettre une erreur matérielle.

Malgré ces imperfections, les hommes sérieux, amis de la vérité, me sauront gré, je l'espère, de l'effort que j'ai produit pour approcher aussi près que je l'ai pu de la vérité historique, et soulever le voile qui recouvre cette époque, si près de nous et pourtant si inconnue.

§ I

DIOCÈSE DE MONTPELLIER.

Ville de Montpellier.

Les listes des fugitifs de Montpellier se trouvent dans les liasses C, 274, et C, 308 : cette dernière à part deux ou trois noms, reproduit exactement la liste 274, et contient, en outre, une quarantaine de noms. Les liasses 282, 283 et 284, contiennent les dettes passives des fugitifs. La liasse 308 contient les dettes actives; les liasses 316 et 317 contiennent les noms des fugitifs partis de 1700 à 1715.

Liste des noms contenus dans les liasses 274, 308, 282, 283 et 284 (1685-1698).

Jean Durand, avocat ;
David Planchut (revenu) ;
Jean, Scipion (rompu) et Théophile Pérols, frères ;
Baron de Témelac, sa mère et sa sœur ;
Jean Boissonade, procureur à la cour des aides ;
Laurent Domerc ;
Ollivier Noguier ;
Laurent et Louis Galdi, frères ;
David Barbut, deux enfants et sa femme, Dauphine Peyre ;
Pierre et Jean Barbut ;
Antoine et Jean Sabatier, père et fils ;
Durand Buffanier, marchand ;
David Brousson, parfumeur ;
Gabriel et Jacques Brousson ;
Pierre Artaud, marchand de bas ;
David Roumié, marchand ;
Pierre Rouquet, sa femme, deux enfants ;
François Feuillade, chirurgien, et sa femme, Marie Lamoufoux ;
Pierre Descazals, chirurgien ;
Rose de Renchin, veuve Lauze ;
Etienne Besson et sa femme (revenu) ;
Moïse Devaux-Colard ;
Abraham Loubatier et sa fille Joséphine ;
Isaïe Lafous ;
Jacques Latgis, teinturier, et sa femme, Anne Garimonde ;
Bernard Espinas ;
Marguerite Pageze, femme de Gabriel Bastier ;

Antoine Blanc, tailleur ;
Jean et Jacques Michel, frères ;
Paul Masbon, tailleur ;
Paul Teisseire, dit Cauquilloux ;
Pierre Bonnet ;
Jean Bruguière (revenu) ;
Jean Servan, marchand, et sa femme ;
Isabeau Despuech, veuve Arnaud Dubourdieu ;
Pierre Valette, horloger ;
Françoise, Catherine et Jean Ugla ;
Isaïe Paravisol, brodeur ;
Jérémie Latget, corroyeur ;
Antoine Sériés ;
Etienne Peiridier ;
Paul Marret, libraire, sa femme et trois enfants ;
Pierre du Cimetière, sa femme et deux enfants ;
Isaac Dubourdieu, min. ;
Jean Dubourdieu, sa femme et deux enfants ;
Jean Gautier, min., sa femme et ses enfants ;
Jean Durand et sa femme, Claire Dugua ;
Pierre Monteils, marchand, sa femme et une fille ;
David Eustache, apothicaire ;
Rachel Rigaud ;
Suzanne Ducros, veuve Pierre Maurin et trois enfants ;
Jean Jouve, cordonnier, et sa femme ;
Salomon Roussel, marchand ;
Demoiselle Courtaud ;
Adam Boyer et sa femme ;

Duval, brodeur ;
André Virgile, boulanger, et sa femme ;
Veuve Trouillon, sa fille et son gendre Justamond ;
Bernard Martel, boulanger ;
Pierre d'Auteville ;
Pierre Rigaud, libraire, et deux filles ;
Jean Castanet, libraire ;
François Durand, min. ;
Antoine Servel, m., et sa femme;
Esther Crouzet, veuve Angeli ;
Jacques Huc, dit Ourtigas, et sa femme ;
Veuve de Bertrand, cordonnier ;
Samuel Hours ;
Demoiselle Madeleine Aubert ;
Le nommé Quinragué ;
Jacques Murat, marchand ;
Pierre Lajard et Jacqueline Daudé, sa femme ;
Malhautier et Delbosc, marchands ;
Demoiselle De Sezy ;
Veuve Magret, marchande ;
Jean Artaud ;
Laurent Alezieu et sa femme, Catherine Bœuf ;
Vivens, capitaine de cavalerie ;
François Chalié ;
Pierre Barbut et sa femme ;
Bruguier frères, dont un Jacques avec sa femme ;
Gondel, tonnelier ;
Mussard et Pierre Buffanier ;
Chicot, tisserand, et Jacques Théron ;
Pierre Bresson et François Ricard ;

Sieurs de Saint-Jean de Védas ;
Jean Itier ;
Jean Fauquier et autre Fauquier ;
Jean Daumas et Viala ;
Marquis Charles de Vignoles ;
Marguerite, Jeanne et Catherine Cézary ;
Pierre Focard et David Bègue ;
Sieur de Madronnet ;
Hercule Groniel et sa femme (revenus) ;
Jean Devaux, avocat ;
Pierre Chamberedon ;
Lancire et Toulouse ;
Cazalet et Denis Dauze ;
Marie Noguier ;
René Bertaud, min. ;
Guichard et Algoin ;
Jean Fabre et Lautier, cordonnier ;
Gabriel et Jean Farenges ;
David et Abraham Rouvière ;
Jean Maurin et Jean Ollivier ;
Angely et Pierre Régis ;
Simonne et Suzanne Caldebert ;
Roque et Pierre Rogier, médecin
Pierre de Vincent et Aubert ;
Pierre Cézary et Jacques Vézian;
Fabre et sa femme ;
Anne Blanchonne, veuve Cavalier ;
J.-J. Martin et Suzanne Crouzet ;
Jeanne Guerin et Anne Icher ;
Anne Restable, veuve Moïse Couve ;
Demoiselle de Pelissier ;
Françoise Pelet, veuve Fize ;
Gabrielle de Mirmand, veuve Comte [1].

---

1. « On la croit fugitive »... A ces noms, j'ajouterai Suzanne Montillon. Je n'ai trouvé ce nom qu'une fois; le nom de son mari a disparu; il figure aussi dans une liste... et Suzanne Montillon, sa femme (*Arch. int.*; C. 308).

Valeur des Biens. — *Dettes.* — Malgré toutes mes recherches, je n'ai pas pu trouver l'estimation de la valeur des biens des fugitifs pour le diocèse de Montpellier, estimation qui devait être faite conformément aux édits du Roi et sur les compoix des lieux. On peut voir cependant aux archives de l'intendance de Languedoc (série C. 308) la liste des terres que possédaient ces fugitifs.

Les dettes passives des fugitifs de la ville de Montpellier (*Arch. int.*, C. 282, 283, 284) s'élèvent à 272.427—6—8. Voici les principaux, ceux qui, en partant, laissèrent plus de 10.000 livres de dettes ou à qui les parents réclamèrent cette somme. Jean Durand, avocat, 24.000 livres; Durand Buffanier, marchand, 10.945—6—10; Antoine et Jean Sabatier 18,111—2—0; Isaac Duboudieu, 11.000; Charles de Vignoles, 10.452—17—11; Galdy banquiers, 33.795—12—0; David Planchut 16.242—11—4; baron de Témélac, 10.000.

Quant aux dettes actives de ces mêmes fugitifs, il est assez difficile de les apprécier exactement. L'état fut dressé par Verduron (*Arch. int.*, C. 308).

Verduron les estime au chiffre total de 77.564—5—11. Dans cette somme il ne comprend pas certainement celle de 42.094—10—2, — dont il faut retrancher 4556 livres, dues à Roussillon ministre de Lunel — et qui suivent immédiatement le premier état des dettes actives.

Pour que le lecteur puisse se faire une idée du document, je vais donner ici le résultat de mes opérations.

La somme totale des dettes de ce premier état s'élèverait à 96.851—10—11. Sur cette somme les débiteurs prétendent avoir payé 14.485—19—6; et enfin le roi aurait accordé main levée pour 26.432—5—9.

D'où proviennent les 77.564—5—11 de Verduron? Je l'ignore; en additionnant le total de ce premier état avec le total du second ou 42.094—10—2 — y compris les 4556 livres de Roussillon — nous aurons 119.658—16—1 qui étaient dues à ces fugitifs.

Liste C. 298.

David Fraissinet, sa femme, ses enfants et sa belle-sœur;
Le fils de Bellanger;
Suzanne Guibal, femme Grousseau;
Deux demoiselles Murat;
Gronget, médecin;
Morant;
Sirven et Marguerite Marguerol;
Demoiselles Puech;
Louis, André, Jacques Rouquette;

CHAPITRE VI

Listes C. 316 et 317 (1698-1715).

Les Mattes ;
Flamant et sa femme ;
Demoiselles Suaux ;
Ollivier, veuve Vezian ;
Dumaistre et sa femme ;
Latour et Lucas ;
La femme de Saporta ;
Martin et Isnel ;
Mazauric, (misérable) ;
Barrolle, veuve d'un chapelier ;
Marguerite Bries ;
Veuve Baderoux ;
Romieu et Claude Cournut ;
Femme de Troussel ;
Demoiselle Barthelemy ;
Demoiselle Roucauti ;
David Jean et Lacam ;
Femme de Michel, cordonnier ;
Femme de Belaigue ;

Demoiselle de Rey (on ne sait qui c'est) ;
Demoiselle de Roux ;
César Dortés (aux galères) ;
Jacques Dubois (aux gal.) ;
Jacques Plagnol (aux gal.) ;
Etienne Beaumel (aux gal.) ;
Pierre Lafont (aux gal.) ;
Jacques Bruguier (aux gal.) ;
Veuve Durand ;
Demoiselle Vézian ;
Femme Vassadel ;
Femme de Villaret ;
Becane et Rigal ;
Jany et Espagne ;
Barral et Briesse ;
Veuve Despioch ;
Dame de Perols et sa fille ;

Boisseron.

Laurent Devic et Jacques Théron (Montpellier) (*Arch. int.* C. 274).

Campagne.

Liste C. 308.

François Favas ; sa mère tuée à l'assemblée de Campagne ;
Jean Rouvière ;
Jean Garonne ;

Jean Daudé (aux galères) ;
Elisabeth, Françoise et Guillaume Daudé ;
Guillaume Sipeyre ;

Cournonsec.

Liste C. 316 et 317.

Guillaume Casse ;
Natael Gervais ;
Jean Heraut (Cournonterral) ;
Jacques Michel (Montpellier) ;

Gabriel Monteils (Montpellier) ;
Isaac Faucillon (Cournonterral) ;
Salomon Roussel (Montpellier) ;
Cambacérés ;

Cournonterral.

Liste C. 308 et 274.

Auguste de Vignoles, Sr de St-Bonnet ;

Charles de Vignoles (Montpellier) ;

Jean Gibert et un fils ;
Jasse, l'aîné ;
Esther Fabre, femme Guilhon, et deux enfants ;
Fille aînée de Lacros et son fils ;
Deux enfants de Rouquette ;
Deux enfants de Fauquier ;

Liste C. 316 et 317.

Marie Riole, veuve Ferier ;
Rouquette, veuve Barral et enfants ;
Barthélemy Bastide ;
Jean Heraut ;
Marie Heraut ;
David Bonnier ;
Femme Alléon ;
Isaac Faucillon et Tréboulou ;
Femme Roussel ;
Demoiselle André ;
Casse Molinier ;
Fontés et Dumas ;
Pousanquet, femme Ducros ;

Ganges.

Liste C. 308 et 298. (1685-1698).

Pierre Cardillac et André Martin ;
François Peyraube ;
Salomon Villaret ;
Jean et Marie Combel ;
Salomon Nissolle ;
Jean et Pierre Bertrand ;
Isaac Blancard ;
Isaac Foulquier ;
Étienne Volgalier ;
Pierre Blaquière ;
Etienne et Jean Cazalet ;
David et Antoine Fourcoual ;
Jean Astruc et David Bourrié ;
Benjamin Lacombe ;
Mathieu Ducros et sa famille ;
David et Delphine Faure ;
Anne Gervais ;
Jean Nissolle et sa famille ;
Alix Valette, veuve Pintard ;
François Randon ;
Anne Guiballe ;
Jean Lapierre, tanneur ;
Pierre Lautard ;
Pierre Brunet ;
Paul Deshons et sa mère ;
Louis du Gua ;
Théodore Soulié et sa famille ;
David et Pierre Peyraube frères ;
André Crégut ;
Antoine Villar ;
Jean Durand, blancher ;
Jean et Pierre Gervais ;
David Maillé ;
Jean et Pierre Durand ;
Paul Rampon ;
Jean Bro et sa sœur Isabeau ;
David Jourdan ;
Jean Grossejambe ;
Anne Caizergues ;
François Vidal ;
Fille de Ducros, capitaine ;
Fille de Lonjon ;
Sylvie Lautrac ;
François Massal ;
Pierre Villar, apothicaire ;
Cabanis, tailleur ;
Pierre Liron ;
Demoiselle Tandonne, femme Serre ;
Isaac Tarteiron ;
Père d'Étienne Deshons (inconnu) ;

Ramel père, cordier ;
Pierre Jeanny et sa femme ;
Pierre Mazel, blancher ;
Femme de Jacques Espic ;
Bernard Deshons, tanneur ;
David Gouffe, tisserand ;
Femme de Pierre Villaret ;
Femme de Guibal ;
Demoiselle Faure, femme Fabrègues ;
Carles, dit Marchevite, et sa femme ;
Anne Moffre, femme Maillé ;
Antoine Fabrègues, dit Larozo ;
Jean Parran, marchand ;
Etienne Soulier et sa femme Hubague, femme Fabre ;
Pierre Fabre, jeune, facturier ;
Mère de Bossas de Vignes ;
Mère de Randon ;
Boulangère Fabre, femme Guibal ;
Teulonne, femme Guichard ;
Foissac vieux et sa femme ;
Jean Pourpayrat ;

Valeur des Biens. — Je n'ai pas trouvé pour ces fugitifs la valeur des biens d'après le compoix du lieu. On pourra voir (*Arch. int.*, C. 308) quelques notes sur ce qu'ils possédaient. Beaucoup sont des « misérables ».

Je n'ai pas trouvé non plus qu'ils aient laissé des dettes.

Les dettes passives qui leur furent réclamées s'élèvent seulement à 3980—2—6. (*Arch. int.*, C. 282, 283, 284).

Listes C. 316 et 317. (1698-1715).

Veuve Massal ;
Coularou ;
Sœur de Villard ;
Femme Lauze ;
Guibal, travailleur ;
Femme Boissier ;
Fille de Giral ;
Jean et Pierre Gervais ;
Femme de Mourgues ;
David Séguin ;
Bouissonne (relapse) ;
Les demoiselles Fabre, sœurs ;
Mère de la Cavalerie ;
Jacques Vincent ;

Lunel.

Listes C. 308, 274, 282, 283, 284 (1685-1698).

Jean Pons ;
Launoy (expulsé) ;
Catherine et Suzanne Trousselles ;
Jacques Roussillon, min ;
Jacques et David Begou ;
Jacques Troussel ;
Louis Ducros, min., et sa femme, Françoise Herail ;
Jeanne Bouillotte ;
Gironnet ;
Monsieur de Rieutord, dit Dubrune et sa sœur, Mme de Pontaud ;
François, père, Sara et Jacques Fauquier ;
Jacques Travel (Massillargues) ;
Devaux (Montpellier) ;

Valeur des Biens. Pour les biens immeubles, même remarque que pour Montpellier et Ganges.

Je n'ai trouvé aussi que 4.556 livres dues au ministre Roussillon. (*Arch. int.*, C. 308).

Les dettes passives des fugitifs de Lunel s'élèvent à 20.153—1—4. Le ministre Roussillon tient la tête avec 11.007—10—0. (*Arch. int.*, C. 282, 283, 284).

Listes C. 316 et 317 (1698-1715).

Guillaume Hauric ;
François Brun ;
Femme de Rival ;
Femme de Menard ;

Audibert Gourgas ;
Dame de Garrigue ;
Mengaud ;

Mauguio.

Listes C. 308 et 274 (1685-1698).

Jean, Pierre, Daniel, Élisabeth, Françoise, Marie de Belcastel ;
Salles, fils ;
Jeanne Loriolle, veuve Gabin ;
Mathelin Bouaton ;
Étienne Bonnet et sa femme ;
François Pagès ;
Pierre Sales ;
Marie Filiole ;
Jacques Viane ;
Veuve de Solas, et ses fils, Isaïe et Jacques ;
Nicolas Causse ;
Marie et Gracie Troulhon ;

Bouisson ;
Pierre et Marc Troulhon ;
Veuve Troulhon et ses petits-fils, Pierre et Marguerite Devic ;
Antoine Huguet et sa sœur, Marguerite ;
Henri et François Hours ;
Pierre Isnard ;
Marguerite Pascale ;
Les frères Pérols (Montpellier);
Alézieu id. ;
Courtaud id. ;
Portal (St-Hippolyte) ;

Valeur des Biens. — Immeubles, même remarque que pour Montpellier.

Dettes actives : je n'ai rien trouvé.

Dettes passives : la somme des dettes passives s'élève à 30.002—7—6. Les frères Pérols, Jean, Scipion et Théophile, de Montpellier, y figurent pour 25.500 livres. (*Arch. int.*, C. 282, 283, 284).

Listes C. 316 et 317 (1698-1715).

Alexis ;
Veuve Laget ;
Jacques Bertrand ;
Darnaud (relapse) ;

Demoiselle Sallès
Demoiselle Alexis (de Maureillan) ;
Quet ;

Pignan.

Listes C. 274 et C. 308 (1685-1698).

Jean Dumas et sa femme ;
Jean Fauquier, sa femme et son fils ;
Jean Itier (Montpellier) ;
Demoiselle de Jacquet, deux garçons et une fille ;
Bascou et sa sœur, Gracie ;
Fille de Pierre Robert ;
Un fils de François Laux ;
Un fils de Pierre Fenouillet ;
Mazet (négocie en Italie ; a emmené ses deux filles avec permission : son fils est allé le joindre) ;
Isaac Ricard ;
Un fils de feu Henri Verdier ;
Jean Revel ;
Fils de François Pelissier ;
Louis Lautard ;
Femme d'Antoine Coste :
Deux fils de Gouze ;
Étienne Bertrand ;
Deux fils d'Isaac Rafflé ;
Un fils de Boüy ;
Un fils de Charles Peret ;

Valeur des Biens. — Immeubles et dettes actives, même remarque que pour Maugeiro.

Dettes passives : elles atteignent la somme de 1.032 livres. (*Arch. int.*, C. 282, 283, 284).

Listes C. 316 et 317 (1698-1715).

Melgues ;
Étienne Peyrolles ;
Teulon ;
Darbasse ;
Amos Saltet ;

Jacob Gibot ;
Vidalle ;
Femme de Baffier ;
Demoiselle Laux ;
Pioch ;

Poussan.

Je marque sous la rubrique de Poussan, Lévy Unal, et Pierre André, qui sont aussi de Montpellier : les dettes passives du premier s'élèvent à 15.404—10—0 ; celles du second à 440 livres (*Arch. int.*, C. 283 et 284).

Saussines.

François et Daniel Marazel (*Arch. int.* C. 308).

Saint-Bausile d'Hérault ou de Putois.

Pierre Bresson, maréchal, et François Ricard (*Arch. int.* C. 274).
Jean Causse (*Arch. int.* C. 316).

Saint-Jean-de-Vedas.

Jean et Louis de Sarret (Montpellier) (*Arch. int.* C. 274).

Saint-Georges.

Barthélemy Casse (*Arch. int.* C. 316).

Valergues.

Antoine Riche (*Arch. int.* C. 284).

Vendargues.

Jean-Jacques Martin et Suzanne Brouzet (*Arch. int.* C. 316).

§ II.

DIOCÈSE D'AGDE.

Je n'ai pas trouvé pour ce diocèse l'estimation des biens ni les dettes actives.

Adge.

Jacques Gramont et sa femme, Fleurette Lacour, et Pierre Lacour, père de Fleurette. (*Arch. int.*, C. 274).
Gilleberte (*Arch. int.*, C. 316).
Jacques Grammont devait 1.100 livres, plus les intérêts. (*Arch. int.*, C. 282).

Florensac.

Dlle de Figuière veuve de Jean Lacroix (*Arch. int.*, C. 274). On lui réclame 300 livres (*Arch. int.* C. 283.)

Montagnac.

Listes C. 308 et 274 : 282, etc. (1685-1698).

Jacques Henri et sa femme ;
Antoine Barbeirac, min. et sa femme Gelly ;
Isaac, Jacques et Jean Cabrol ;
Martin Clapiés ;
François Pégat ;
Moïse Reversat ;
Jean Montieulous ;
Louis Gilibert ;
François et David Gilibert, père et fils ;
Pierre et Jean Roux ;
David Rey, cordonnier ;
Joachim Doulhon et sa femme, Anna Nerse ;
Pierre Nouirigat, fils ;
Étienne et Paul Laroze ;
Hoirs de Jean Barberoux ;
Israel Vergne ;
Marie Favasse ;
Jean Guilhen jeune ;
Jean Goudet ;
Jérôme Maze ;
Jacques Durrieu ;
Zacharie Pongis, min. ;
Philippe Alcogné ;
Noble François de Clapies et sa femme, Colombe de Gilibert et ses fils, Louis François et Jean-Philippe ;
Pierre Viguier ;
Pierre, Jacques et David Pegat ;
Demoiselle de Nichet, veuve Jacques Gelly ;
Aubrespine, veuve Jean Clergue ;
Étienne Camp ;
Daniel Cassignard et sa femme ;
Marie de Froment, femme de Jean de Reynes, colonel de cavalerie ;
Étienne Cassignard ;
David Gilibert ;
Jean Durand et sa femme ;
Veuve Farette ;
Isaac Berthomieu et sa sœur ;
Moïse Pagés, fils ;
Jérémie Mas, laboureur ;
Jacques Bec, boulanger ;
Jacques Foulquier ;
Laurent Alzieu (Montpellier) ;
Jean Ramond ;
Paul Nicolas ;
Daniel Leignadier ;
Catherine Fabre veuve Faret ;
Jean Reinard ;

Les dettes passives des fugitifs de Montagnac s'élèvent à la somme de 34.433—13—1. Laurent Alezieu vient en tête avec 10.000 livres : puis Pierre Pegat avec 6.051—10—4, et David Gilibert avec 6.400—12—0. (*Arch. int.*, C. 282, 283, 284).

Listes 316 et 317 (1698-1715).

Demoiselle Freboul ;
Jacques Reversat ;
Mère de Gely, chirurgien ;
Jean Pegat ;
Pierre Gely ;
Barthélemy Ruan ;
Femme de Berthomieu et sa fille ;
Fédière ;
Etienne David ;
Pierre Berthomieu ;

Migueiron ;
David Combes (galères) ;
Reversade, veuve Través ;
Jean Foulquier ;
Pierre Dumas ;

Femme d'Aaron Nicolas ;
François Revers †
Fraissinet ;
Rocheblave ;

Pézénas.

Jean Viala, orfèvre, et Jacques Reversat : leurs dettes passives s'élèvent à la somme de 107-8-0 (*Arch. int.* C. 274, 308, 282,) etc.

Villemagne ou Valmagne.

Listes C. 308 et C. 274., C. 282, etc. (1585-1698).

Marie Ramadier, veuve Daniel
Fize et ses fils : Daniel, Moïse,
Pierre et Anne ;
Jean Fizes ;

Jacob Brouzet, min. et sa femme,
Isabeau de Jeanjean ;
David Martin ;

Les dettes passives des fugitifs s'élèvent à la somme de 5.924-12-2 (*Arch. int.* C. 282, 283, 284).

Listes C. 316 et 317 (1698-1715).

Triadou fils ;
Un fils de Pierre Casse ;
Pierre Gouze (pendu) ;
Le fils de Jean Jasse ;
Daniel Jeantel ;
Femme d'Adam Nicolas ;
Femme de Philippe David ;
Ramadier et sa sœur ;
Mathieu Martin ;
Isabeau Cabanis, femme Dumas ;

Jacob Reinaud ;
Femme de Vézénobre ;
André Vivarés ;
Marie Combette ;
Jean Jeantet ;
Jacques Latour ;
Demoiselle Freboul ;
Femme d'Aaron Nicolas ;
Reinaud ;
Mathieu Cazalés ;

§ III.

DIOCÈSE DE BÉZIERS.

Béziers.

Listes C. 274 et 308 (1685-1699).

Sieur de Montagnac, sa femme,
Delphine Malbois et fils aîné ;
François Durieu, avocat ;

Barthélemy Combelles, marchand ;
Gabriel Malbois ;

Jean Gay, orfèvre ;
Charles Barroque, tailleur ;
Pierre de Castillon, sa femme,
  Claudine Combelles, et leurs
  filles, Marion et Isabeau ;
Antoine Labrune, marchand ;
Jean Baille, marchand ;
Charles Gay ;
Dortouls Cadet ;
Daniel Valence et Ollier ;
Paul Nicolas, orfèvre ;
Pierre Caillet, fondeur,
Louis Caudesaigues ;
Pierre Vielle, cordonnier ;
Clacannel ;
Isaac Albergé ;

Enfants de Pierre Guy ;
Margot et Catin Daubry ;
Etienne Alberge ;
Demoiselle Darnaud ;
Veuve d'Auger, gantier ;
Jean Dulac, Bertette, sa femme,
  et enfants ;
Veuve d'Ollivier, bourgeois ;
Daniel Narbonne ;
Jacques Brun, sa femme, demoi-
  selle de Brus, et sept enfants ;
Jean Michel, médecin ;
Pierre et Zacharie Razes ;
Femme de Berlote ;
André Lavit ;

Valeur des Biens. — Je n'ai pas trouvé, pour ce diocèse, la valeur des biens immeubles des fugitifs, excepté pour quelques-uns en particulier ; seize fugitifs de Béziers — non compris les femmes et les enfants — ne possédaient rien.

Les dettes actives s'élèvent à 14.199—10—9 qui se répartissent ainsi : Gabriel Malbois 11.800, et Barthelemy Combelles 2.399—10—9. (*Arch. int.*, C. 308), y compris une somme de 82—3—0 qui est rayée dans l'original.

Les dettes passives s'élèvent à la somme de 54.517—11—3. Louis de Montagnac vient en tête avec 26.105—0—8 ; puis Antoine Labrune avec 18.224—12—6. (*Arch. int.*, C. 282, 283, 284).

Je n'ai pas fait figurer sous la rubrique Béziers, Pierre Sauclières et sa sœur.

Bedarieux.

Listes C. 274 et 308 (1685-1699).

Pierre Jaquin ;
Jean, Pierre et André Guy ;
Pierre et André Basset ;
Etienne, Daniel et Isaac Lunet ;
Daniel Farottes et sa femme,
  demoiselle Cros ;
Barthélemy, Jean et Charles
  Basset ;

Jacob Alméras ;
Madeleine Pegurier, veuve Roux ;
Isaac Bonnafous (inconnu) ;
Denis Farettes, facturier ;
Antoine Souiris et sa femme ;
Daniel Quet ;
Jean Campagne, tondeur, et sa
  femme ;

Pierre Triadou (de retour) ;
Jean Bonnafous (de retour) ;
Pierre Souiris ;
Charles Alméras et sa femme ;
Antoine Birot ;
Moïse et Daniel Philip ;
Marquise Barthe ;
Elie Sarrut ;
Jacques Alméras (inconnu) ;
Pierre Boileau ;
Guillaume Malaure et sa famille ;
Abraham Guy, sa femme et deux filles ;
Isabeau Roux ;
Jacques Guy ;
Fils aîné de Jean Seimondi ;
Guillaume Bascoul ;
Fils aîné de Charles Lavit, marié à Genève avec la fille Imbert (Clermont) ;
Femme de Jean Cornier et sa fille ;
Aaron, Charles, Jean et Marion Basset ;

Bernard, Suzanne et Marion Romieu ;
André Lavit et autre Lavit ;
Narbonne, veuve Balhazar Durand, et trois enfants ;
Abraham Valéry, jeune ;
Abraham Valéry, vieux, sa femme et ses enfants ;
Jacques Prades ;
Suzanne Aveloux ;
Anne Aveloux, veuve Cère, un fils et une fille ;
David Louders ;
Abraham Courbière ;
Barthélemy Cruveillier ;
Pierre Donnadieu et sa femme ;
Etienne Valette ;
Charles Durand, tondeur ;
David Balescure et sa fille ;
Pierre Sauvan, cardeur ;
Judith Jacquin ;
Pierre, Jacques et Louis Vabret ;
Guillaume Vabret ;

Valeur des biens. — Pour onze fugitifs de Bédarieux j'ai trouvé (*Arch. int.*, C. 308) la valeur des biens ; ils se montent à la somme de 19.317 livres ; sur cette somme, Abraham Valery jeune avait un bien estimé 15.000 livres ; celui de Marquise Barthe fut estimé seulement 8 livres.

Les dettes actives s'élèvent à la somme de 60.025—5—2 pour trois fugitifs seulement ; Pierre Guy 49.271—2—5 ; André Guy 4.250 livres ; et Madeleine Pegourier 6.504—2—9 (*Arch. int.*, C. 308).

Les dettes passives des fugitifs de Bedarieux s'élèvent à 35.875—4—2 ; Jean Guy vient en tête avec 8.840 livres ; puis Guillaume Malaure avec 7.114 livres et Pierre Guy avec 5.593—2—5 ; Antoine Souiris n'y figure que pour 40 livres. (*Arch. int.*, C. 282, 283, 284).

Listes C. 316 et 317.

David Corbière ;
Isabeau Lunette, femme de Jean Bonnafous ;

Etienne Calvet ;
Zacharie Jullien ;
Antoine Cadenat ;

David Farettes ;
Pierre Philip ;
Veuve de Jean Philip (inconnue);
Bernard Valette ;
Guillaume Calas;
Jean Arnal ;

Etienne Calvet ;
Jullien frères ;
Catherine Guérine ;
Jeanne Pradelle, femme Gilly ;
Laurent Besson ;
Daniel Sabatier ;

Faugères.

Listes C. 274 et 308 (1685-1698).

Jean et Abraham Vézial ;
Pierre Maurin ;
Marquise Suque ;
Jean et David Rouquier ;
Aaron Bonne, sa femme et ses enfants ;
Jean Saignes ;

Isaac et Elisabeth Planque ;
Etienne Peaux ;
Jean Pelazi ;
Pierre Raimond (inconnu);
Isaïe et Jean Raimond ;
Jean et Antoine Nicolas;
André et Adrien Roques ;

On remarquera que le baron de Faugères ne figure dans aucune liste de ce diocèse : il figure dans les listes de celui de Lodève pour les biens de sa femme.

Valeur des biens. — Je n'ai pas trouvé l'estimation des biens de ces fugitifs, ni aucune dette active.

Les dettes passives se montent à 1404—18—0; c'est un pays pauvre, lisons-nous dans l'inventaire des biens du consistoire. A remarquer qu'il y a une opposition sur tous les biens du baron de Faugères. (*Arch. int.*, C. 282, 283, 284.)

Daniel Narbonne (*Arch. int.*, C. 316).

Fouzillon.

Je fais figurer sous cette rubrique Guillaume, Pierre et Joseph Castaing, de Bédarieux; on leur réclame 509 livres. (*Arch. int.*, C. 284).

Gignac.

Listes C. 274 et 308 (1685-1698).

Jean Moinier, chirurgien ;
Daniel Jean, marchand ;
Honoré Aubrespy, marchand ;

Paul Troupel, chirurgien ;
Louis Crouzet ;

Valeur des biens. — Je n'ai trouvé que l'estimation des biens de Louis Crouzet, soit 500 livres (*Arch. int.* C. 308).

Jean Moinier figure seul aux dettes passives pour la somme de 477—4—10. (*Arch. int.*, C. 283 et 284).

Autre fugitive : Madeleine Flory. (*Arch. int.*, C. 316).

Graissessac.

Liste C. 308 (1685-1698).

Philippe et Isaïe Moinen ;
Marie Moinen ;
Pierre et Isaac Cabrol ;
Antoine Fabre ;
André Combes ;
Anne Castan ;
Marc Triol et Marguerite Touren ;
Paul Bertrand ;

Valeur des biens. — Je n'ai rien trouvé ; aucun de ces noms ne figure aux dettes passives des fugitifs.

Listes C. 316 et 317 (1698-1715).

Jacques Durand ;
Jean Galibert ;
Aaron Ranibal ;
Barthélemy Triol ;
Guillaume Clary ;
Jeanne Grosse ;

Lunas.

Demoiselle Jaquin, veuve Basset (*Arch. int.* C. 316).

Montblanc.

Listes C. 307 et 274.

Jean Sabatery, demoiselle de Bonijoly, sa femme et sa fille ;
Isaac et Philippe Besse ;

Valeur des biens. — Les biens de Jean Sabatéry furent affermés 600 livres ; Isaac et Philippe Besse possédaient chacun 500 livres. (*Arch. int.*, C. 308).

Jean Sabatéry figure aux dettes passives pour 4885—10—0. (*Arch. int.*, C. 282, 283, 284).

Névian.

Fabrègues (*Arch. int.* C. 317).

Portiragnes et Béziers.

Pierre Sauclières et sa sœur Marguerite (*Arch. int.* C. 274 et 308). Ils figurent aux dettes passives, Pierre pour 5.855—2—0 ; sa sœur pour 150 livres. (*Arch. int.*, C. 282, 283, 284).

Saint-Pargoire.

Listes C. 274 et 308 (1685-1698).

Pierre Tremoulet ;
Henri Baille ;
Henri Bringuier ;
David Pastourel ;
Enfants de Zacharie Polge ;
Gaspard Aurillon ;
Pierre Lardat ;
Pierre et Moïse Aurillon ;
Enfants de Barbérac ;
Jacques Reinard ;

Valeur des biens. — Je n'ai pas trouvé pour les fugitifs de Saint-Pargoire la valeur de leurs biens, ni les dettes actives.

Les dettes passives s'élèvent à la somme de 19.208 livres ; sur cette somme, Louis de Montagnac, fugitif de Béziers, figure pour 9.000 livres, somme qu'il faut ajouter aux autres dettes de ce même fugitif qui sont comprises dans le total des dettes des fugitifs de Béziers.

Listes C. 316 et 317 (1698-1715).

Mathieu Pastourel ; Pierre Causse et Isaac Heraud.

Tressan.

Hoirs de David Blanc, et Anne et Marie Polge (*Arch. int.* C. 282). Ces deux dernières doivent être les mêmes que « les enfants de Zacharie Polge » inscrits à la rubrique de Saint-Pargoire.

Valeur des biens. — Je n'ai trouvé que les dettes passives ; pour les premiers elles s'élèvent à la somme de 286—2—0 ; pour les secondes à 2.220—2—11. (*Arch. int.*, C. 282, 283, 284).

Vendémian.

Liste C. 308.

Besse, min. et son fils Philippe ;
Pierre Faucillon ;
Guillaume Trial ;

Valeur des biens. — Les biens de Guillaume Trial valaient 2.000 livres ; je n'ai rien trouvé, ni aux dettes actives ni aux dettes passives.

§ IV.

DIOCÈSE DE LODÈVE.

Canet.

Liste C. 340 (1685-1688).

André Lavit ; Jean Fizes et Jeanne Germaine, femme de Pierre Figarède.

Valeur des biens. — Jean Fizes n'a rien. Les biens de Lavit, meubles et immeubles, sont estimés 2.910 livres ; sa femme se dit hypothéquée pour 3.200 livres ; le total de ses dettes s'élève à 3996—5—0. (*Arch int.*, C. 310, 282, 283, 284). Jeanne Germaine a une dot de 2.000 livres. (*Arch. int.*, C. 310).

Listes 316 et 317.

Marie Farelle, femme de Jean Fizes, Bouisset.

Clermont.

Liste C. 310 (1685-1688).

Etienne Forestier ;
Jean Forestier ;
Pierre Seymondi ;
Antoine Biou ;
Pierre Mazot ;
Pierre Baille ;
Jean Baille ;
Jean Vernet ;
Pierre Cavalher ;
Scipion Besombes, min. et sa femme, Isabeau de Gaudan ;
Anne de Narbonne, de Faugères ;
Pierre Villar ;
Pierre Baudouin ;
David Joly ;
Michel Garigue ;

Valeur des biens. — Anne de Narbonne a vendu ses meubles en cachette avant de partir. David Joly, avant de partir pour la Hollande a émancipé sa fille pour lui laisser ses biens. La valeur des biens de ces fugitifs s'élèvent à 31.334—2—0. (*Arch. int.*, C. 310). Ceux de la d^{lle} de Narbonne figurent pour 4.355—16—0 ; les dettes actives s'élèvent à la somme de 12.589—9—4. (*Arch. int.*, C. 310).

Les dettes passives de ces fugitifs s'élèvent à la somme de 11.309—0—4. (*Arch. int.*, C. 282, 283, 284). A cette somme il faut ajouter les biens de Jean et Pierre Baille valant ensemble 1.695—2—0 ; et aussi 4.900 livres représentant la dot des femmes de Jean Vernet et Pierre Cavalher qui ne figurent pas dans les liasses 282 et 284, parce que l'intendant leur a donné main levée (*Arch. int.*, C. 310). Les dettes passives s'élèvent donc à la somme de 17.904—2—4.

Liste 316 (1698-1715).

Demoiselle Imbert, veuve Biout et Abel Poujol.

Saint-André.

Liste C. 310 (1685-1688).

Isaac Collondre ;
Le fils de David Collondre ;
Jacques Laplanche ;

Isabeau Jeanjean, femme Brouzet (Villemagne) ;

Valeur des biens. — Les meubles et cabaux de Jacques Laplanche sont estimés 400 livres, les biens d'Isaac Collondre sont estimés 1.300 livres; ceux d'Isabeau Jeanjean sont compris dans les biens des fugitifs de Villemagne. (*Arch. int.*, C. 310). Les dettes passives de Laplanche s'élèvent à la somme de 2.000—15—6. (*Arch. int.*, C. 282, 283, 284).

St Jean de la Blaquière.

Jean Descouts (*Arch. int.* C. 310) : ses biens valent 500 livres,

§ V.

DIOCÈSE DE NIMES-ALAIS.

Nimes.

Listes C. 312, 313, 314, 274, 282 etc., (1685-1688).

Sieur de Vignoles, sa femme, ses deux sœurs et ses deux filles ;
Jean-Jacques Reynaud, capitaine et sa femme ;
Antoine Rouvière, avocat et sa fille ;
Pierre Borelly, médecin ;
Pierre Rivalier, médecin ;
Valentin, marchand ;
Pierre et David Escot, marchands ;
Guillaume Vaseille, marchand de soie ;
Michelin, marchand ;
David Martin, passementier ;
Charles Icard, min., Isabeau de Raspal, sa femme et Suzanne de Saliens, sa belle-mère ;
Michel Vincent, praticien et sa femme ;
Jacques Baudouin ;
François d'Agouste, sieur de Bonneval ;
Paul Veiret, une fille et un garçon, (ce dernier, revenu) ;
Françoise Farjonne, femme Ollivet ;
Claude Jaussant (aux galères) ;
Brun, avocat ;
Jean Raffinesque, marchand ;
Femme et famille de Claude Arnaud, sieur de la Cassagne [1] ;
Jean de Laval ;

---

1. La liste 312 porte ainsi : M. de la Cassagne et sa fille (n'est jamais sortie).

Isabeau Rouvière ;
Jean Termin, min. ;
Claude Claparéde, marchand ;
Henry de Baudan, min. ;
Pierre Bonijol, passementier ;
Alexandre Roux ;
Pierre Sauclières, marchand ;
Pierre Noat, marchand ;
Pierre Combes et sa femme ;
Combes, min. ;
Suzanne de Carcenat, femme Guiraud ;
Camille Barnier ;
Michel Ollivier, facturier (revenu);
Pierre Rouquet, libraire, sa femme et sa famille ;
Favier, sieur de Vestric ;
Henry de Mirman et sa famille ;
Antoine Bouet et sa femme ;
Veuve de Jacques Nerse ;
Borrelly, blancher (de retour) ;
Claude Brousson, avocat ;
Domergue Jacquet ;
Quet, marchand de soie ;
Claude Bonijol, marchand ;
Jean Gamon ;
Jacques Chauvin ;
Isabeau de Petit ;
Jacques Fournier ;
Marie Bertrande ;
Pierre Rouvière, marchand de soie et sa femme.
Gaspard Meironne, passementier;
Jean Forestier ;
Jean Arnaud, marchand de soie ;
Daniel Borelly, chantre ;
Henri Ducros, avocat ;
Jean Selon, marchand de soie et son fils ;
Gignoux, mousquetaire ;
Louis Combes, et sa sœur ;
Jacques Nègre, marchand de soie ;
Marguerite Ducros, femme Molle ;

Suzanne et Marguerite Coutelle;
Jean Larguier ;
Paul Valdeyron ;
Jean Got, banquier à Lyon ;
Antoine Aberlenc, cardeur ;
Veuve Jérôme Ollivet et enfants ;
Louis Rey et Esther Coustonne ;
Valentin Frigoulier ;
Paul Perroutet ;
Jean Pradel, passementier ;
André Vernet, jardinier ;
Jean Pau, avocat ;
Villaret et Vezenobre ;
Pierre Cournon, architecte ;
Esprit Guillaumon, chapelier ;
Paul Lebon ;
Jacques Michelin ;
Jean Thomas, teinturier ;
Guiran, conseiller d'Orange ;
Martin, apothicaire ;
Claude Huguet ;
Fils de Jean Laliaud, marchand ;
Jeanne de Paradés, femme de Jean Brousson, marchand ;
Anne de la Font, femme de Pierre Lahondés, (des Vans) ;
Pierre Gally, min. ;
Gabriel Bruguier, marchand et sa femme ;
Laurent Ollivet ;
François Hours, march. de soie ;
Hoirs de Jacques Castanier ;
Marie Montels, veuve Pierre Donnadieu ;
Jacques Alezier (aux îles d'Amérique) ;
Jean Bruguier ;
Madeleine de Fonfrède ;
Catherine Bousquet, veuve Deleuze ;
Fille de feu Jacques Fauconnier;
Viguière d'Albenas et sa fille ;
Jean Chapon ;
Marie Fabrot, femme Philip ;

Isaac Ginioux et sa femme Madeleine de Poussac ;
Jacques de Vignoles, sieur de Prades ;
Charles de Vignoles, sieur de Prades ;
Paul Nouvel ;
Jean Descouts ;
Laurent Ollivier ;
Louis de Vignoles, sieur de Causse, capitaine au régiment d'Auvergne ;
Pierre, Philippe et... Sabateri ;
Jean et Jacques Bourguet ;
Suzanne de Lauzière ;
Marie Privade, femme Valentin ;
Pierre Richard, sieur de Vendargues et son fils Camille (revenu) [1] ;
Jean D'Aunan ;
Charles le Cerf (revenu) ;
Antoine Dieulefesc (pas sorti) ;

Valeur des biens. — D'une manière générale, il y a pour ce diocèse de Nîmes-Alais trois états de la valeur des biens d'après le compoix des lieux. Ils se trouvent dans les liasses 312, 313 et 314. Je les indiquerai au fur et à mesure pour chaque paroisse. La liasse 314 (grand in-folio manuscrit) a dû être composée en 1688, peu de temps avant le bail d'Audiffret ; les deux autres en 1686 et 1687. C'est donc la liasse 314 qui doit faire foi.

D'après la liasse 313, la valeur des biens des fugitifs de la ville de Nîmes jusqu'au moment où elle fut composée était de 485.539—4—8.

D'après la liasse 312, cette valeur était de 506.388—12—4 [2].

---

1. Liste 274 porte : Mme de Vandargues et enfant.
2. Les états 312 et 313 sont précédés des réflexions suivantes, que je crois devoir mettre sous les yeux du lecteur :
« Bien que cette estimation ait été faite avec le plus d'exactitude qu'il a été possible, il est pourtant certain que les hypothèques des créanciers, celle des femmes pour leur dot, et des frères et des sœurs pour les legs ou droit de légitime, qu'ils ont sur les biens des fugitifs emporteront plus de la moitié de la valeur desdits biens, n'étant pas possible de savoir en quoi lesdites hypothèques peuvent consister, parce que sa Majesté ayant ordonné que les hypothèques quelque privilégiées qu'elles fussent, demeureraient sursises, et qu'on ne pourrait prendre sur lesdits biens que des provisions alimentaires pour les femmes et enfants des fugitifs, cet ordre du Roi a arrêté les créanciers et les a empêchés de dénoncer leurs hypothèques.
» Il faut encore observer que si les créanciers des fugitifs ne sont obligés de se payer en fonds et corps d'héritage, ils emporteront pour des sommes modiques, des biens d'une valeur considérable parce que la disette de l'argent fera que dans la plupart des lieux, il ne se trouvera pas des enchérisseurs, et par conséquent il sera nécessaire d'obliger les créanciers des fugitifs de se payer en fonds d'héritage suivant la coutume de Provence.
» Il sera aussi nécessaire de rejeter tous les actes de main privée, sur

D'après la liasse 314, cette valeur était de 528.976—8—2. Voici ceux qui possédaient plus de 20.000 livres, d'après cette même liasse.

Le sieur de Vignoles (le premier de la liste) 22.137—8—0; Charles Icard, 20.766—8—8; le sieur de Bonneval, 40.339—11—8; le sieur de la Cassagne 60.238—7; Henri de Mirmand, coseigneur de Vestric, 64.348—3—4.

Les dettes passives des fugitifs de la ville de Nîmes s'élèvent à la somme de 211.543—2—5. (*Arch. int.*, C. 282, 283, 284).

Les dettes actives des fugitifs de cette ville s'élèvent à la somme de 656.074—17—9. (*Arch. int.*, C. 313). C'est le total que j'ai trouvé dans l'état suivant que je vais citer en entier pour n'avoir plus à m'occuper de cette question pour les diverses paroisses.

Etat sommaire des sommes dues aux fugitifs ou absents d'après les notaires (*Arch. int.*, C. 313.

Nîmes	656.074 - 17 - 9
Alais	80.317 - 14 - 8
Sommières	4.749 - 10 - 0
Anduze	23.241 - 16 - 6
Uzès	42.875 - 18 - 10
Meyrueis	22.729 - 19 - 0
Sauve et St-Hippolyte	35.715 - 19 - 0
St-Jean de Gardonnenque	7.047 - 2 - 5
Vigan, Valleraugue, Monpezat	11.115 - 13 - 0
Aiguesvives, Galargues, Vergèze, Vestric	46.476 - 8 - 0
Total :	970.008 - 9 - 2

Cet état ne porte pas de date, à la fin on peut lire : « Il

lesquels on voudrait établir des créances sur les biens des fugitifs, et de discuter les autres avec exactitude, car étant certain que les fugitifs ont employé toutes sortes d'artifices pour mettre leurs biens à couvert, il faudra user de beaucoup de précautions pour démêler les véritables créances dans celles qui seront supposées et pourvu qu'on s'y applique comme il faut, on pourra en venir à bout.

» Mais dans la discussion de ces créances, il se rencontrera infailliblement une grande difficulté qu'il est bon de prévoir et à laquelle il est important de remédier : c'est que les fugitifs qui ne manquent pas de notaires affidés sur les lieux et de parents et amis pour leur prêter leur nom, feront trouver des actes originaux pour mettre leurs biens à couvert, contre lesquels il n'y aura que la voie du serment si Sa Majesté n'ordonne aux juges qu'elle commettra, de n'avoir aucun égard auxdits actes, s'ils ne sont exempts de tout soupçon. »

faut observer qu'il peut y avoir des quittances originales de partie des sommes contenues aux susdits états; mais ce qui a été payé, sera largement suppléé par les obligations et autres actes faits au profit des fugitifs, qu'on pourra découvrir encore, et par la remise des états des notaires, qui n'ont pas encore satisfait aux commandements, qui leur ont été faits de les remettre audit sieur Chazel, commissaire, lequel est en état de remettre à Mgr l'intendant, son état particulier et mémoires, mentionnés ci-dessus, toutes les fois qu'il lui plaira de lui ordonner. »

J'ai trouvé un autre état des dettes actives des fugitifs de ces deux diocèses : legs, testaments, obligations, etc., provenant des registres des notaires.

Le total, d'après cet état (*Arch. int.*, C. 312) s'élève pour les deux diocèses de Nîmes-Alais et d'Uzès à 1.200.750—11—0. Cette somme, ajoute l'état, « sera infailliblement diminuée de plus d'un tiers par les mauvaises dettes ou parcelles qui ont été payées; mais aussi, il y aura des augmentations considérables par le moyen des intérêts des sommes contenues en l'état, qui sont dues depuis la fuite des absents, et par les nouvelles découvertes qu'on fera. »

Listes C. 312, 274 et 298 (1688-1698).

Marie Petit, femme Noguier ;
Deux fils d'Antoine Dieulefesc ;
Fille de Rouvière, boulanger ;
Etienne Salles ;
Jean Fabre ;
Henri Teissier ;
Les demoiselles de Lageret ;
Barbiguier ;
Marie de Rozet ;
Marthe de Roux de Bonnaud ;
François Gontard (marchand à Lyon) ;
Louis, Jean, François, Henri et Maurice de Baudan ;
Louise de Rochemore, femme Guiran ;
Pierre Boucoiran et Anne Valade, mariés ;

Abraham, Pierre et Anne Gaussard ;
André Molines ;
Jean Chambas, avocat ;
Labonnadieu, marchand de soie;
Jean Valette ;
Abraham André ;
Antoine Teissier, avocat ;
Madeleine de Tournier ;
Jean Saurin, avocat, sa femme, Hippolyte de Tournier et ses enfants, Marc, Antoine et Henri ;
Madeleine Reboul ;
Marthe des Roure ;
Charles et Catherine Daunant (revenus) ;
Marie Galafrès ;

Catherine Rouvière ;
Jean Bourguet et Catherine Reyne ;
Suzanne et Marie Valette :
Daniel Quenot ;
Marie Ardouin et ses filles ;
Jean Tansard ;
Pierre Ménard ;
Daniel Engerat ;
Jean Claparéde et Gabrielle Paul;
Dimanche Chabrier ;
Jacques Quissac ;
Madeleine Pelouze ;
André Roger ;
Jeanne Reinaud ;
François et Jean Fabre ;
Antoine Maurenon ;
Louis Saix, marchand ;
Jean Martin ;
Isaac Laliaud, chirurgien ;
Jean Daufesc, droguiste ;
Fleury et Catherine Robert ;
Madeleine Ganson ;
Enfants de Suzanne Martin ;
Jacques Puech ;
Jeanne et François Fabre ;
Jacques Favier ;
Bouziges, tailleur ;
Fauquier, fils, avocat ;
Pellissier, marchand, et ses enfants;
Un fils de Gironnet (aux troupes étrangères) ;
Un fils de Jourdan, sellier ;
Père de Prunet, commis au greffe ;
Jonquier, faiseur de bas, et sa femme ;
Fauquier, bourgeois ;
Rouvière Vallongue ;
Trois filles d'Audemard, bourgeois ;
Femme Lacoste et enfants ;
Pastre, tailleur, femme et enfants;
Veuve Teissier, avocat ;
Laliaud, marchand, et enfants ;
Madeleine de Rozet ;
Veuve Saussines, travailleur ;
Berard, apothicaire, et sa femme ;
Fille de Monat, cordonnier ;
Maistre, marchand de laine, sa femme, Ausenarde et son frère cadet ;
Cournon, fils, marchand de soie, sa mère et une fille ;
Marguerite Dauveliée ;
Le fils de Meizonnet, chapelier ;
Madeleine Brunette ;
Veuve de Gamalier, hôte ;
Catherine Daudette ;
Jean Robert ;
Pierre Brun ;
Suzanne Rivière, veuve Barjeton ;
Marc de Lageret ;
Jean Baudan-Arcourt ;
Barthélemy Thomas ;
Claude Daudé ;
Sr de Graves, capitaine ;
Demoiselles Grassaudes ;
Baumés et sa femme, Meissonnette ;
Demoiselle Fajolle ;
Bernard Soulages ;
Demoiselle Pascaly ;
Femme de Pau ;
Billard ;
Demoiselle Laliaud et sa fille ;
Denis Fabre ;
Demoiselle Saze ;
Henri Alison ;
Paul Barry (aux galères);
Marie Sabatier, femme Privat ;
Jean Galafres ;
Jacques Vesson, fils ;
Jacques Peschier ;
Martin et sa femme Brunel ;
Marguerite Roux, fille de Roland;

Pierre Puech et Rousselle, sa femme ;
Rolland ;

Charles et Thomas Bourdil (lieu d'origine non indiqué) ;

Listes C. 316-317 (1700-1715).

Antoinette Barthélemy ;
Femme de Gibelin ;
Pierre et Antoine Marc ;
Hugues Chapel ;
Rogier, dit Quentin ;
Jacques Daudé ;
Catherine Deleuze ;
Isabeau Chapelle, femme Ardouin ;
Honoré Eschanbard ;
Jeanne Passette ;
Jean Boudon ;
Pierre de Lageret ;
Etienne Brun ;
Isaac Riquet ;
Abraham Rouvière ;
Pierre Roques ;
Jacques Massip ;
Jean Daudé ;
Jean Combes ;
Jeanne Saix ;
Jeanne Gourdon ;
Laurent Ollivier ;
Pierre Fabrot ;
Marie Teissier, femme André ;
Bertrand et Marie Durand (Alais) ;
Paul Reinaud ;
Claude Ollivier ;
Marie Hugues (St-Césaire),
Pierre et Paul Fabre ;
André Robert ;

Jean Daudé ;
Jean Frigoulier ;
Jacques Michel ;
Marie Colombe ;
Claude Maire ;
Louise Arnaud, veuve Massip ;
Henri Plisson ;
La nommée Trouillère ;
Jacques Vignoles ;
Pierre Trial ;
Antoine Moureau ;
Domergue Lavit ;
Marie Triboulet, femme Meissonnette ;
Isaac Martignargnes ;
Marie Ollivier ;
Augustin Belon ;
Jeanne Gourdon, femme Parète ;
Claude Ilaire, veuve Chauvin ;
Isabeau Mazelon, veuve Fleury ;
Joseph Arnaud ;
Louise de Baudan, veuve Brun ;
Jeanne Pieire ;
Etienne Gal ;
Etienne Frèze ;
Femme de Michel Audoyer ;
Femme de Gueidan ;
Femme de Mercier ;
Jean Blachère ;
Deux filles de Jacques Lucile ;

Alais.

Listes : G. 312, 313, 314, 274, 282, 283, 284 (1685-1688).

Antoine Amalric ;
Jacques Caussade (revenu) ;
François Desmarets, sa femme, et trois enfants ;
Jacques Dumas, avocat, et sa femme Pascal ;

Antoine Peiron (inconnu) [1] ;
André Gasc et sa femme ;
Jacques Mercier ;
Jacques Pancier et son frère ;
Antoine Prunet, droguiste, et sa femme Baussière ;
Pierre Sagnier (revenu) ;
Daniel Talhon (revenu) ;
Raymond Bastide min. [2] ;
Pierre Audibert, min. de Brenoux, sa femme et trois enfants ;
Antoine Bouton et son fils André ;
Pierre Coulan min. et Isabeau de Penarier, sa femme ;
Pierre Combes ;
Denis Aberlenc et sa sœur ;
Pierre Philip (Anduze) et sa femme Teissière ;
Jacques Abeille ;
Demoiselle Rose de Pourquiragnes, femme Fonton ;
Sébastien de Saunier ;
François Reynaud et Claude Bedos, sa femme ;
Antoine Liron ;
David et Jacques Sagnier ;
Vidal Ancet ;
Jacques Rouvière ;
Pierre Aberlenc ;
Suzanne Senisse ;
François Dubruc min. ;
Jean Dumas ;
Antoine Combes et Gillette Peyraube ;
Fils aîné de Pierre Gazan ;
Fils aîné de Desmarets ;
Valentin, Joseph, Jacques et Marie Girard ;
Claude Guiraudet et sa sœur ;
Pierre Gilly ;
Audibert Domergue ;
Fils aîné de Rocher ;
Fils aîné de Guibert ;
Trois garçons de Fabre ;
Isaac Daudé (aux galères) ;
Fils aîné de Teissier ;
David Laval, boulanger ;
Jeanne de Rouvière ;
Pierre Deleuze ;
Pierre Mazauric, cordonnier ;
Jacques Cabrières, marchand ;
La femme de Rouergue ;
Rouergue du Parnasse ;
Le fils de Robert, blancher ;
Le Sieur Espagnac, marchand ;
Pierre Merle (revenu) ;

Valeur des biens. — La liste de la liasse C. 312 estime à 62.800 livres la valeur des biens des fugitifs d'Alais. Celle de la liasse C. 313 les estime 67.800. Elles sont précédées toutes deux, de cette remarque :

« Est à observer que dans ce lieu il n'y a point de compoix sur lesquels on puisse tirer la qualité et la quantité des biens, n'y ayant que des registres qu'on appelle *muances* sur lesquels les impositions des tailles se font, sans spécifier les biens, et suivant les certificats délivrés par les Consuls,

---

1. Il doit y avoir ici une erreur de copiste, qui aura lu Peiron pour Liron Ce dernier se trouve dans plusieurs listes.

2. N'a jamais été fugitif ; voir sa conversion dans mon étude : *Les Poètes Cévenols*.

Les fonds des fugitifs ont été évalués au prorata de leurs taxes des tailles, l'usage étant qu'un sol sur ce registre de *muance* fait évaluer le fonds 150 livres.

» Etant à observer qu'il y a quatre réparateurs à Allez, c'est-à-dire gens, qui, sachant les anciens compoix de plus 80 ans, chargent et déchargent dans les registres de *muance*, à mesure des ventes des fonds année par année, et il n'y a que ces gens-là qui sachent la consistance, au vrai, des biens; pour raison de quoi, dans le cas présent, ils n'ont voulu donner leurs indications, et il y a des procès-verbaux. »

L'état C. 314 ne les estime que 44.560 livres. Il fut composé en 1688 au moment du bail d'Audiffret. D'où vient cette différence? D'abord de la différence dans l'estimation des biens : par exemple, pour les Bouton, on lit, à C. 312, 12.000 livres; à C. 314, 2.200 seulement. Quelques noms aussi qui figurent dans les listes 313 et 314 ne figurent pas dans la liste C. 314, par suite probablement de main-levée.

Les dettes passives des fugitifs atteignent la somme de 75.814—0—5. (*Arch. int.*, C. 282, 283 et 284). Je ne ferai qu'une remarque : la femme du ministre Raymond Bastide réclame 4.400 livres, non comprises les réparations à une vigne. Ce ministre était caché dans sa maison. Trois laissent plus de dix mille livres de dettes : Les deux Bouton, 14.000; Jacques Dumas 12.674—14—0 et Pierre Combes, 13.131—10—3.

Listes : C. 298 etc... (1688-1698).

Pierre Gibert ;
Isabeau, Marthe, Catherine et Madeleine Berniguier ;
Marie Larguier ;
Masselian et sa femme ;
Marie et Dauphine Combes ;
Deux fils de Raymond Bastide ;
Femme de Gache, cardeur ;
Fille aînée de Madame de Baudan ;
Falgeirolles ;
Sieur du Marès et sa femme ;
Sieur de la Bécède ;
Deux fils d'Audibert de Tamaris ;
Audibert Reynaud ;
Jacques Ferrières, facturier ;
Michel et Henri Fornier ;
Fille d'Antoine Deleuze ;
Guillaume de Borelly, sieur de Roque-Servière ;
Marie Tourière ;
Baudan-Montaud ;
Fils de Daniel Rouvière ;
Fils de Guy du Ponard ;
Fille de Garnier ;

Listes : C. 316 et 317 (1698-1715).

Marc Foucard ;
Femme de Robert ;
Antoine Ancet ;
Femme et fils de Paul Ancet ;
Philippe Deleuze ;
David Court ;
Femme de Tornier (pas sortie) ;
Le sieur Faucher, (pas sorti) ;
Jacques Mercier, sieur de Rouvière ;
Jacques Cabrier ;
Jean Ducamp cadet ;
Deux fils de David Canonge ;
Pierre Liron ;
Jean Gautier ;
Guillaume Amalric ;
Gillette Moinière, femme Guiraud ;
Jacques Garnier ;
Jeanne Arnassar, veuve Tessier ;
Un fils de Claude Guy ;
Femme de Pierre Benezech ;
Jean Teissier et sa femme ;
Jean Martel ;
Jean Cabanis ;
Jean Pascal ;
Sage ;
Beaulieu ;
Antoine Daudé ;
Jean Mercier ;
Guillaume Chabaud ;
La fille de Léche ;
Simon Gilles ;
Madeleine Fontane ;
Bertrand et Marie Durand (Nîmes) ;
Jacques Ferrier ;
Etienne Borelly ;
Jean Fontaines et sa femme ;
Sébastien Roux ;
Isabeau Dairague ;
Femme de Vincent ;
Claude Lauriol ;
Antoine Destailles ;
Fille d'Isaac Garnier ;
Rouselle ;
Marguerite Durge ;
Audibert Renaud ;
Marc Jullian ;
Jacques Jaccard et sa femme ;
Les demoiselles Rival ;
Antoinette Devèze ;
Jean Pascal ;
Etienne Mége ;
Femme de Guilleu ;
Ancette ;
Sœur de Larguier ;
Claude Renaud ;
Goffre et Favier (Anduze) ;
Froment ;

Aiguesvives.

Listes C. 314 et 312 (1685-1688).

Marie Pasquière ;
Jeanne et Etienne Viala et deux autres frères ;
Isaac Bouzanquet ;
Daniel Reboul ;
Marguerite Fontanesse ;
Veuve Henri Bruguier et son fils ;
Marie Farette et ses trois frères,
Henri, Charles et Anne Durand ;

Valeur des biens. — L'estimation des biens des fugitifs d'Aiguesvives ne se trouve que dans la liasse C. 314, et sont estimés 5.157 livres. Un seul figure aux dettes passives, Daniel Reboul pour la somme de 900 livres et en plus sa femme réclame les meubles. (*Arch. int.*, C. 283).

Listes C. 312 et 298 (1688-1698).

Jean Fournel ;
Isaac Viala et sa sœur ;
Jean Causse ;
Jean André ;
Jean et Pierre Patus ;
Jean-Pierre, Guy et Henri Roux;
Pierre Mathieu ;
Claude, Sara et Louise Fontanesses ;
Etienne Fournel (aux galères) ;
Pierre, Jean, François et Marie Portier ;

Henri, Isaac et Pierre Méjan ;
Pierre Combes ;
Jean Mourgues ;
Demoiselle Suzanne Durand ;
Marie, Pierre, Antoine et Antoinette Melon ;
Isabeau Mirabeau ;
Marie Lèbre ;
Suzanne et Pierre Patus ;
Gilles Méjan, sa femme et trois enfants ;
Marie Nouisse ;

Listes C. 316 et 317.

Jean Daufés

Aimargues.

Listes C. 314, 274, 313, 312.

Henri Trousselier et sa femme, Marguerite Rousse ;
Paul Bourgues ;
Isaac Perin, sa femme, Anne Puéche et cinq enfants ;
Fils de Pierre Perier ;

Suzanne de Chambon ;
Jean-Jacques, Théophile et François Sapte ;
Isabeau Rousse (prisonnière) ;
Jean Audoyer ;
Femme d'André Moustardier ;

Valeur des biens. — La valeur des biens de ces fugitifs d'Aimargues d'après les liasses C. 313 et 312 est de 8.465 livres D'après la liasse C. 314, cette valeur ne serait plus que de 5170—10—0. La liste contenue dans cette liasse ne donne que quatre chefs de familles au lieu de sept, possédant des biens.

Seul Isaac Perin figure aux dettes passives pour 1.820 livres. (*Arch. int.*, C. 284).

Liste 312 (1688-1699).

Antoinette Benezech, femme de David Gueret ;
Jacques Chassepère ;
Guillaume Vedel ;

Antoine, Pierre, Jacques, Jean Olympe et Françoise Filhon ;
Etienne et Gabrielle Trousselier;
Jeanne Alexis, de Maureilhan ;

Autres fugitives: Marguerite et Suzanne Cambon (*Arch. int.* C. 316).

Anduze.

Listes C. 314, 312, 274, 313, 282, 283, 284 (1685-1688).

Pierre Boyer, min. ;
Jeanjean, apothicaire ;
Barthelemy Gralhon, cardeur ;
Antoine Dumas ;
Antoine Goffre ;
Antoine Donadieu, facturier et sa femme, Rousselle ;
Jean Combes, min., sa femme, Marie de Flavard et enfants ;
Isaac de Sostelle, min. ;
Noël Vieljouve, tailleur ;
Malplat, min., et sa femme ;
David Vincent, min., et sa femme, Flore Deshons ;
David Fraissinet, min. ;
Henry Baudan, min. et enfants ;
Jean Sabatier, facturier ;
Veuve de Pierre Arnaud ;
Jean Falgeirolles et une fille ;
Jean Pierre Teissier, jardinier ;
Nicolas Mangin ;
Jaquette Pepin et ses enfants, Antoine, Jean et Pierre-Jean ;
Jean et Pierre Fontanes ;
Pierre Bonier ;
Jean Rodier ;
Jean Jullian ;
Marie Rouvière ;
François Vincent, min. ;
Louis Corniser, hôte ;
Pierre Paul, marchand ;
Elie Serres ;
Jaquette Vignoles, veuve Jean Fontanes ;
Antoine Jean, méd. ;
Jean-Pierre Jonquier ;
Josué Rossel, min. (Vigan) ;
Antoine Nouillac et sa femme ;

Valeur des biens. — D'après l'état de la liasse 313, les biens des fugitifs d'Anduze auraient valu 23.330 livres ; la liasse 312 donne le même nombre. D'après la liasse 314, la valeur n'est plus que de 11.661 livres ; comparons quelques chiffres. Les biens de Pierre Boyer sont estimés 3.017 ; ceux de Jeanjean 500 ; ceux d'Isaac de Sostelle 5.000. (*Arch. int.*, C. 312) ; ils sont estimés seulement 1.785, 70, et 2.443 dans l'état de la liasse C. 314.

Les dettes passives des fugitifs d'Anduze s'élèvent à la somme de 17.831—10—6. (*Arch. int.*, C. 282, 283, 284).

Listes C. 312 et 274 (1688-1699).

Gaspard Boissier ;
Lambert Maurin ;
Madeleine Molle (au Canada) ;
Pierre Bourguet, orfèvre ;
Jean Favier, sa sœur et sa fille ;
François Brunel ;
Deux frères et une sœur de Leuzière ;
Jacquette Atgier ;
Marguerite Richard, femme du Sr de Generargues ;

Ajoutons-y : Rossel, père et fils : biens à Largentière (Vivarais).

Listes C. 316 et 317.

Jeanne Lauriol, femme Roger ;
Hercule Rouvière ;
Diane Teissier, veuve Mouret ;
Rousselle, femme Bourdarier ;
Pierre Fraissinet ;
Diane Bony ;
Marie de Vergèze, veuve Verdel;
Suzane Portalés (Lasalle) ;
Fille d'Isaac Granier ;

Combes, fils ;
Antoine Arnassan et sa femme ;
Marie Viala, femme Cazoneuve ;
Madeleine Commère, veuve Plan ;
Paumier ;
Femme de Roque ;
Jean et André Fontanes ;
François Bonnet ;

Aspères.

Catherine Favas (*Arch. int.* C. 312).
Jean Favas, Anne et Isábeau Fabre (*Arch. int.* C. 316).

Aubais.

Charles Teissier (revenu) : (*Arch. int.* C. 313).
Marguerite et Jeanne Grandonne (*Arch. int.* 312, 314).

Valeur des biens. — Les biens des Grandonne sont estimés 462—12—0.

J'ajoute sous cette rubrique Louis de Bachi, baron d'Aubais, dont les biens, à Aubais furent estimés 144.000 livres, et 300.000 livres, au Caylar. (*Arch. int.*, C. 312 et 313). Ce nom ne figure pas dans l'état de la liasse C. 314. On réclame au baron d'Aubais 136.383—3—6 ; sur cette dette le fils demande 128.885 livres. (*Arch. int.* C. 282, 283).

Aujargues.

Listes C. 314, 313 et 312.

Jean Aubeyrac ;
Jean Baldy ;
Louis Cadel ;
Pierre Mérazel ;
Jean Aubouin ;
Antoine Tremoulet, sa femme et sa mère ;
Jean Angount ;

Pierre Compans ;
Jean Danieu ;
Jean et Jacques Teissier ;
Pierre Gilles, père et fils ;
Pérols, min. ;
Jean Gilles ;
Jean Aubais ;

Valeur des biens. — Les états 312 et 313 ne donnent que l'estimation des biens de Jean Gilles soit 2.500 livres ; dans l'état 314, ces mêmes biens ne valent plus que 1703 livres. Ce même état 314 porte à 5.661—10—0 la valeur des fugitifs d'Aujargues. Les dettes passives s'élèvent à la somme de 1.085—3—3. (*Arch. int.*, C. 282, 283, 284).

Un seul fugitif de 1688 à 1698; Daumas; (*Arch. int.*, C. 298). Dans les liasses C. 316 et 317, je n'ai pas trouvé de fugitifs d'Aujargues pour les années 1700-1715.

Aulas et Arfi.

Listes C. 314, 274, 312 et 313.

André Capcanas ;
Jean Nadal ;
Pascal Fourville ;
Pierre Barral ;
Antoine Teule ;
Thomasse Gauberte, veuve Arnal;
David Salles ;
Deux filles de la d^{lle} de Ricard ;

Pierre Quatrefages ;
Jean de Ricard ;
Étienne Mazel ;
Isabeau Garnière, v^{ve} Nouguier ;
Debruc, min. (Alais) ;
Gabriel Mouret ;
Brun, min. ;
Etienne Villaret ;

Valeur des biens. — Les listes 312 et 313 estiment à 13.750 livres la valeur des biens des fugitifs d'Aulas. La liste 314 les porte à 14.835 livres.

Les dettes passives de ces fugitifs s'élèvent à la somme de 1082—3—0. (*Arch. int.*, C. 283 et 284).

Listes C. 316 et 317.

André Canonge ;
Étienne Cabanis ;
Marie Guibal ;

Suzon Aubac ;
Jacques Mazel ;
Antoinette Gaubert ;

Aumessas.

Listes C. 280, 281, 314, 274, 313, 282.

Paul de Malbour ;
Antoine Allegre et son fils ;
François Cabanis' :
Étienne Roussillon ;
François Nougarède ;
Jean Maistre ;
Antoine Gounelle ;
Marguerite Maronnière ;
Jacques Boissy ;

David, Jean et Antoine Rouquette ;
Étienne Broulhet (de Campestre);
Sieur de Bonels ;
David Fronzes ;
Jean Barthe ;
Jacques Fabrie ;
Jacques Ferrières ;
Jean et Jacques Soleil ;

Valeur des biens. — La liasse 280-281 donne la nature des biens sans indiquer leur valeur. La liasse 314, les estime 1.941—6—6.

Seuls, avec François Nougarède, Jean et Jacques Soleil figurent aux dettes passives. Soleil pour 1.035 livres. Nougarède pour la succession que son frère réclame.

Beauvoisin.

Listes C. 312, 313, 314 (1685-1688).

Isaac Foucard ;
Jacques Pastel ;
Claude et Pierre Pellicier ;
Moïse Villaret ;
Paul Lebon (Nîmes) ;
Pierre Ollivier ;

Valeur des biens. Dans les liasses 312 et 313 ne figure que Paul Lebon pour 1.000 livres ; d'après la liasse 314, la valeur des biens de ces fugitifs est de 2.284 livres.

Seuls les deux Pellicier figurent aux dettes passives pour la somme de 125—14—0. (*Arch. int.* C. 282, 283, 284).

Liste 312 (1688-1698).

Jean Villaret, Gabrielle Renaude, et Abraham Amphoux.

Liste 316 (1698-1715).

François Sauvage, François Tribes, Jacques Teissier et sa femme.

Bernis.

Listes C. 314, 274, 282, 283, 284, (1685-1688).

Paul Ravel ;
Isaac Pépin ;
Louis Fabre ;
Daniel Justamond ;
Jean Bombonnoux (Générac) ;
Dumas ;
Gilles Fabre et Vincente Soulan, sa femme ;
André Montés ;
Antoine Galard,
Pierre Soumay ;
Louis Delord et André, son fils ;
Thomas Mante ;
François Aigoin ;

Valeur des biens. — L'estimation des biens ne se trouve que dans la liasse 314 ; elle atteint la somme de 6.580 livres. Les dettes passives s'élèvent à la somme de 1.338—5—6. (*Arch. int.*, C. 282, 283, 284).

Liste 312, (1688-1698).

Pierre, André et Jean Mante ;
Jacob Mante ;
François Galand :
Pierre Bonbonnoux ;
Louis Pépin ;
Gaspard Bontoux et Claude Delorte, sa femme ;
Antoine, Jean et Françse Rabinel ;
Jacques Bonnefoy ;
Marie Dumasse ;

Listes 316 (1698-1715).

Jean, Marguerite et Esther Combes ;

Arnaud Bonbonnoux ;
Jean Pépin ;

Boissières.

Listes C. 314, 282, 274 (1685-1688).

Alexandre Bruguière ;
Modeleine Allègre ;

Jean et Antoine Gilles ;
Demoiselle Bonnaude ;

Valeur des biens. — L'estimation ne se trouve que dans la liasse 314, soit 1.809 livres ; seule la demoiselle Bonnaude figure aux dettes passives pour 98—8—0. (*Arch. int.*, C. 282).

Listes C. 274, 298, 312, (1688-1698).

Jean Roger, fils de Jean ;
Jean, Nicolas et Marguerite Lhermet ;
Antoine Causid (de retour) ;
Causid et Suzanne Ducos ;
Jean Roger, fils d'Antoine ;
Daniel et Jean Causid ;

Jean et Isaac Pradal ;
Pierre Castan ;
Henri Léoutard ;
Jean Audoyer ;
Madeleine Privat et ses enfants ;
Julie Causid et ses enfants ;

Liste C. 316, (1698-1715).
Ceris Causid.

Bort (le).

Listes 314, 312, (1685-1688).

Étienne Bourdic ;
Antoinette Coulombe et son fils, David Bourdic ;
Jean Lombard ;

Gignoux (Nîmes) ;
François Boissier et Françoise Bousquette, mariés ;

Valeur des biens. — D'après la liasse C. 314, les biens valent 2.060 livres. Aucun nom ne figure aux dettes passives.

Bouillargues.

Jean Galafres (*Arch. int.* C. 316).

Bragassargues.

Listes C. 280-281 (1685-1688).

Jean Mellay et Claude Blancher : le premier a environ 100 livres ; le second a « des biens qui ne sont pas considérables, et d'ailleurs il doit autant que son bien vaut. »

Louis Cabanis : (*Arch. int.* C. 312).

Bréau.

Listes C. 280-281, 314 et 274 (1685-1688).

Pierre Amouroux ;
Étienne Villaret ;
David Nougarède ;
Jacques Escot ;

Françoise Poujade ;
Henri Unal et son fils (Poussan) ;
François Randon ;
Marie Martine ;

Listes C. 312 : sieur de la Bessède (Alais).

Valeur des biens. — La liasse 280-281 contient la nature de leur bien ; trois ne possèdent rien. Trois figurent sur la liste 314 ; la valeur de leurss biens est de 1.175 livres ; aucun nom ne figure dans les dettes passives.

Listes C. 316 et 317, (1698-1715).

Antoinette Galazy ;
Pierre Alibert ;
Isaac Montet ;
Enfants de Boude ;
Annibal Quatrefages ;
Jean Montet, de Serre ;
Marie Nadal ;
Mère de Cabanis ;
Marie Combes ;
Pierre Bertrand ;

Anne Finiels ;
Gely Pouget ;
Thomasse Combes ;
Élisabeth Saltet ;
Henri Boyer ;
Lucrèce Martin ;
Louis Rousset ;
Pierre et Flore Mazet ;
Viala (Vigan) ;
Mercoiran (Vigan) ;

Brouzet.

Molles, sieur du Merlet (de Sauve) mort à l'étranger, et Olympe Edjeur, fille d'Edjeur, médecin d'Anduze (*Arch. int.* C. 312) (1688-1699).

Canaules.

Jean Ducros ; Suzanne et Françoise Vigière (*Arch. int.* C. 312)

Candiac.

Dame de Saint-Veran (*Arch. int,* C. 313). Les biens sont estimés 120.000 livres, (1688) ; ne figure plus dans aucune autre liste.

Calvisson.

Listes C. 312, 313, 314, 274, 282 etc. (1685-1688).

Bertié, min. ;
Jean Pierre Bertié ;
Nephtali Gelly, sa femme et quatre enfants ;

Demoiselle Jeanne de Carcenat (Nimes) ;
Marie de Jacquet, veuve Jean Valette ;

Claude Michel ;
Antoine Desmonts (ou Desmarets) et deux filles ;
Pierre Gilles ;
Hoirs d'Isaac Vals (en blanc) [1] ;
Un fils de Jacques Vallete ;
Isaac Jacard et sa femme ;
Isaac Mazet ;

Henri Ducros ;
Jacques Gilly ;
Madeleine Allière ;
Jean Blanc ;
Jean Saurin, avocat (Nîmes) ;
François Causid, min. de Boissières ;
Durand min. d'Aiguesvives ;

Valeur des biens. — La liasse C. 313 les estime à 21.800 ; la liasse C. 312, à 18.800 ; la différence provient de ce que les biens de Jean Pierre Bertié, 3.000 livres, ne figurent pas dans cette dernière liste à côté du nom. La liasse C. 314 les estime à 21.262—15—0, dont près de la moitié, 11.263, représente la valeur des biens de Henri Ducros. Dans cette liasse 314, ne figurent pas les deux Bertié, dont les biens sont estimés 17.000 livres dans la liasse 313.

Les dettes passives des fugitifs de Calvisson s'élèvent seulement à 1.606—0—11. (*Arch. int.*, C. 282, 283, 284).

Liste 312 et 298 (1688-1698).

Etienne Blanc ;
Femme et fille du sr Vals ;
Jean et Pierre Vals, frères ;
Jean Granier ;
Margot Ste-Jeanne ;
Marguerite Michelle et son frère ;
Jean Teissier ;
Isaac et Pierre Felines ;
Antoinette Gilly et son frère ;
Jean et Jacques Theron, frères ;
Moïse Desmonts ;
Marie Chapude ;
Jeanne et Isabeau Bertié ;
Isabeau Trosselière ;
Jeanne Ménagère, femme Michel et deux filles ;
Jean Reboul ;
Pierre Gay ;
Madeleine Clément ;
Jean Renouard et sa femme ;
Jeanne Mazelle ;

Antoine Margerot ;
Marie Boissière ;
Antoine Serre ;
Marie Audrigue ;
Suzanne Vergèze
Madeleine Raoux et deux filles ;
Jean-Pierre Raoux et sa femme, Jeanne Ménagère ;
Pierre Boury et sa sœur ;
Isabeau Grassette ;
Le fils de Vincent, menuisier ;
Pierre Poujol ;
François, Guillaume et Jeanne Nissol ;
Isabeau Garrigue ;
Isaac Lautier ;
Suzanne Galtière ;
Pierre et Jeanne Rolland ;
Marie Bonaude ;
Isabeau Durvieu et ses enfants ;
Jean Berger ;

---

[1]. A la liste suivante, on lira plusieurs noms pareils : sont-ce les mêmes ?

Le fils et la fille de Vincent Coutan ;
Suzanne Boride et deux filles;
Berger ;
Pierre Fabre ;
Jean, Paul et Marie Valette ;
Solage ;

Listes C. 316 et 317 (1698-1715).

André Jaumeton ;
Pierre Michel ;
Marguerite Barnier ;
Jean Jacard ;
Isabeau Vals ;
Isaac Causid ;
Pierre Martin ;
Pierre Margerot ;

Cardet.

Liste 312 (1688-1698).

Marc et Guerin Teissier ;
Barthélemy et Jeanne Teissier ;
Jean Julian ;
Antoine et Louise Foucard :
Jean Olivier ;
Claude, Jacques, Antoine et Judith Blacoux ;
Antoine et Marguerite Teissier ;
Pierre et Madeleine Atger ;

Cassagnoles.

Listes C. 314, 274, 312 (1685-1688).

Antoine Mazauric ;
Barthélemy Jalaguier ;
Jacques Roux ;
Pierre Barbusse ;

Valeur des biens. — Les biens de ces quatre fugitifs valaient 1.382—10—0. Pierre Barbusse y figure pour 922 livres. (*Arch. int.*, C. 314). Aucun d'eux ne figure aux dettes passives.

Liste 312 (1688-1698).

Reinaud ;
Antoine Rouergas ;
Jean Barbusse ;
Hilaire Amalric ;
Jean Amalric (au Canada) ;
Antoine, Jacques et François de l'Auberge ;
Madeleine Reinaud :
Jeanne Garioux ;
Anne Foucard ;

Liste 316 (1700-1715).
Jean Goujoux.

Caveirac.

Listes C. 312, 313, 314 (1685-1688).

Jeanne Bruguière ;
Pierre Bruguier, min. ;
François Roux ;
Fils du viguier Servière ;
François Sabatier et sa femme ;
Suzanne Bruguière ;
Seguin ;
Jacques et Henri Razaux ;

La liste C. 274, ne donne aucun nom et dit seulement qu'il y a eu dix fugitifs.

Valeur des biens. — Les listes 312 et 313 ne donnent que deux noms : le fils du viguier Servière (rien d'indiqué) et les Razaux dont les biens valent 200 livres. La liste 314 estime les biens à 9.461—10—0.

Deux seulement figurent aux dettes passives pour 2.160 livres. (*Arch. int.*, C. 284).

Liste 316 (1698-1715).
Pierre Roux.

Caylar (le)

Listes C. 314, 274, 312 (1685-1688).

Daniel Abrenothée et sa femme, Françoise Lautier ;
Jean Maurel ;
Jacques Boudet ;
Isaïe Lussian ;
Antoine Besson ;
Louis Douix ;

Valeur des biens. — D'après la liasse 314, les biens de ces fugitifs valaient 10.923 livres ; ceux d'Abrenothée valaient seuls 6.903—10—0. Ils figurent aux dettes passives pour 2.520—16—0. (*Arch. int.* C. 282, 283 et 284).

Liste C. 312 (1688-1698).

Marguerite Aigouine, femme Brun, avocat (Nîmes) ;
Demoiselle Marie Aigouine ;
Antoine Puech ;
Pierre et Marie Carbonnel ;
Jean et Marguerite Bouze ;
Etienne, Jean et Daniel Moinier ;
Jean et Jacques Langlade ;
Jean Teissier ;

Liste C. 316 (1700-1715).
Jean-Jacques Aigouin.

Cincens.

Claude Boissier et ses enfants (*Arch. int.* C. 312).
Pierre Sabatier (*Arc. int.* C. 316).

Clarensac.

Listes C. 312, 313, 314, 274 (1685-1688).

Alexandre Viala, min. (Sommières) ;
Louis Castaing (St-Dionisy) ;
Pierre Castaing (St-Dionisy) et sa femme ;
Marchand ;
Hoirs d'Etienne Guiraud ;
Hoirs de David Reinaud ;
Manuel Terisson ;
Fabre, fils de Fabre, notaire ;
Pierre Marc, (Sommières) ;

Valeur des biens. — D'après la liste 312, ils valent 3.590

livres ; même chiffre d'après la liste 313. La liste 314 les porte à 12.082 livres. Deux d'entre eux seulement figurent aux dettes passives pour 1362—17—6. (*Arch. int.*, C. 282, 283, 284).

Listes 274 et 298 (1688-1698).

Jacques et François Michel ;
Pierre et Antoine Michel ;
Solier ;

Jacques François ;
David et Claudine Pouget ;
Granmasson ;

Listes C. 316 et 317 (1698-1715).

Jeanne Bonnet ;
Pierre Gros ;
Pierre Guy ;

Jeanne Pougette ;
Antoine Massip ;

Codognan.

Listes C. 314, 312, 313 et 274 (1685-1688).

De Paradés, min., et sa femme ;
Madame de Millet de Montmirail ;

Paul Codognan (Vergèze) ;
Daniel Puech (Vergèze) ;

Valeur des biens. — Les listes 312 et 313 ne mentionnent que Mme de Millet, dont les biens sont affermés 180 livres. Les biens des fugitifs, d'après la liasse 314 valent 10.439 livres, y compris ceux de Madeleine de Millet estimés 8.951 livres.

Dettes passives, néant.

Liste 312 (1688-1698).

Jean et Pierre Froment ;
Isabeau Puech ;

Charles Codognan ;
Jean Puech ;

Listes C. 316 et 317 (1698-1715).

Jean Lafont ;
Jacques Roman ;

Daniel Puech (Uchaud) ;

Colognac.

Listes C. 314, 312 et 313 (1685-1688).

David Vidal ;
Gabriel Vielhes ;
Antoine Theron et son fils ;

Pierre et Jean Falgeirolles ;
Daniel Solier ;
Salindres, fils ;

Valeur des biens. — D'après la liasse 312, leur valeur est de 1.975 livres ; de 2.810 d'après la liasse 313 ; et de 6.329—10—0 d'après la liasse 314.

Dettes passives : néant.

Liste 316 (1700-1715).

Hebrard ; Hilaire et Jeanne Viala ;

Congenies.

Listes C. 314 et 274 (1685-1688).

Marguerite Pontaude, veuve Guérin ;
Etienne et Pierre Hugues ;
Hoirs de Firmin Fesquet ;
Isaac Bruguier ;

Judith Vincent ;
Isaac Langles ;
Isaac Coudougnan ;
Pierre Benoît, min. ;

Valeur des biens. — Elle n'est indiquée que dans la liasse C. 314—, soit 3.246—17—11, non compris les biens de Pierre Benoît ministre de Congenies.

Les dettes s'élèvent à 5.631—16—6 ; sur cette somme Benoît figure pour 4.896—16—6. (*Arch. int.*, C. 283 et 284).

Liste 342 (1688-1698).

Jeanne Villarette ;
Etienne Valentin ;
Suzanne Formaude ;

Marthe et Salomé Guérin ;
Jean Henry, sa femme et son fils ;

Conqueirac.

Teyssèdre, dit Baraille (*Arch. int.*, C. 312).
Jacques Teissier et Anne Lafont (*Arch. int.*, C. 316).

Corbés (près Alais).

Mallié, condamné à mort (*Arch. int.*, C. 316).

Cros.

Listes C. 280-281, 282, etc. (1685-1688).

Pierre Pourtalés ;
Antoine Lafon ;

Jacques Bedey (St-Hippolyte) ;
Marguerite Aubarin ;

Valeur des biens. — Je n'ai trouvé la valeur des biens que pour les deux premiers ; Pourtalés 300 livres ; Lafon rien.

Les dettes passives s'élèvent à 1.442—16—0 ; Jacques Bedey y figure pour 1.331—12—0. (*Arch. int.*, C. 282, 283, 284).

Listes C. 312 et 298 (1688-1698).

Jean et Pierre Alazard ;
Jean Alibert ;
Boissière ;

Pierrette Bonsanquet, femme Paul ;
Jean et Isabeau Portalier ;
Jean-Pierre et Gabriel Soutoul ;

Listes C. 316 et 317 (1700-1745).

Paul et Antoine Bonnefous ;
Marie Soulier ;
Jeanne Bertrand ;
Antoine Teissonnière ;
Jean Gout ;

Jean et autre Jean Bosson ;
Mathieu Pouget ;
Marie Puech ;
Marguerite Boisson ;

Durfort.

Listes C. 280 281, 282 etc... (1685-1688).

François Rouvière ;
Antoine Pouget et sa femme ;
David Cazalet ;
Étienne Martin, sa femme et 2 enfants ;
Étienne Pourquier, marchand ;

Antoinette Teissier veuve Cazalet ;
Isaac Teissier min. de Saint-Roman ;
Louis Lafoux, proposant [1] ;

Valeur des biens. — Je n'ai trouvé la valeur des biens que pour les quatre premiers ; Rouviere possède de 30 à 40 livres ; Martin de 3 à 400 ; Pouget et Cazalet n'ont que leur légitime, non estimée. (*Arch. int.*, C. 280-281). Les quatre derniers ne figurent qu'aux dettes ; elles s'élèvent à 1.623—7—6, non compris la censive d'une terre pendant vingt-neuf ans que doit Louis Lafoux. (*Arch. int.*, C. 282, 283, 284).

Listes 312 et 298 (1688-1698).

Mante et sa femme ;
Fils et fille de Desmarets ;
Fille de Villaret ;

Fille de Casan ;
Deux filles de Castel ;

Liste 316 (1700-1715).

Catherine Borelly ;
Femme de Brassier ;
Jacques de Saint-Julien, sieur

de l'Olivier ;
(probablement de Roquedur ?)

Gaujac.

Suzanne Unal (*Arch. int.* C. 316).

Galargues.

Liste C. 314 (1685-1688).

Isaac et Isabeau Louche ;
Pierre, Jean et Marie Armans ;

Jean Vézian ;
Isaac Nodin (Nîmes) et sa femme

---

1. Louis Lafoux, revenu avec une fille de Genève, qu'il a rendue enceinte et qu'il veut épouser (*Arch. int.*, C. 170).

Barthélemy, Jean et Esther Vézian, fils de Jean ;
Un fils de Pierre Maurin, cardeur ;
Étienne Rousson, cardeur ;
Pierre Pelet, tisserand ;
Élisabeth Vezianne ;
Durand, min. ;
Pierre Coste, maçon ;
Marie, fille d'Audibert Galhard ;

Valeur des biens. — 15.378—14—4. Aucun de ces noms ne figure sous cette rubrique aux dettes passives.

Liste C. 312 (1688-1698).

François Gautier, min. et ses frères, Jacques et Barthélemy ;
François Coste ;
Jean Pelissier et sa femme ;
Antoine et François Bastide ;
Sainte-Croix, maître d'école (Saint-Jean du Gard) ;

Listes C. 316 et 317 (1698-1715).

Jean Grieulet ;
Isaac Dublay ;
Jacques et Adam Vézian ;
Jean et Henri Plantat ;
Jean Escoflés (Sommières) ;
Pierre Brun ;
Barthélemy Bolle ;
Jacques Cabanis ;
Jacques Fontanés ;
Isabeau Devalague ;

Générac.

Listes C. 314 et 274 (1685-1688).

Pierre Brés ;
Pierre Cros ;
Femme de Jacques Mage ;
Pierre Fages ;
Jean Arnoux ;
Antoine Alcais ;
Étienne Paulet ;
Jacques André et sa femme ;
Pierre Paul ;
Moïse Peladan et sa femme, Auxillonne ;
Jean Buoû ;
Jacques Julian et Suzanne Raousse, sa femme ;
Marie Bosquet ;

Valeur des biens. — 4.028 livres. Un seul, Moïse Peladan figure aux dettes passives pour 120 livres (*Arch. int.*, C. 283).

Liste C. 312 (1688-1698).

Suzanne Tourette ;
Pierre Martin ;
David Villaret ;
Jacques Roger ;
Moïse Raoux ;

Generargues.

Listes 314 et 274, (1685-1688).

Marc Amblard ;
Antoine Gautier ;
Jean Rouvière ;

Valeur des biens. — Ils furent estimés 3.065—10—0. Aucun de ces noms ne figure aux dettes passives sous cette rubrique.

Ginestoux.

Dupuy de Ginestoux et deux de ses sœurs (*Arch. int.* C. 312).

Langlade.

Listes C. 312, 313, 314 et 274 (1685-1688).

Jean Audemard ;
Pierre Roux ;
Jean-Pierre Berthié (Calvisson) ;
Étienne Roux ;

Valeur des biens. — Les listes 312 et 313 ne donnent que Étienne Roux, dont les biens sont affermés 18 livres ; ce nom figure dans la liste 274 et non dans la liste 314. La liste 314 estime à 3.795—15—0 les biens des trois autres fugitifs. Aucun d'eux ne figure aux dettes passives sous cette rubrique.

Liste 274 (1688-1699).

François Foulq ;
Étienne Dufesc et sa femme, Élisabeth Boissière ;
Jean Dufesc ;
Anne Paul, fille de Timothée ;

Listes C. 316 et 317 (1700-1715).

Roustan Sarrazin ;
Catherine Bourely ;
Pierre Courdesse ;

Lanuéjols.

Jean Sujol, sieur de Lanuéjols (*Arch. int.* C. 312).
Antoine et Anne Bourdarie (*Arch. int.* C. 316),

Lassalle.

Listes C. 312, 313, 314, et 274 (1685-1688).

Pierre et Claude Solier ;
Daniel Chapon ;
Jean Noguier ;
Pierre Durand ;
Pierre Grenoulhet ;
Henri Remessy ;
Pierre Faugières :
Pierre Raffinesque ;
Pierre et François Pintard ;
Jean Martial ;
Antoine Ménard ;
Jean Coutelle ;
Antoine Salles (revenu) ;
Guillaume Guyon ;
Jacques Nadal (aux galères) ;
Isaac Martin ;
Guillaume et Pierre Dumas ;
Jean Roque (à la tour Constance) ;
Louis Bousanquet ;
Guillaume Lacombe ;
David Jalaguier ;

Jacques Martin ;
Daniel Soulier (de retour) ;
Antoine Berthezène (revenu) ;
Antoine et Jean Pellet ;
Jacques Blanc (revenu) ;
François Durand ;
Jean Lapierre, proposant (Saint-Hippolyte ;

Jean Girard ;
Simon Jalaguier, notaire ;
Charles Leblanc, sieur du Rollet ;
Pierre Jalaguier (de Malestre) ;
Pierre Bessèdes (de Lacombes) ;
Suzanne Portalès ;

Valeur des biens. — Les listes 312 et 313 qui contiennent les mêmes noms donnent la même valeur, soit 57.966 pour tous les fugitifs, excepté Pierre Raffinesques, dont la maison est estimée 150 livres (*Arch. int.*, C. 313), tandis que la liasse 312 ne donne que sa valeur en compoix. D'après la liasse 314, ces mêmes biens ne valent plus que 45.135—11—0. Les dettes passives des fugitifs de Lassalle ne s'élèvent qu'à 3.923—2—5. (*Arch. int.*, C. 282, 283, 284).

Listes C. 312 et 298 (1688-1698).

Marquise Coutelle (Alais) ;
François et Pierre Vignoles ;
Vignoles de Prades (Nîmes) ;
Jeanne et Diane Durand ;
Jean Soulier ;
Martin Rieumal ;
Femme et fils ainé de Donadieu ;
Femme et fille de Nadal ;

Fils d'Aubert ;
Servante de Roujoux, notaire ;
César Gilles ;
Suzanne Jalaguier et ses nièces, Jeanne et Suzon Dandé ;
François Falgueirolles et sa mère ;

Listes C. 316 et 317 (1698-1715).

Femme de Pierre Bastide ;
Isabeau Bruguière ;

Jacques Nadal ;

Lédignan.

Listes C. 314 et 274 (1685-1688).

Jean Jacquet ;
Cabrit, ministre ;

Jean Teissier ;

Valeur des biens. — 4.179 livres. Aucun de ces noms ne figure aux dettes passives.

Liste C. 312 (1688-1699).

Marc-Antoine Labaume ;
Antoine Bechard ;

Pierre, Jean, Claude, Isaac et Guillaume Blanc ;

Listes C. 316 et 317 (1700-1715).

Marie Jalaguier et Thomas Grisel.

Eêque.

Jean Soucail et Jean Soulier (*Arch. int.* C. 312).

Lezan.

Listes C. 312 (1688-1698).

Noble Jean-Antoine de Pilotis, seigneur de Lézan et ses fils : François, Charles, Henri et Rose ;
David Mourgues ;
François Porre ;

Jean Roux ,
François Mourgues ,
Antoine Massip ;
Louis Teslet ;
David Verdier (revenu en prison) ;

Liouc.

Nobles Antoine et Pierre de la Roque, frères, et Jeanne Cassan (*Arch. int.* C. 312 et aussi C. 280-281). Les Roque sont fils de famille.

Mandagout.

Listes C. 280-281, 313, 312, 314, 274.

Pierre Azemar ;
Pierre et François Finiels ;

Thomas Finiels (ou bien François ?) ;

La liste 280-281 donne deux François Finiels ; je crois que le second est le même que Thomas.

Valeur des biens. — La liste 280-281 ne nous apprend pas la valeur exacte des biens ; elle dit que les biens d'Azemar « ne sont pas suffisants pour payer les créanciers ».

Les autres listes ne donnent que Pierre et Thomas Finiels.

Les listes 312 et 313 estiment leurs biens 2.327 livres ; la liste 314 seulement 1.055 livres. Les dettes passives s'élèvent à 330 livres. (*Arch. int.*, C. 283)

Massanes.

Listes C. 312 (1688-1694).

Antoine France ;
Jean Foucard ;

François Paumier ;

Marvejols.

Listes C. 314 et 274, (1685-1688).

Barthélemy Margerol ; Jean Millane (Saint-Côme).

Valeur des biens. — 460 livres.

Massillargues.

Listes C. 312, 313, 314, 274 (1685-1688).

Jacob et Jean Périer ;
Charles Celérier ;
Constant Daunis, femme et 4 enfants ;
David Blanc ;
Pierre Barbut ;
Jean et Etienne Viviés ;
Charles Guillaumon et son fils ;
Durand Fontanier et son fils ;
Abdias Bourrelly et sa femme ;
Jean Arnaud, laitier ;
Jean Périer, tailleur, sa femme et 4 enfants ;
Jacques Nicol, apothicaire, son fils et sa fille ;
Jean Aubanel et sa fille ;
François Subremont et un fils ;
David Jean ;
Pierre Alliés ;
Mathieu Farinière ;
Abdias Frère, quatre fils et une fille ;
Veuve Simon Félines et Jean, son fils ;
Daniel Viviés et sa femme ;
Jean Reboul ;
Pierre Capeiron ;
Jean Étienne ;
Pierre Biesse et sa femme ;
Madeleine Grasse, veuve Sidrac Roger, et son fils ;
Le fils de Claveirolle ;
François Charrau, sa femme et trois enfants
Pierre Lascours ;
Claude Garel ;
Jacques Mourgues ;
Jean Armand ;
Simon Daniel ;
Jean et Claude Galibert ;
Fille de Barthélemy Alliés ;
Jean Isnard ;
Pierre Galissian et fille aînée ;
Jean Terrasse, un fils et une fille ;
Fille de François Galibert ;
Pierre Bremond ;
Veuve de Jean Vasadel ;
Marguerite et Madeleine Guillaumon.
Étienne Peire ;
Soulard ;

Valeur des biens. — Les listes 312 et 313 les estiment à la somme de 14.483—9—4 ; la liste 314 plus complète, à 22.634—9—8[1]. Les dettes passives s'élèvent à 2.973—18—9. (*Arch. int.*, C. 282, 283, 284).

Liste 312 (1688-1698).

Veuve Léonard Brun et sa fille ;
Un fils et une fille de Pierre Jeannin, tailleur ;
Un fils de Margarot, menuisier ;
Pierre Brun ;

---

1. Dans cette somme ne figurent pas les biens de Charles Cellerier. J'ignore au juste la valeur des biens de ce fugitif. Dans la liasse 314, on lit en effet en face de son nom : 2821—8—0, « avec les acquisitions 7265—10—4 » ; quelques pages plus loin, sous la rubrique de Massillargues, on trouve encore : 2828—19—8. Je crois que les 2821—8—0 sont comprises dans les 7265—10—4 et que par conséquent la valeur des biens de ce fugitif, qu'il faut ajouter à la somme que je donne, est de 10.094—10—0.

Femme de Marc Gonin, tailleur ;
Marthe et Madon Mourgues ;
Deux filles de Villaret ;
Un fils de Lambert, berger ;
Un fils de Ferrand, chirurgien ;
Pierre Sauvageol et deux fils ;
Fille de Simon Daniel ;
Fille de Jean Blatière ;
Jeanne Bouvier ;
Une fille de Combes :
Un fils et une fille d'Ollivier, salpétrier ;
Deux enfants de Coste, cordonnier ;
Carbonnel, maître d'école et sa femme ;
Farenge, sa femme, un enfant, une sœur et un frère ;
Le fils de David Brousson ;
Un fils et une fille de Ravel ;
David Viviés ;
Fille de Frézol, serrurier ;
Femme et fille de Jean Huc ;
Le fils de Jean Mourgues ;
Un fils de Vals ;
Un fils de Pierre Privat ;
Fils ainé de Jérémie Plantier ;
Jean Mirabeau, tisserand et sa fille ;
Un fils de Roland Joubert ;
Barthélemy Arnaud ;
Le fils ainé de Daniel Martin ;
Boudet, charron, et sa femme ;
Gabriel, sa femme et 2 enfants ;
Le fils de Claude Mourgues ;
Jean Rouvière ;
Sauzet et sa femme ;
Le fils et fille de Garimond ;

François Maurel, sa femme et trois enfants ;
Un fils et une fille de Jean Rouvière ;
Le fils d'Étienne Reboul ;
Le fils de Moïse Mazellet ;
Le fils d'Antoine Guéton ;
Le fils de Jacques Volpilière ;
Madeleine Suau ;
Deux fils de Jean Bernard ;
Un fils de Pierre Daumas ;
Un fils de Jacques Coulomb ;
Justamond, min., sa femme et son fils ;
Un fils de Caumoule, barilier ;
Veuve Guillaume Célerier et trois enfants ;
Deux fils de Maubois ;
Veuve Alibert et ses deux fils ;
Privat, salpétrier ;
Un fils de François Soulier ;
Esther Couterelle ;
pierre Buffler ;
Philippe Blanc, maître d'école, et sa femme ;
Galissian, fils d'Abdias ;
Femme et fille d'Adam Volpilière ;
Le fils d'Antoine Gachon ;
Deux fils et une fille d'Olivier ;
Une fille de Guyot Castan ;
Jacques Payan, tailleur ;
Fille du Sr Lagardon ;
Capeironne, femme d'Eustache, apothicaire (Montpellier) ;
Barthélemy Allier et sa femme ;
Jérémie Planque ;
Simon Roux ;

Listes C. 316 et 317 (1700-1715).

Antoine Viviés ;
Pierre Blanc ;
François Galand ;
Hugues Alibert ;

Anne et Jean Encontre ;
Anne Riesse ;
Enfants de Jacques Albouin ;
Jacques Arnaud ;

Marie Farinière ;
Jean Joubert ;
Fauquière ;

Pierre et Jacques Combes ;
Jacques Jean ;
Claude Isnard ;

Meyrueis.

Listes C. 280-281, 312, 313, 314, 274 etc., (1685-1688).

Jacques Campredon ;
Jean Brunet, sieur de Malotier et de la Condamine ;
Jean Roux, sieur de Costéguison ;

Isaac Martin, apothicaire ;
Hoirs de Jacques Boniol ;
François Vincent, min. de Sauve (Anduze) ;
Guillaume Parlier ;

Valeur des biens. — Les listes 312 et 313 donnent 11.975 livres ; la liste 314 donne 14.800 livres. Les dettes passives de ces fugitifs s'élèvent à la somme de 36.275—7—10 ; Jean Brunet y figure pour 25.153—14—7, et ses biens ne sont estimés que 11.766 livres ; les créanciers réclament 8.472—2—7 à Jean Roux et ses biens ne valent que 1.581 livres. (*Arch. int.*, C. 282, 283, 284).

Listes C. 312 et 298 (1688-1699).

Couderc, min. ;
Sieur de Pourcarès ;

Espinassous et une fille ;
Salinier, femme et enfant ;

Listes C. 316 et 317.

François Sallet ;
Deux fils de Pierre Sarran ;

Pierre Martin ;

Mialet.

Liste C. 314 (1685-1688).

Jean Plantier ;
Pierre Pages ;
Hoirs de Durand, absence de (...) ;

Pierre Baudé ;
Pierre Reille ;
Moïse Bernard ;

Valeur des biens. — 1.600 livres. Aucun de ces noms ne figure aux dettes passives.

Liste 312 (1688-1698).

Pierre Plantier et sa femme, et Pierre Villars, min.

Liste C. 316 et 317 (1700-1715).

Suzon Dumas, veuve Simon ;
Françoise Larquier, veuve Laporte ;
Marie Bernard ;

Marguerite Coutelle ;
Françoise Bonnet, femme Portal ;
Madeleine Durand ;
Abraham Cabanis ;

Millau.

Listes C. 314, 312, 274 (1685-1688).

Antoine Rouvière ;
Isaac Brunel ;
Guillaume Bousquet, sa femme, Madeleine Cheinette, et deux enfants ;
Jacques Solier ;
Antoine Solier et quatre enfants : Antoine, Jean, Claude et Pierre ;
Jacques Saussines ;
Jean Roussel, femme et belle-sœur ;
Claude et André Solier (revenus) ;

Valeur des biens. — Les biens de ces fugitifs sont estimés 36.923—10—0. Antoine Rouvière y figure pour 20.394 livres et Jean Roussel pour 7830. Trois d'entre eux figurent aux dettes passives pour 1.563 livres ; Jean Roussel y figure seul pour 1.387 livres. (*Arch. int.*, C. 282, 283, 284).

Liste C. 274 (1688-1698).

Alix et Catherine Solière ;
Anne Audemard ;
Jean et Louis Brunel ;
Jacques Solier et sa femme ;
Anne et Catherine Solière ;
Jeanne Valette ;
Antoine et Jean Seguin ;
Reine Boulette ;
Fille aînée de Simon Boudin ;
François et Gilles Solier ;
Pierre et Jeanne Thérond ;
Marie Giberne ;
Catherine Bourdiguet ;
Jean et autre Jean Amat ;
Jeanne Bernard ;
Durand et Gilles Solier ;
Femme de Valentin Solier ;
Isaac Massane ;

Liste C. 317 (1700-1715).

Jean Saussines ;

Molières.

Teissier et sa femme (arch. ant. C. 312).

Montdardier.

Liste C. 280-281 (1685-1688).

César Aguze ;
Isaac Poujol ;
Jean Caucanas ;

Valeur des biens. — Ils ne possèdent rien. Isaac Poujol roulerait « par-ci, par-là ». Il figure cependant dans la liasse C. 316.

Monoblet.

Listes C. 280-281, 283 (1685-1688).

Pierre Bancilhon ;
André Nouys ;
David de Falgueirolles ;
Le sr de Cambla[?] ;
Jean Lassalle ;
Pierre Ricard ;

Valeur des biens. — Le certificat du consul, signé le 30 janvier 1687, ne donne aucune estimation; il ne contient que les quatre premiers noms, les deux derniers figurent aux dettes passives, Lasalle pour 569—16—0 et Pierre Ricard pour 3.000 livres. (*Arch. int.*, C. 283).

Liste C. 312 (1688-1698).

Jean Bourguet ;
Jean Bombonnoux ;

Jean, Jacques et David Soulier ;
Antoinette et Pierrette Jardins ;

Liste C. 316 et 317 (1698-1715).

David et Jean Rouquet ;
André Bourguet ;
Marie Monier ;
Madeleine et Jeanne Soulier ;

Anne Daudé, femme Gautier ;
Marie Biolle, femme Pommaret ;
Pierre Arbousses ;
Un fils de M. de Vignoles ;

Monteils.

Antoine Aberlenc (*Arch. int.* C. 316).

Montpezat.

Liste 312.

Jacques Julien ;
Isabeau Pelette ;
Jacques Marvejols ;

Marguerite Marseille ;
Claude et Marguerite Dumas ;

Mus.

Liste C. 314 (1685-1688).

Madon de Montmirail (Codognan) et Jean Roman.

Valeur des biens. — Ils sont estimés 1.254 livres. Mus est la dernière paroisse inscrite dans le registre portant le numéro C. 314; il y manque un folio. Il peut manquer un nom ou deux. La valeur des biens n'est donc qu'aproximative.

Je n'ai pas cependant trouvé dans les autres listes d'autres fugitifs originaires de Mus.

Nages (voir Sodorgues).
Orthez et Rauret.

Liste C. 312.

Noble Antoine de Pilotis (Lezan);
Jean Bernard ;
Jean Moles, sr du Merlet ;

Pierre et Marguerite Coste ;
Jean et André Coste ;
Guillaume Reinaud ;

Parignargues.

Liste C. 312 (1688-1698).

Jean et Suzanne Soulier ;
Jeanne Moinière ;
Jacques Roux ;

Suzanne Blachère ;
Jacques Bernard ;

Liste C. 316 (1698-1715).

Etienne Soulier ;
Jean Terrisson ;

Isaac Théron ;
Pierre Sabatier ;

Peyrolles.

Liste C. 314 (1685-1688).

Jean Mercoirat et Jean Roussarié ;

Valeur des biens. — Les biens sont estimés 490 livres ;

Liste C. 312 (1688-1698).

Vidal Benjamin ;
Suzanne Roussarié ;

Jean Viel (de la Baumette) ;

Liste C. 316 (1698-1715).

André Martin ;
Jeanne Teule ;

Madeleine Greffeuille ;
Jeanne de Valescure ;

Pompignan.

Marie Ricard (*Arch. int.* C. 316).

Quissac.

Listes C. 274, 314, 280-281 (1685-1688).

Antoine Plantat ;
Jacques Devéze ;
Martin et Louis Jalaguier ;
Un fils de Fabre ;
Antoine Brouzet ;

Jean-Pierre Plantat et sa femme Françoise Desmarets :
Isabeau Ricarde, femme Bousquet ;
Louis Bringuier ;

Valeur des biens. — Deux seulement figurent dans l'état C. 314 ; leurs biens valent 1.160 livres. Les dettes des fugitifs s'élèvent à 4.473 livres. (*Arch. int.*, C. 282, 283, 284.)

Liste C. 312 (1688-1698).

Suzanne Biesse, femme Cabanis ;
Jean Crés ;
François, Antoine et Etienne Bringuier ;

Guillaume et Antoine Massip ;
Claude Coste ;
Antoine et Jean Jalaguier ;
Catherine de Fons ;

Marc Conduzorgues ;
Suzanne Sales, Pierre Cabanis son beau-frère et son fils ;
Claude Martin ;
Marguerite Froujouze ;
Antoine et Jeanne Cabrière ;
Guillaume Bringuier et sa femme, Catherine Angeau ;

Suzanne et Louis Raffinesque ;
Jacques et Isabeau Dufour ;
Pierre Cabanes ;
David Richard ;
Pierre et Jean Réridier ;
Pierre Massip ;
Claude Bonfils ;
Jeanne et Catherine Rouvière ;

Liste C. 316 (1698-1715).

Pierre et Jacques Raffinesque ;

Rauret (voir Orthez).
Ribaute.

Liste C. 314 (1685-1688).

Jacques Chaptal ;
Jacques Sabatier ;

Hoirs de Jacques Durand ;
Veuve Teissier (de Cardet) ;

Valeur des biens. — Estimés 2.675 livres ; aucun nom ne figure aux dettes passives.

Liste C. 316 (1698-1715).

Un fils de Pierre Aigoin ;
François Brun ;

Jean et Pierre Brunel ;

Roquedur.

Ce petit village, où se tint, dès les premiers mois de 1686, une assemblée des Nouveaux Convertis, — assemblée dans laquelle fut versé le premier sang — comptait une dizaine de fugitifs avant 1688 ; cependant, dans l'état 314, qui fut dressé en 1688, aucun nom n'y figure. Ceci ne doit pas nous surprendre. Ces fugitifs ne possédaient rien, étant des fils de famille ou des misérables. Quelques-uns figurent ensuite dans les listes composées en 1698, et plus tard ; les parents sont morts, et leurs biens reviennent à ces fugitifs par droit d'héritage.

C'est une preuve à ce que j'ai avancé plus haut touchant la confection de ces listes, que le lecteur peut constater en ce moment pour cette communauté ; on verra que tous ceux qui ont quelques biens, comme fils de famille, figurent dans les listes postérieures à 1688.

Voici les fugitifs avant 1688 (*Arch. int.*, C. 280-281) :

CHAPITRE VI

Louis Combettes « aucuns biens, étant fils de famille »; se trouve de nouveau dans les liasses 316 et 317.

Fils aîné et fille aînée d'Antoine Cambacérés « aucuns biens, étant fils de famille »; se trouvent dans la liasse C. 312 avec leur nom : Jean et Jeanne Cambacérés.

Fille aînée de Laporte, on ne sait si elle est sortie : n'a que la succession de sa mère; figure dans la liasse C. 316.

Voici les fugitifs après l'assemblée de Roquedur, en 1686 :

Pierre Soulié : serait muletier chez le baron de Montpezat; ne figure plus dans aucune liste.

Etienne, Ysabeau et Jeanne Malefosse « misérables »; ne figurent plus dans aucune liste.

Jacques Viala « aucuns biens »; ne figure plus dans aucune liste.

Valeur des biens. — Aucun de ces noms, ne figurant dans la liste C. 314, je ne puis donner, en livres, la valeur des biens de ces fugitifs. Aucun d'eux ne figure aux dettes passives.

Autres fugitifs :

Jeanne Combette (*Arch. int.*, C. 312); Pierre Viala, Marie Soulier et Antoine Cambacérés (*Arch. int.*, C. 316).

Saint-André de Valborgne.

Listes C. 312, 313, 314 (1681-1688).

Jean Pagès, régent ;
Jean Folquier et sa femme, Suzanne Clauselle ;
Jean Bourel ;
Antoine Puech ;
Jean Coulet ;
Guillaume Bonnier ;
Pierre et David Hilaire, frères ;
Jacques Hilaire ;

Valeur des biens. — Les listes 312 et 313 ne contenant que les deux premiers noms donnent la même somme, soit 3.020 livres. La liste 314, contenant les suivants, estime leurs biens à 15.049—10—0. Aucun nom ne figure aux dettes passives.

Liste C. 316 (1698-1715).

Jean-François Pagézy et Jean Mallavialle.

Saint-Bénézet.

Jacques Pagés (*Arch. int.*, C. 312).

Saint-Cézaire.

Jean Cournut et Marie Hugues (*Arch. int.*, C. 316).

Jean Barbusse figure aussi dans la liasse C. 283 pour une dette de 100 livres ; je ne l'ai trouvé dans aucune autre liste.

Saint-Christol.

Jean Delong (*Arch. int.*, C. 314). Ses biens sont estimés 3.762 livres ; il laisse pour 2.660 livres de dettes (*Arch. int.*, C. 283).

Liste C. 316 (1698-1715).

Jean et Pierre Brunel ;
Claudine Hugues ;
David, Antoine et Isabeau Massador ;

St-Cosme.

Listes C. 314, 312, 313 (1685-1688).

Jean Boissier, sa femme, Françoise Fouquier, et 2 enfants ;
Guillaume et Marie Cabanis ;
Jacques Boyer ;
Jean Noguier ;
Hoirs d'Antoine Ollier ;

Valeur des biens. — Les listes 312 et 313 ne contiennent que le nom de Jean Boissier dont les biens sont estimés 1.700 livres ; 1.677—13—0 seulement d'après la liste C. 314. Les biens des fugitifs de Saint-Cosme, d'après la liste C. 314, s'élèvent à la somme de 2.250—10—8.

Liste C. 274 (1688-1698).

Emmanuel Menard ;
Jean Savin ;
Jeanne et Pierre David ;
Pierre, Jean et Marie Durant ;
Mialan ;
Pierre Castel ;

Ste-Croix-de-Caderle.

Listes C. 314, 312, 313 (1685-1688).

Jean Roque ;
Jean Verdeille ;
David Rossel ;
Jean Bourdarié ;

Valeur des biens. — 3.133 livres d'après les listes 312 et 313 ; 1.431 livres seulement d'après la liasse 314. Jean Bourdarié ne figure qu'aux dettes passives pour la somme de 168 livres (*Arch. int.*, C. 283 et 284).

Liste C. 312 (1688-1698).

Pierre Fraisse.

Liste C. 316 (1698-1715).

Laroche ; Madeleine de St-Julien ;
Jacques Gervais ;

St-Dionisy.

Liste C. 312 et 313, (1685-1688).

Madeleine Castanne et Nicolas Coutelle :

Valeur des biens. — Dans les deux listes il n'y a que l'estimation des biens de Madeleine, soit 2.000 livres. Aucun nom ne figure dans la liste 314.

Liste 312 (1688-1698).

Antoine et Pierre Courdesse ;

St-Etienne d'Escate (voir Sauvignargues)
St-Gervasy-les-Nîmes.

Baudan-Arcourt (Nîmes).

St-Gilles.

Listes C. 314, 274 (1685-1688).

Jean Reboul ; Jacques Roussillon ;
Jacques Revel ; André Chaulle ;
Jacques, Isaac et François Hé- Moïse et Gilles Constant ;
raud ; Jean et Guy André ;
Veuve Prades ; Pierre Carbonnel ;
Maurice Virgile ; Jacques Castanier ;
Moïse Brun ; Antoine Noguier ;
Jacques Brouet ; Henri Malan ;

Valeur des biens. — Les biens sont estimés 8.555 livres. Les dettes passives s'élèvent à la somme de 6.288--10--4. (*Arch. int.*, C. 282, 283, 284).

Liste C. 312 (1688-1698).

Etienne Bourdic (inconnu) et Puget.

Liste C. 316 (1700-1715).

Françoise Ventujol.

Saint-Hilaire de Bretmas.

Liste C. 314 (1685-1688).

Antoine Combes (Alais) ; Lucrèce Olmède ;
Etienne Gase ; Jean Pancier ;

Valeur des biens. — Les biens de ces fugitifs sont estimés 5.137 livres.

Saint-Hippolyte-du-Fort.

Listes C. 314, 312, 313, 274, 279, etc. (1685-1688).

Villarette ;
Moïse Portal, min. et sa femme, Marguerite Codoniac ;
François Mazel et sa femme, Jeanne Esther d'Ollivier ;
Jean Bedos ;
Louis Bedos et sa femme, Catherine Graverol ;
Jean Barafort ;
Jean Desvals ;
Catherine Graveirolles ;
Jean Noguier, sa femme Brunelle, et sa sœur ;
Henri Lajard ;
Pierre et Jean Borelly ;
Jean Portal et son fils, Jean ;
Loth Malignas ;
François Lacombe, fille et garçon ;
François Gras ;
François Bastide ;
Fils d'Isaac Durand ;
Jacques Ménard ;
Jacques Mourgues ;
François Ollivet ;
Pierre Durand ;
Charles Icard, min. (Nîmes) ;
Marguerite Brousse ;

Valeur des biens. — Les listes 312 et 313 estiment à 11.680—10—0 la valeur des biens des fugitifs, non compris les biens de François Ollivet qui les a vendus le 15 août 1686, malgré les défenses du Roi. La liste 314, qui ne contient que huit noms, estime les biens à 8.979 livres. Les dettes des fugitifs de Saint-Hippolyte s'élèvent à la somme de 23.009—12—8. (*Arch. int.*, C. 282, 283, 284).

Listes C. 312, 274, 298 (1688-1698).

Elisabeth Rouvière ;
Marguerite Claris et sa fille Portal ;
André Villaret ;
Marguerite Lacombe ;
Fesquet, min. ;
Jean Bernard, notaire, sa femme et famille (Monoblet) ;
Jean Boissière et sa femme Madeleine Audibert ;
Marie Moynier ;
Fille de Bourrelle, boulanger ;
Fille d'Abraham Audibert ;
Fils de Maurin ;
Jeanne Mazet, femme Lermet ;
Lapierre, prédicant (Lassalle) ;
Pourtalès, sa mère et sa sœur ;
Olivier de la Poularié (mort en France), femme, fille et fils ;
Sœur de Moustardier ;
Ribergue ;
Rouvière, fils du Guerrier ;
Falgueirolles, petit-fils de Giberne ;
Grenoulet fils ;
Fils de Pelet du Peyrou ;
Suzanne Rouvière ;

Liste C. 316 (1698-1715).

Souliere, Veuve Jean Folquier ;
Mère de Jean Ollivier ;
Jacques Salles ;
Jean Mège ;
Jean Teissier ;
Jean Delon ;
Marie Moinier ;
Elisabeth Boissière ;
Antoine Daudé ;

David Valette ;
Marie Rauzière ;
Antoine Carle ;
Mère de Durand ;
Delpuech ;
Marguerite Lacombe ;
Pierre Bernard ;
Jean Pintard ;
Marie Pintard ;

Saint-Jean de Crieulon.

Liste C. 312 (1688-1698).

Jeanne et Anne Cazalis ;
Guillaume Bruguier ;

Jacques Noguier ;

Saint-Jean de Gardonnenque.

Listes C. 312, 313, 314 etc. (1685-1688).

Jean de Leuzière ;
Jacques Conil ;
Suzanne Defit, veuve Bony ;
Jean Roque (de Caderle) exécuté à Nîmes, juin 1687 ;
Pierre Roquier, (mort à la tour de Constance) ;
Jacques Raffinesque ;
Jacques Cabrit, min. de Lézan ;
Jacques Bedey, min. (Cros) ;
Jacques et Marguerite Laporte ;
Guillaume Fraissinet ;

Jean Gros et son fils Pierre ;
Jean Volpilière, cardeur ;
David Gros ;
Isaac Cabrit, tisserand ;
Pierre Rossel (de Caderle) ;
Jean Dumas, min. ;
Louis Périer ;
Jean Carnaules ;
Jacques Bancillon ;
Françoise Bourdarier, veuve Gervais ;
Pierre et Antoine Gros ;

Valeur des biens. — Les listes 312 et 313 les estiment à la somme de 14.461 livres. La liste 314 les estime à la somme de 28.206 livres. Trois d'entre eux seulement figurent aux dettes passives pour la somme de 3.236—8—0 (*Arch. int.*, C. 283 et 284).

Listes C. 312 et 298 (1688-1698).

Antoine Cornier
Pons ;

Jeanne Escot et ses fils ;

Listes 316 et 317 (1698-1715).

Coste Lapeirian ;
Deux enfants de David Mazel ;
Michel Tourette et Rabotier, sa femme ;
François Souveiran ;
Marie Teule ;
Bourdarier et sa fille Gervaise ;
Jean Dieulefesc ;
Jean Bony ;
Pierre Coutelle ;
Annibal Pagés ;
Charles Pierrette (de Vignoles) ;
Deux fils d'Etienne Rouvière ;
Jeanne Savine ;
Jacques Fontanés ;
Jacques Berthezène ;
Jeanne Moinier ;
Isabeau Cabrit, fille de Théodore ;
Jacques Carnaules et sa femme ;
Jacques Rodier et sa femme ;
Jean Viala ;
Marcoirette ;
Madeleine Salhon ;
Jacques Bringuier ;
Penarier d'Arbausses ;
Etienne et Louis Guron ;
Antoine Tournier ;
Jean Lagarde et Marguerite Nadal ;
Claudine Coste ;
Jean et Suzanne Espagnac ;
Marie Rigal, veuve Faucher ;
Pierre Laporte ;
Rachel Bourdarier ;
Claude Gueydan, sa femme et sa belle-sœur ;

Saint-Jean de Roque.

Liste C. 312 (1685-1688).

Marie Tresfont ;
Suzanne de Claris, femme de feu Claude Duladieu des Hours ;
Noble Louis de Fons (Sauvve) ;
Albert Villeneuve et Lucrèce Depize ;

Valeur des biens. — Aucun de ces fugitifs ne figure dans les états des biens ; seul Pierre de Fons se trouve dans la liste de Sauve (*Arch. int.*, C. 314). Ses biens valent 955 livres. On lui réclame, sous la rubrique de Saint-Jean de Roque, la somme de 22.372—7—0. (*Arch. int.*, C. 282, 283, 284).

Saint-Jean de Serre.

Listes C. 314, 312 (1685-1688).

Barthélemy Rouvière et ses fils, Jean, Barthélemy et Françoise.

Valeur des biens. — La liste C. 314 les estime à 1.934 livres ; les dettes passives s'élèvent à 1.579—13—11. (*Arch. int.*, C. 282, 283, 284).

Saint-Julien de la Nef (1685-1688).

La liste 280—281 ne mentionne qu'un fugitif : le fils du sieur Olivier, et ne fournit aucun renseignement.

Saint-Laurent d'Aigouze.

Listes C. 314, 312 et 313 (1685-1688).

Fils aîné de Chauvet, apothicaire ;
Jean Bros, ménager, sa femme, deux filles et sa mère ;
Pierre Prieuret ;
Jean Mourgues et sa femme ;
Antoine Bedos ;
Jeanne Fontanieu et sa fille ;
Claude Valette ;
Claude Marignargues et sa fille ;
Jean Pagés ;
Marie Dufour ;
Reinaud (Nîmes) ;
Antoine Rieutor ;
Brun, avocat (Nîmes) ;
David Barbut (Montpellier) ;

Valeur des biens. — Les listes 312 et 313 les estiment à 12.000 livres. La liste C. 314 les estime 13.367. Les fugitifs de Saint-Laurent d'Aigouze figurent aux dettes passives pour 11.773—15—6. (*Arch. int.*, C. 282, 283, 284).

Listes C. 312 et 298 (1688-1699).

Marie Gignane ;
Marie Grossette ;
Veuve Claude Prieuret et son fils ;
Simon, Jacob, Isabeau et Madeleine Bouton ;
Pierre et Jean Barbut ;
Veuve de Pierre Jean ;
Pierre, Madel^{ne} et Suzanne Chapel ;
Guillermet, avocat, et son fils ;
Contrepas, jeune ;
Michel Regis ;
Pierre et Jean Guillermet ;
Jean Théron, chirurgien ;
Bouchon (condamné à mort) ;

Listes C. 316 et 317 (1698-1715).

François Galibert ;
Caire ;
Jeanne Carle ;
Pierre Caucanas ;
Antoine Coularou ;
Suzanne et Jeanne Mourgues ;
Femme de Carle ;
François Cabanis ;
Marie Nadal ;
Jean Coustel ;

Saint-Laurent-le-Minier.

La liste 280-281 donne trois fugitifs n'ayant aucun bien. Ce sont : Jean Coularou, François Baral, dit Bernard, valet, et Antoine Monfajon, chantre du lieu. (1685-1688).

Saint-Marcel-de-Fonfouillouse.

Listes C. 316 et 317 (1698-1715).

Pierre Laune et sa femme ;
Jean et Suzanne Plantier ;
Femme de Pierre Coulet ;
Isabeau Guérin ;
Jean Soulier ;
Jean Cavalier ;
Marie et Isabeau Mourgues ;
Jean Arnal ;
Claude Sauve ;
Sœur de Bortezène
Pierre Titan ;
Sourdol ;

Saint-Martin-de-Corconac.

Liste C. 312.

Jean Lagarde et sa femme, Marguerite Geniés ;
Pierre et Henri Mourgues ;

Louis et Jean Lagarde ;
Jean Campredon et sa femme (Vigan).

Listes C. 316 et 317.

Moïse et Marie Soubeyran ;

Bonniol ;

Saint-Michel (voir Candiac)
Saint-Nazaire (voir Canaules)
Saint-Paul-de-Lacoste.

Listes C. 314 et 274 (1685-1688).

Pierre et André Turc ;

Pierre Dombres ;

Valeur des biens. — Ils sont estimés 752 livres. Les dettes passives s'élèvent à 448—19—8 (*Arch. int.*, C. 284).

Saint-Roman-de-Codières.

Un seul fugitif avant 1688 : Thomas Bourit, je n'ai pas trouvé l'estimation de ses biens ; on lui réclame 600 livres. (*Arch. int.*, C. 284).

Saint-Sauveur-des-Pourcils.

Un seul fugitif : noble... Barjac de Cadenoux ; il ne figure que dans les listes 316 et 317 ; mais il a dû fuir avant 1688 ; on lui réclame en effet 90 livres. (*Arch. int.*, C. 282).

Salinelles.

Isaac et Claude Péridier, frères. (*Arch. int.*, C. 312).

Saumane.

Marguerite Coulet, femme Jean Ausset. (*Arch. int.*, C. 316).

Sauve

Listes C. 314, 313, 312, 280-281 (1685-1688).

Jacques de Claris, sieur de Saint-Martin et sa femme, demoiselle de Molle ;
Louis Jalaguier ;
Hoirs de Jean Gribes, maçon ;
Fulcrand Plantier ;
David Ventalhac ;
Noble Louis de Fons ;

Jacques Altairac ;
Reissarieu, tisserand ;
Jacques Labric ;
Jean Dufour ;
Cavalery ;
Claude Imbert et sa femme ;
Jean de Molle (Orthez) ;

Valeur des biens. — Mettons à part les biens de Jacques de Claris. La liste 313 estime les biens de ce fugitif, soit à Sauve, soit à Aguzan, à 33.875 livres : la liste 312 à 31.475 seulement; celle-ci semble ne pas faire mention de ses biens à Sauve. La liste 314 estime ces mêmes biens, ceux de Sauve à 1640 livres, ceux d'Aguzan à 13.640, soit 15.280 livres. Les biens des autres fugitifs — Jean de Molle n'y figure pas — sont estimés 4.935 livres, sur lesquelles Claude Imbert possède 2.400 livres — nombre donné pour lui par les trois listes.

Les dettes passives des fugitifs de Sauve s'élèvent à 32.397 —5—1; dans cette somme Jacques de Claris figure pour 26.881—4—0; et Jean de Molle pour 4.266—1—1. (*Arch. int.*, C. 282, 283, 284).

Liste C. 298 (1688-1698).

Fille d'Etienne Molle, femme d'Astruc, min.
Jean Cavalier ;
Pierre Fesquet ;
Josué Roussel, min. (le Vigan) ;
Jean Ventilhac ;

Le fils de David Cavalier ;
Le fils de Pierre Ricard ;
Enfants d'André Courant ;
Le fils de Claude Soubeyran ;
Jean Imbert ;
Enfants de Jean Roux ;

Liste C. 316 (1698-1715).

Jacques Aldebert ;
Antoine Roux ;

Pierre Vignoles ;
Jean Dumas ;

Sauvignargues.

Liste C. 314 (1685-1688).

Noble Antoine d'Amalric, sieur de Durfort ;

Etienne Servières ;
Femme de François Lajasse ;

Valeur des biens. — 425—15—0; les dettes s'élèvent à 2514 —3—4; toutes au nom du sieur de Durfort, dont les biens sont estimés seulement 315—5—0. (*Arch. int.*, C. 282, 283, 284).

Liste 312 (1688-1698).

Pierre Carrière, femme et enfants ;
Louise Chazelle ;
Jean Floutier ;

Jacob Mouret (serait valet chez le sieur Dumas capitaine) ;
Paul Mouret (on ne sait où il est) ;

Liste C. 316 (1698-1715).

Paul Vignes ;

Sodorgues et Liron.

Listes C. 314, et 274 (1685-1688).

Daniel Guérin ;
Jean et Jean Espaze ;
Pierre Gautier, sieur de Roçou ;
Marie Laune, veuve Pierre Du-
mas ;
Jean Groil ;
Antoine Mazel ;
Pierre Mazel (à l'Amérique ;

Valeur des biens. — Les biens sont estimés 26.520 livres. Ces mêmes fugitifs — trois seulement — figurent aux dettes passives pour 2,575—5—0. (*Arch. int.*, C. 282 et 283).

Listes C. 312 et 274 (1688-1698).

Jacques (revenu) et Marie Audemar ;
Jean Audemar, veuf, revenu ;
Pierre et Jean Parel ;
Guillaume Melgues et sa femme ;
Antoine Mercouiret ;
François Salindres ;
Jean et Henry Remessy ;
Henri Lafon (revenu), et sa femme ;
Pierre Soulier ;
David Dumas ;
Jaquette, Jeanne et Madeleine Gautier ;

Listes C. 316 et 317 (1698-1715).

Enfants de Jean Dumas ;
Jean Doissier ;
Jeanne Coutelle ;
Isaac Pau ;
Berthezene ;
Antoine Compan ;
Marie et Anne Escot ;
Enfants de Salle et leur mère Brupeine ;
Henri Bourras et sa femme ;

Sommières et Villevieille.

Listes C. 314, 312, 313 et 274 (1685-1688).

Escofier, min. femme et enfants ;
Jean Brun, min. femme et une fille.
Pérols, min. sa femme, Marie de la Tour et enfants ;
Pierre Gay, cardeur, (Campagne) et sa femme ;
Pierre Jérussien, femme et enfants ;
Pierre Dumas ;
François Mallart, orfèvre, femme et quatre enfants ;
Ozias Valette, (Campagne) femme et sa fille ;
Daniel d'Abrenothée (Caylar) et Jeanne de la Tour sa femme ;
Pierre Roussillon, min. (Lunel), et ses deux sœurs ;
Veuve de Jean Barbier ;
Femme de Guillaume Vedel et ses enfants ;
Marguerite Jérussienne ;
Jeanne Aubanelle, veuve Pourriol, et trois enfants ;
David Parlier et sa fille ;
Pierre Méjan, maugonnier et son fils ;
Antoine Gignane et sa sœur ;

Pierre Issoire, femme et enfants ;
Guillaume Roussel et deux enfants ;
Antoine Rigal, femme et deux enfants ;
Alexandre Viala, min, femme et enfants ;
André Mourgues et sa femme ;
Gabrielle Maurin ;
Jean Mathieu et sa femme ;
Jean Arnaud ;
Demoiselle Ponce, veuve Pierre Auric et son fils ;
Gabriel Castan, sa femme et Pourtié son beau-père ;
Demoiselle Guiraude, veuve Vier, capitaine (Montredon) ;
Demoiselle Perols ;
Pierre et Claude Dumas ;
Pierre Péridier ;
Jean Bressac ;
Pierre Pourtal ;
Arnaud, min. ;
Jean Mourgue ;
Audibert Gourgas, (revenu) ;
Jacques Massip ;
Jean Gourgas et sa femme ;
Jean Reilhe, fils de Jean ;
Pierre Barbut et sa fille ;
Pierre et Jean Marc, et une sœur ;
Jacques Causse, cordonnier ;
Jacques Constans ;
Jean Leques ;
Joseph Cambacérès et sa fille ;
Bousanquet ;
Lacour et sa belle-mère ;
François et Pierre Philip ;
Cazalet, capitaine ;
Gabriel Martin ;
Pierre Dupuy, femme et enfant ;
Gaulier, préposant ;
Blanc, droguiste ;
Thomas, marchand ;
Daniel Rosier, marchand ;
David Bouisson ;
François Dallard, min. ;

Valeur des biens. — Les listes 312 et 313 estiment les biens à 75.656 livres; il y a parmi ces fugitifs, quatorze qui ne possèdent rien. La liste C. 313 ne les estime plus que 40.307 livres; cette liste contient cependant plus de noms que les deux autres. Cette différence provient de l'estimation des biens pour certains fugitifs; ainsi les biens de Pérols sont estimés 2.483—10—0 dans la liste C. 314; et plus de 15.000 dans les deux autres; ceux d'Escofier sont estimés 1.630 livres dans la liste C. 314, et 2.517 dans les deux autres. Les dettes passives des fugitifs de Sommières s'élèvent à la somme de 11.831—18—8. (*Arch. int.*, C. 282, 283, 284).

Liste C. 274 (1688-1698).

Sieur Julien, sa femme et son fils ;
Daniel Saurin ;
Noé Gignane et sa sœur ;
Le fils de Jacques Philip ;
Montaud ;
Jean Comte, cardeur ;
Daniel Rauret, boulanger ;
Marguerite Reyne, veuve Fontanes, et sa fille ;
Jean Cavalier, sa femme et un fils ;

Deux fils de la veuve Aubouin ;
Antoine et François Lafon ;
Une fille d'Etienne Nicol ;
Un fils de Paul Peladan ;
Nicolas Marc et sa femme ;
Vène, contrôleur, et sa sœur ;
Les filles de Pascal et d'Isabelle Perière ;
Un fils et une fille de Moïse Penchénat ;
Femme de Daniel Rozier, droguiste ;
Veuve de Pierre Portal, son fils aîné et sa femme, et un frère dudit Portal ;
Fille de Pierre Tourton ;
Fille de François Penchinat ;
Veuve de Jean Arnaud ;
Etienne Andrieu, tondeur ;

Fils de Jean Boisson, cardeur, et sa femme ;
Paran, dit le Parisien ;
Elisabeth Paul ;
Jacques Foucard ;
Un fils et deux filles d'Aubanel ;
Un fils de François Vène, cardeur ;
Pierre Volpelier et Anne, sa sœur ;
Pierre Cazalet, trois fils et une fille ;
Jean Lafont et sa femme ;
Isaac Nouet, blancher ;
Fille de Pierre Aubaret, boucher ;
Jacques Périer ;
Frère de Pierre Rosier, dit Coutelassot ;
Fils de Jean Boisson et sa femme ;

Listes C. 316 et 317 (1698-1715).

Emmanuel Aubanel ;
Jean Fages ;
Jean Jourdan ;

Jean Issoire ;
Noël Blisson ;

Sumène

Listes C. 280-281, 314, 312, 313, 274 (1685-1688).

Jean Euzière et sa femme ;
Jacques Ourtet ;
Pierre Guy ;
Moïse Aigoin ;
Pierre Balmès ;

Pierre Gaubert, marchand ;
Jean Gay, boucher ;
Pierre Escot ;
Jacques Finiels et sa femme ;

Valeur des biens. — Les listes C. 312 et 313 concordent et donnent 11.478—10—0 ; la liste 314 ne donne plus que 8.766 livres. Les dettes passives s'élèvent à la somme de 5.745—5—0. (*Arch. int.*, C. 282, 283, 284).

Listes C. 316 et 317 (1698-1715).

Labat, fils de Joseph ;
Jean et Pierre Aigoin ;
Pierre Plantier ;
Jean Ollivet ;
Jean Serres ;
Marie Couran ;

Anne et Suzon Nissolle ;
Suzanne Rouny ;
Suzon Nissole ;
Anne Teissonnières ;
Marie Balmès ;
Balmèse, femme Aigoin ;

Veuve de Jean Hébrard ;
Henri Escot ;
Planchonne ;
Marie Trouchac ;
Pierre Arboux ,
Jean Labat ;
Suzanne Roussel ;
Jeanne Combe, femme Puech ;
Mathieu Boissière ;
Marie Capion ;
Femme de Guéry ;
Femme de Saint-Paul ;
Jean Pintard ;

Jean Armand ;
Femme de Pierre Massane ;
Femme d'autre Pierre Massane ;
Femme de Jean Mouret ;
Femme de Jean Valescure :
Marie Méjean, femme Capiu ;
Femme de Roussel ;
Jean Bertrand ;
Femme et sœur d'Henri Beraud ;
Antoine Planchon ;
Jean Hubac ;
Jean Pompeirac ;
Salles ;

Toiras

Liste C. 316 (1698-1715).

Solier de Delmas ;
Etienne Euzière ;
Boudonne, femme Favet (Alais) ;

Gillette Pierredon, femme Jacques Fontanes ;
Veuve Masbernard ;

Tornac

Liste C. 316 (1698-1715).

Bernard Jalabert ;
Henri de Vallanet ;

Thomas Martin ;

Uchaud

Liste C. 314 (1685-1688).

Madeleine Plogranne ;
Etienne Ravier ;
Jean Darénes ;
Marguerite Sautéte ;

Marie Fontanes ;
Pierre Ginioux et sa femme, Marie Richard ;
Pierre Ravier vieux ;

Valeur des biens. — Ils sont estimés 20.188 livres ; Pierre Ginioux possède pour 18.020 livres. Un seul, Pierre Ravier figure aux dettes passives pour la somme de 657—3—0. (*Arch. int.*, C. 284).

Listes C. 274, 312, etc. (1688-1698).

Autre Pierre Ravier ;
André Allier ;
Jacques Boyer ;
Jean Maugnargues ;
François Aigoin, sa femme, Toinette Galtier, et enfants ;

Jean Boyer, sa femme Jeanne Dumonne et leur sœur Marie ;
Jean et Claudine Grizot ;
Marie Noguière, fille à feu Marc ;
Jacques et Madon Allègre ;
Jean et Marie Ravier ;

Listes C. 316 et 317 (1698-1715).

Jeanne Pons ;
Isaac Perin ;
Martin ;

Brunelle ;
Étienne Pons ;
Jeanne Fontanès ;

Valleraugue.

Listes C. 314, 313, 312 (1685-1688).

Jean Liron, sieur de la Bessède ;
Pierre Vivens ;

Etienne Avesque ;
Pierre Rigal ;

Valeur des biens. — Les listes 313 et 312 les estiment à la somme de 18.830 livres; Jean Liron à 12.000 livres et Vivens 6.000. La liste 314 ne les estime plus que 12.089—10—0, seul Jean Liron figure dans cette liste. Aucun d'eux ne figure aux dettes passives.

Liste C. 316 (1698-1715).

Antoine Teulon ;
Un fils de Carle de la Bessède ;
Un fils de Pierre Martin ;
Jean Coste ;
Un fils de Louis Bourguet ;
Jean Michel ;
Jacques Manuel ;
Suzanne Maistre ;
Castelviel ;

Enfants de Rouquet ;
François et Pierre Teulon ;
Femme de Méjanel ;
Deux fils de Martin Pélissier ;
Jeanne Cavalié ;
Jean Méjanel ;
Pierre et David Blain ;
Antoine Bourrier ;
Marguerite Coulet ;

Vauvert.

Listes C. 314, 274, 312, 313, etc. (1685-1688).

Jacques Bastide ;
Samuel Brunel et sa femme, Françoise Malette ;
Mathieu et Dauphine Brunel ;
Pierre Sirven ;
Isabeau Patu ;
Jeanne La Rouzière ;
David Domergue ;
Jean et Jacques Templer ;
Simon et Foucarand Méjanel ;
Etienne, Jacques et François Gras ;
Jean Tissot ;
Jeanne Roussi et quatre enfants ;

Françoise Combes et trois enfants ;
Nadal Chevalier ;
Gillette Guiraude et ses filles, Anne et Marie Bastide ;
Marie Broussonne ;
Fulcrand Gras ;
Jeanne Bruguière ;
Etienne Templer ;
Jeanne et Marie Armand ;
Pierre Gabriac ;
Simon Méjanel, femme et trois enfants ;
Jean Gasquet ;

Jacques Poitevin, femme et trois enfants ;
Jeannette Galicianne ;
Antoine et Françoise Segond ;
Adrien Poujol, femme et son fils;
Michel Noguier ;
Marie, Bernard et David Rey ;
Jean, Alexandre et Gabrielle Bruguier ;
Jean Bord ;
Jacques Fonton, apothicaire ;
Jean Barandon, femme et un fils ;
Paul Combes, femme et trois enfants ;
Etienne Barandon ;
Daniel Roman ;
Jacques Palhié et sa sœur ;
Guillaume Prieuret (Saint-Gilles) ;
David Martin ;
Abrenothée (Caylar) ;
Louise Duponne et son fils Philippe-Paul ;
Jacques Roubaud ;
Jeanne Bonnière (Calvisson) ;
Jeanne Roux, veuve Claude Lermet et trois enfants ;

Valeur des biens. — Les listes 312 et 313 ne donnent qu'un fugitif : Paul Combes dont les biens valent 1.600 livres ; d'après la liste 314, ses biens ne valent que 1.215 livres. La liste 314 estime ces biens à 17.766—10—0. Les dettes passives s'élèvent à la somme de 1999—11—4. (*Arch. int.*, C. 284).

Liste C. 312 (1688-1698).

Roland Bruguier ;
Louis Prieuret ;
Alexandre Giberne ;
Marc Tissot ;
Jacques, Madeleine et Marie Brunel ;
Louise Privade ;
Etienne Méjanel ;
Veuve Etienne Guyon et trois enfants ;
Guillaume Vignerol ;
Pierre Farinière fils ;
Françoise Gilles, veuve Devic ;
François et Louise Brunel ;
Isabeau Foulonne, veuve Brunel ;
Jean et Paul Philibert ;
Jacques Mourgues et sa femme, Marie Brunelle (Massillargues) ;
Alexandre, Pierre et Madeleine Brunel ;
Antoine, Jean et Jeanne Gautier ;
Pierre Gautier et sa femme, Jeanne Ponge ;
Marguerite Reboule ;
Etienne Brunel, fils de Guillaume ;

Liste C. 316. (1698-1715).

Isaac Patu ;
Jeanne Pons ;
Jeanne et Henri Devic ;
Bernard Brousson ;
Fulcrand Paul ;
Jean Galissian ;
Jacques Reboul ;
Fossac ;
Pierre et André Bastide ;
Pierre André ;
Suzanne Amabrie ;
Claude Brunel ;
Antoine et Guillaume Gasquet ;
Jacques Fontanés ;
Volpelière ;
Jacques Brun ;
Jacques Bastié ;
Jacques Rambaud ;

Vergèze (voir aussi Coudougnom et Aubussargues).

Listes C. 314, 274, 312 (1685-1688).

Daniel Reboul ;
Jean Vigne et sa femme ;
Suzanne et Mathieu Cabanon ;
François Audemard et sa sœur ;

Claude Fauguière ;
Marc-Antoine Salvi, sieur de Bruneton et trois enfants ;

Valeur des biens. — Ils sont estimés 5.957—10—0. Les dettes passives s'élèvent à 3.768 livres, toutes au nom du sieur de Bruneton dont les biens sont estimés 305 livres. (*Arch. int.*, C. 283 et 284)

Liste C. 312 (1688-1698).

Guillaume Cabanes et sa femme ;
Marguerite et Marie Suriane ;
Jean et Madeleine Gautier ;
Isaac, André, Jean et Suzanne Pignan ;
Henri, Jean et Pierre Pignan ;
Jean et Charles Martin ;
Louise et Catin Davine ;

Anne, Madeleine et Judith Peironnelle ;
Guillaume Gaufres ;
Henri Bonneton ;
Pierre et Marie Carrière ;
Joseph Vigne et sa femme, Marguerite Davine ;

Liste C. 316 (1698-1715).

Françoise Perrin ;
François, Boni et Pierre Audemard ;
Jean et Madeleine Gaufres ;
Diane Aigoin, veuve Jean Fabre ;
Marie et Jean Pigitan ;

Jean Aigoin ;
Roland Gleize ;
Guillaume Vignerol (Vauvert) ;
Guillaume Prieuret (St-Gilles) ;
Guillaume Gasquet (Vauvert) ;

Vestric.

Listes C. 314, 313, 312, 274 (1685-1688).

Henri de Mirman, sieur de Vestric ;

Jean Martin ;
Vestric de Favier ;

Valeur des biens. — Les listes 312 et 313 ne portent qu'un nom : Vestric-Favier dont les biens, d'un revenu de 2.000 livres, sont estimés 60.000 livres. Ces mêmes biens ne valent plus que 30.000 livres dans la liste 314. Henri de Mirman qui figure déjà dans la liste de Nîmes, figure ici (liste 314), pour 16.000 livres, Jean Martin pour 3.429. Vestric-Favier figure seul aux dettes passives sous cette rubrique pour 3.537 livres. (*Arch. int.*, C. 282).

Liste C. 316.

Pierre Ravier, fils.

Vézenobre.

Listes 314 et 274 (1683-1688).

Jacques de Giraud, sieur du Pont. Ses biens sont estimés 2977 livres il figure aux dettes passives pour 5.840 livres. (*Arch. int.*, C. 282 et 283).

Le Vigan.

Listes 280-281, 314, 312, 313 etc. (1683-1688).

Cinq enfants de Jacques Aguze ;
Pierre Bardel ;
François de la Cour, sieur de la Gardiolle ;
Jean Desmonts ;
Josué Rossel, min. ;
Pierre Ricard ;
Hoirs de Maistre ;
Noble Jacques de Fouquet ;
Noble Jean de Lautal, sieur du Périer ;
Pierre Durand, bachelier ;
Etienne Vallat, notaire ;
Gabriel Aubac ;
François Faventines ;
Jean, Lévy et Théodore Lautal frères ;
Isaac Combes ;
Paul Arnaud ;
Jacques et Pierre Roussi ;
Pierre Aigoin ;
Roland Angély ;
Jean Peirenc, hôte ;

Valeur des biens. — Les listes 312 et 313 les estiment à 12.716 livres. La liste C. 314 les estime 16.294 livres. Les dettes passives s'élèvent à la somme de 25.958—10—6. (*Arch. int.*, C. 282, 283 et 284). Sur cette somme, Jean de Lautal doit 14.600 livres, et ses biens sont estimés 5.700 livres dans la liste C. 314.

Liste C. 274 (1688-1698).

David La Valette ;
Deux enfants du sr de Marcou ;
Un fils de M. de Lagarde ;
Le sieur de Villemèjane et deux frères ;
La demoiselle de Vincent ;
Le sieur Guiraud ;
Marguerite Villard ;
Le sieur de St-Julien, sieur de l'Estang ;

Listes C. 316 et 317 (1698-1715).

Etienne Dée ;
Femme de Jean Vivens ;
Pierre Flottard ;
Pierre Baumier ;
Relhe ;
Dalas ;
Veuve de Lafabrègue ;
Catherine De Lapierre, veuve Bertrand ;
Jacques Puechmary ;
Pierre Lèques ;

Études sur la Révocation de l'Édit de Nantes.

Villevieille (voir Sommières).

Listes C. 314, 274 (1685-1688).

Enfants de Pierre Nicol ;
Isaac Martin et sa mère, Suzanne Gaucoute ;
Jean Delong et sa mère, Jeanne Barberousse ;

Valeur des biens. — La liste 314 porte ces trois noms et donne l'estimation de leurs biens à Villevieille ; ils valent 846 livres.

Listes C. 312, 274 (1688-1698).

Jean Figuier ;
Marguerite Philip ;
Salomon et Pierre Gaussen ;
David Delon ;

§ VI.

DIOCÈSE D'UZÈS.

Uzès.

Listes C. 312, 315, 274, 282, etc... (1685-1688).

Pierre et Jean Bulliot ;
Jean Sacirère ;
Louis Boucarut ;
Daniel Barlatier ;
Louis Roussel et Gabrielle Goudin ;
Simon de Raynaud, sieur Dumont ;
Pierre Vignes, marchand ;
Louis Chapelier, praticien ;
Daniel Borie ;
Jean Lautier, marchand, femme et enfant ;
Jacques Thérond, marchand ;
Jean Coulan, marchand ;
D^{lle} Dorothée de Mercier ;
Jean Reboul, facturier ;
Jean Pommier, marchand ;
Israël Grivel ;
De Foissac fils ;
Jacques Blanchut, bourgeois ;
M^{rs} de St-Jean de Seirargues ;
Françoise Dieude, Vve Laurens ;
Honoré Courrand ;
Jean Folcher, Sr de Montarem ;
Rolland Angely ;
Jean Meynier ;
Firmin Abauzit ;
Berthezène ;
David Danger, femme et enfants ;
Pierre Balmier ;
Étienne Balmier ;
Pierre Toulouse ;
Delorme ;
Louis et Jean Poujoulas frères ;
Michel Larnac, avocat ;
Isaac Sauvage ;
Rochevable ;
Demoiselle Manuelle ;
Jeanne Béguine, veuve Balmès ;
Firmin Balmier, cardeur ;
Antoine Fesquet, cardeur ;
Pierre Chamaud, chapelier ;
Pierre Ginioux, serrurier ;
Anne Blanque, hôtesse ;
Ripas, cardeur (inconnu) ;

Jean Marcher, hôte ;
Pierre Fontanès, peigneur ;
Gardies et sa sœur Catin ;
Antoine et Isabeau Lautier ;
Etienne Balmier (pas sorti) ;

Louis Rousset, capitaine ;
Jean Therond ;
Pierre Durand ;
Jacques Seguin ;

Valeur des biens. — J'ai donné plus haut et en bloc les dettes actives des fugitifs des diocèses de Nîmes-Alais et d'Uzès.

L'estimation des biens des fugitifs du diocèse d'Uzès se trouve dans deux liasses : les liasses 312 et 315 ; celle-ci, la dernière composée, correspond à la liasse 314 pour le diocèse de Nîmes, et a dû être faite en 1688 au moment du bail d'Audiffret.

Les biens des fugitifs de la ville d'Uzès s'élèvent à 130.520 livres d'après la liasse 312 ; à 69.424 livres d'après la liasse 315. Voici d'où provient cette différence. La liasse 315 ne donne que la valeur des biens possédés dans la paroisse d'Uzès, et ajoute en marge, à côté de certains noms, ce que ces fugitifs possédaient ailleurs. Ces biens possédés ailleurs s'élèvent à la somme de 98.620 livres ; ainsi Jean Folcher possède pour 23.750 livres à Montarem et Saint-Firmin ; David Danger qui ne possède que 420 livres à Uzès en possède pour 30.000 à Saint-Ecnies, Sauzet, etc. ; Michel Larnac en possède pour 600 à Uzès et 10.200 à Montarem ; Louis Rousset, capitaine, a des biens à Uzès pour 2.755 livres et 10.300 à Saint-Firmin.

Les dettes passives des fugitifs d'Uzès s'élèvent à 14.316—17—6. Ce chiffre ne représente pas la totalité des sommes réclamées ; il y a en effet opposition sur les biens de Daniel Berlatier, sur la moitié de ceux de Louis Rousset, et plusieurs autres dettes (rentes, censives, etc.) qui sont réclamées à ces fugitifs. (*Arch. int.*, C. 282, 283, 284).

Listes C. 274, 298 (1688-1698).

Marguerite Agniel ;
Jean Molery ;
Louis Levieux ;
Jean Ravanel, sa femme et ses enfants ;
David Coulan, sa femme et deux enfants ;

David Froment ;
Louis Béranger et sa femme ;
Dame Rose de Boileau, femme de Peirotat, et trois filles ;
Jean et Louis Ravanel frères ;
Catin Pujolasse, veuve Ducroil, min. ;

Madon Vigne ;
Antoine de Boileau et Demoiselle Catin Pujolasse, sa femme ;
Jean Espérandieu ;
Deux filles et deux fils de la D^lle Dulac, (mère revenue) ;
Jean Carreiron ;
Jean Pagan, chirurgien, et son beau-fils, Jean Mascut ;
Pierre, Etienne, Salomon et Louise Balmier, frères et sœur ;
Un fils et deux filles de la veuve de Coudougnan ;
Malzac et ses deux fils ;
Jacques Manuel ;
Femme et fils de Jacques Peironenc ;
Fille de Pierre Barhanson ;
Trois frères Pujolasse, fils de feu André, apothicaire.

Listes C. 316 et 317 (1698-1715).

Jean Fesquet ;
Jean Bringuier ;
Pierre et Jean Pourtalès ;
Christophe et Jean Bernard ;
Jean Reboul ;
André Simon ;
Zacharie Capieu ;
Jean Cammal ;
Simonne Rousse ;
Suzon Hugues ;
Diane de Perotat et ses enfants ;
Jean et Israël Laurent ;
Antoine Thomas ;
Claude Donzel ;
Etienne et Jean Flottiers ;
Noël Brugias ;
Pierre Rossière ;
Barthélemy Malecombe ;

Aigaliers.

Guillaume Sorbière (*Arch. int.*, C. 316).

Arpaillargues.

La liasse 312 place sous cette rubrique noble Charles de Barjac, seigneur de Rochegude, dont les biens sont estimés 35.000 livres. La liasse 315 le fait figurer sous la rubrique de Rochegude ; les biens ne valent plus que 21.675 livres. Dans les liasses 282, 283, 284, le fils figure à côté du père ; on leur réclame 11.949—6—0. Sous la rubrique de Saint-Sauveur de Pourcil, diocèse de Nîmes, figure un autre noble... Barjac, seigneur de Cadenoux ; on lui réclame 90 livres.

Listes C. 316 et 317 (1698-1715).

Antoine et Jean Folcher ;
Jean Saint-Martin ;
Pierre Nicolas ;
Marie Pong°, veuve Nicolas ;

Aubussargues.

Listes C. 315 et 312 (1685-1688).

Jean de Vergèze, seigneur d'Aubussargues, femme et 2 enfants ;
Jean de Lacroix ;
Demoiselle de Mercier ;

Valeur des biens. — L'estimation des biens ne se trouve que dans la liasse 315; ils sont estimés 21,191—10—0. Jean de Vergèze figure dans cette somme pour 19.497—10—0.

Aucun de ces noms ne figure aux dettes passives sous cette rubrique.

Listes C. 316 et 317 (1698-1715).

Philippe Noet ;
Louise Nouet ;
Pierre Carrière ;
Antoine Hubac ;

Bagnols.

Listes C. 315, 282, etc. (1685-1688).

André Vedel ;
Pierre Vedel ;
Suzanne Boucoiranne ;
Lucrèce de Perotat, veuve Portal ;
Hoirs de Guillaume Vedis, marchand ;
Etienne Saint-Etienne ;

Valeur des biens. — Les biens sont estimés 3.280 livres. (Arch. int., C. 315). Les dettes passives s'élèvent à la somme de 2.721—13—0. (Arch. int., C. 282, 283, 284).

Blauzac.

Liste C. 312 (1685-1688).

Catherine de Moynier, femme Durbaud ;
David Noguier ;
Durand Roux ;

Valeur des biens. — Ils sont estimés 31.200 livres, dont 30.000 à Catherine de Moynier. Aucun de ces noms ne figure aux dettes passives.

Listes C. 316 et 317 (1798-1715).

Pierre Hugues ;
Jean et Pierre Plagnol ;
Antoine Goiran ;
Marguerite Dumas ;
Pierre Massot ;
Marie Goiran ;
Louise Rouzière ;
Pierre Picard ;

Bouquet.

Listes C. 315 et 274 (1685-1688).

Paul et Jean Bouet ;
Simon Saussines ;
Jean et Jeanne Sauvet ;

Valeur des biens. — Ils sont estimés 475 livres. Aucun ne figure aux dettes actives.

Liste C. 274 (1688-1698).

Isabeau Bourguette et Jacques Gueidan.

Liste C. 316 (1698-1715).

Isabeau Marazel.

Bourdiguet.

Daniel Soulas. (*Arch. int.*, C. 316).

Canes.

Louis Massip (*Arch. int.*, C. 315, 1685-1688). Les biens valent 761 livres; il ne figure pas aux dettes passives.

Castagnols.

Listes C. 315, 312, 282, etc. (1685-1688).

Sieur Bertrand et sa famille ;
Sieur de la Fabrégue ;
Veuve Pin ;
André Jourdan ;
Antoine et Hercule Vigne ;
David Pascal ;

Jean Nicolas ;
Henri Coste et sa famille ;
Moïse Folcher et sa famille ;
Jean Durand ;
Antoine Durand ;

Valeur des biens. — D'après la liasse 312 les biens valent 24.500 livres, et 775 seulement d'après la liasse 315. Cette dernière ne contient que deux noms. Trois figurent aux dettes passives pour 1.178—17—6; à Moïse Folcher seul on réclame 1.141—10—0, plus deux ou trois terres. (*Arch. int.*, C. 282, 283, 284).

Castelnau.

Listes C. 316 et 317 (1698-1715).

Noble Jacques de Boileau, sieur de Castelnau;
Claude Daniel ;
Jean Crespin ;
Jean Allier ;

Guillaume Audoyer ;
Fenouillet ;
Louis Coudere ;
Marguerite Salles ;

Cendras.

Liste C. 316 (1698-1715).

Marie Bernard, femme Richard; Suzon Bruguière.

Chàmbonas.

Liste C. 315 (1685-1688).

François et Suzanne Felettes; Jacques Romieu et sa femme Marguerite Rivière.

Valeur des biens. — Estimés à 790 livres; dettes passives : néant.

Chamborigaud.

Listes C. 312, 282, etc., (1685-1688).

Sieur de Laubaret; Jean Faric et sa femme.

Valeur des biens. — Les biens du premier sont estimés 10.000 livres (*Arch. int.*, C. 312); le second, dont la femme s'appelle Esther de Leyris, a tous ses biens saisis et en plus on lui réclame 2.000 livres. (*Arch. int.*, C. 284).

Liste C. 316 (1698-1715).

Pierre de Leiris.

Colorgues.

Listes C. 312 et 315 (1685-1688).

Jacques Pasquier; Daniel Le Sanier et sa femme,
Catherine Barbassude; Jaquette Soulière;

Valeur des biens. — La liste 312 ne donne que Daniel le Sanier; ses biens valent 500 livres, et 330 seulement dans la liste 315. La liste C. 315 estime les biens à la somme de 1.020—10—0. Aucun de ces noms ne figure aux dettes passives.

Listes C. 316 et 317 (1698-1715).

Pierre et Jean Lantenes; Suzanne Montels;
Louis Nègre :

Combas.

Listes C. 315, 282, etc., (1685-1688).

Jean Domergue; Pierre Souviradel;
Etienne Servière; Louis Jausserand;

Valeur des biens. — Les biens sont estimés 1.027—10—0. Louis Jausserand figure seul aux dettes passives pour la somme de 104 livres. (*Arch. int.*, C. 282, 283, 284).

Concoulès.

Liste C. 315 (1685-1688).

Pierre Foissy et Gilles Foissy.

Valeur des biens. — Ils sont estimés 3.000 livres. Les dettes passives s'élèvent seulement à 50 livres.

Dions.

Listes C. 316 et 317 (1698-1715).

Gabriel Audemard ;
Jacques Rebufat ;
Tristan et Antoine Audemard ;
François Rouvière ;
Louis Privat ;

Jacques Audemard ;
Pierre Valerouse ;
Pierre Langlade ;
Pierre Dieulafesc ;

Domessargues.

Liste C. 315 (1685-1688).

Marie Hugue, femme Deleuze ;
Antoine Gausseu ;
Françoise Guisotte ;

Antoine Aubelin ;
Marguerite Trousselle ;

Valeur des biens. — Ils sont estimés 851 livres ; aucun de ces fugitifs ne figure aux dettes passives.

Foissac.

Etienne Olive (*Arch. int.*, C. 315). Ses biens sont estimés 242 livres. Dettes passives : néant.

Fons.

Jean Fabre et Gilles Dufesc (*Arch. int.*, C. 315) ; leurs biens valent 686—10—0 ; leurs dettes s'élèvent à la somme de 296 livres. (*Arch. int.*, C. 283).

Claude Nouvel (*Arch. int.*, C. 316).

Fontarèche.

Jean Bernard (*Arch. int.*, C. 316).

Fossargues.

Etienne et Jacques Garel ; Antoine Peyre (*Arch. int.*, C. 316).

Gajanes.

Jean Roque et sa femme (*Arch. int.*, C. 312, 315, 274). Ses biens sont estimés 500 livres dans la liasse 312 et 47 seulement dans la liasse 315. Dettes passives : néant.

Garrigues.

Jean Bernard et Pierre Martin. (*Arch. int.*, C. 315 et 274). Leurs biens sont estimés 189—10—0. Dettes passives : néant.

Genolhac et Sénechas.

Antoine de L'eiris, sieur du Périer. Je n'ai trouvé ce nom qu'aux dettes passives ; on lui réclame 11.250—4—3, sans préjudice d'autres dettes (*Arch. int.*, C. 282, 283, 284).

Liste C. 269 (1688-1698).

Jean Laurens et André Foussat.

Labastide-d'Engras.

Raby, min. (*Arch. int.*, C. 315, 274). Les biens sont estimés 1650 livres.

La Calmette.

Listes C. 315 et 274 (1685-1688).

François Ollier ;
Antoine Richard ;
Bonnelly, médecin ;
Jacques Verdier ;
Jacques Rouergas ;
Louis Clément ;

Valeur des biens. — Les biens sont estimés 1.386 livres. Dans la liste C. 271 ces fugitifs sont placés sous la rubrique de Saint-Chapte avec cette mention : inconnus.

Listes C. 316 et 317 (1698-1715).

Claude Bonnet ;
Madeleine Martin ;
Jean Rouquette ;
Bruguière ;
Mathieu Victor ;
Jeanne et Charlotte Commère ;
Dauphine Galafres, femme André Boucher ;
Madeleine Amalric ;
Louis Richard ;
Jacques Ollier ;
Marie et Dauphine Laurens ;

La Rouvière.

Listes C. 316 et 317 (1698-1715).

Marguerite et Jacques Troussel ; François Alliés ;
Paul Ducros ; Antoine et Jacques Roques ;
André Loubier ;

Lascours.

François, Jean et Etienne Cavaleris; Antoine Batte (*Arch. int.*, C. 316).

Lussan.

Suzanne Blachère; Théophile Gide et Esther Arnal (*Arch. int.*, C. 316).

Malaigue.

Laurent Ravanel et Isabeau Ollivière (*Arch. int.*, C. 316).

Martignargues.

Enfants d'Altairac (*Arch. int.*, C. 315). Leurs biens sont estimés 1.386 livres. Point de dettes passives.

Montaren.

Noël Brugias (Uzès); Jacques Rouvière et Louis Nougaret (*Arch. int.*, C. 316).

Monteils.

Jean Soleyrol (*Arch. int.*, C. 315). Ses biens sont estimés 1.837—10—0; les dettes passives s'élèvent à la somme de 710 livres (*Arch. int.*, C. 284).

Liste C. 316 (1698-1715).

Louis Couderc et Adam Dumas.

Moussac.

Listes C. 312 et 315 (1685-1688).

Pierre Boucoiran, dont les biens valent 1.636 livres; Samuel Dalairac, dont les biens valent 23 livres; et Abram Boyer, dont les biens sont estimés 150 livres.

Jacques Jonquet et Isabeau Rouvière (*Arch. int.*, C. 316 et 317).

Nauzière.

Suzanne Nauzière (*Arch. int.*, C. 316).

Navacelle.

Bousiges, dont les biens valent 46 livres; Marguerite Aguinasse, dont les biens valent 528 livres (*Arch. int.*, C. 315.) Paul Guiraud (*Arch. int.*, C. 316).

Ners.

Marie Périer, veuve Fulerand Etienne; ses biens sont estimés 1.876 livres (*Arch. int.*, C. 315); elle laisse une dette de 130 livres (*Arch. int.*, C. 283).

Peyremale.

François Tarque (*Arch. int.*, C. 316).

Rochegude.

Marquis de Rochegude (voir plus haut : Arpaillargues); Isaac et Simon Chabrier (*Arch. int.*, C. 316).

St-Ambroix.

Listes C. 312 et 315 (1685-1688).

André Delbosc ;
Balthasar et Daniel Mathieu ;
Samuel Petit ;
Suzanne Coudergue ;
Jean Mathieu, dit la Crespine ;
Antoine et Jacques Domergue ;
André Guiraud, cardeur ;
Madeleine et Anne Troubade ;
Suzanne Crégude ;

François Clément ;
Jacques Imbert ;
Pierre Arnal ;
Dame de Prades Vignoles ;
Etienne Brousse ;
Isaac Roussel ;
Simon Galhard ;
Olivier Domergue ;
Jean et Simon Bousiges ;

Valeur des biens. — La liste 312 ne contient que quatre noms : les biens de ces quatre fugitifs sont estimés 6.560 livres. D'après la liste 315, les biens valent 10.075 livres. Les dettes passives s'élevant à 3.159—11—9 (*Arch. int.*, C. 282, 283, 284).

Liste C. 316 (1698-1715).

Griolet et Jean Meynier.

St-Brès.

Liste C. 315 (1685-1688).

Etienne Gadille ;
Jean Pressan ;

Marie Ginoyer ;
Femme de Jean Dalveras ;

Valeur des biens. — Les biens sont estimés 726 livres. Dettes passives : néant.

St-Césaire-de-Gauzignargues.

Jean Barbusse ; ses biens valent 919 livres (*Arch. int.*, C. 315). Les créanciers lui réclament 1.000 livres (*Arch. int.*, C. 283 et 284).

St-Chapte.

Listes C. 312, 315, 274 (1685-1688).

Jacques Brueys ;
Jean Fesquet ;
Paul Galapes ;

Catherine Pougette, veuve Ricome ;
Marie Durand ;

Valeur des biens. — La liste 312 les estime 2.450 livres ; la liste 315, 2.818 livres. Les dettes passives s'élèvent à la somme de 272—1—9. (*Arch. int.*, 282 et 284).

Listes C. 316 et 317 (1698-1715).

Victor Mathieu ;
Françoise Fabre, veuve Jonquières ;
Louise Galapes, femme Boucher ;
Jacques Galapes ;

Jacques Laurens ;
André Besson ;
Pierre François ;
Jacques Mathieu ;

St-Dézéry.

Listes C. 312, 315, 274 (1685-1688).

Nicolas Fantaniew et Denis France ; les biens du premier valent 50 livres ; ceux du second 602 livres. Celui-ci laisse une dette de 100 livres (*Arch. int.*, C. 284).

Liste C. 274 (1688-1699).

Jeanne Simonne ; Etienne Béchard ; Suzanne Brueysse.

St-Géniés.

Listes C. 315 et 274 (1685-1688).

Jean Fauchier, min. ;
Jacques Gibaud ;
Jean Ternon ;
Louis Maigre ;
Claude Richard, droguiste ;

Pierre Bastide ;
Etienne Dombres ;
Samuel Rouvier et sa femme, Françoise Lautier ;

Valeur des biens. — Estimés 5.091 livres.

Liste 274 (1688-1698).

Galafres, sa femme et son fils (celui-ci, de retour).

Listes C. 316 et 317 (1698-1715).

Pierre et Antoine Guizot ;
Jean et Thomas Mante ;
Marguerite Ducros ;
Jean Crouzet ;
Enfants de Marie Arnante ;
Jeanne...... (sic) ;

St-Hippolyte-de-Caton.

Listes C. 316 et 317 (1698-1715).

Israël et Paul Jalabert ;
Jacques Ribot ;
Antoine et Jean Jullian ;
Douce Jalabert ;

St-Jean-de-Maruejols.

Jacques Vincent ; ses biens valent 125 livres (*Arch. int.*, C. 315).

St-Jean-de-Sérargues.

Théophile de Froment, seigneur de Saint-Jean, dont les biens sont estimés à 4.183—10—0 ; Jacques de Vergèze, seigneur d'Aubussargues qui possède à Saint-Jean des biens valant 2.736 livres (*Arch. int.*, C. 315). Noble de Froment laisse pour 10.115—8—0 de dettes, non compris certains droits de lods et censives et la part d'héritage (*Arch. int.*, C. 282, 283, 284).

St-Laurent-de-la-Vernède.

Isaac Guérin ; les biens valent 868 livres (*Arch. int.*, C. 315) ; ses dettes s'élèvent à 274—5—0 (*Arch. int.*, C. 282).
Pierre Diziers (*Arch. int.*, C. 316 et 317).

St-Maurice-de-Casevielle.

Listes C. 312 et 315 (1685-1688).

Pierre Puech ;
Guillaume Dumas ;
Esther Coustonne, femme Rey (Nîmes) ;

Valeur des biens. — La liste 315 les estime 284 livres ; sur la liste 312 ne figure que Pierre Puech ; ses biens sont estimés 900, et 198 seulement dans la liste 315.

Jean et Charles Evesque (*Arch. int.*, C. 274, 1688-1698).

St-Maurice-de-Ventalon.

Listes C. 312, 282, etc. (1685-1688).

Pierre Falgueirolles ;
Guillaume Viale ;
Daniel Roux ;
Elie Blanc ;

Valeur des biens. — Les biens sont estimés 6,100 livres. Elie Blanc ne figure qu'aux dettes. On lui réclame 80 livres et 20 cartes de blé (*Arch. int.*, C. 284).

St-Quentin.

Sous la rubrique de Saint-Quentin figure, aux dettes passives (*Arch. int.*, C. 282), Jean Poujoulas, fugitif d'Uzès ; on lui réclame une somme de 2267—11—8.

St-Théodorite-de-Géneran.

Liste C. 315 (1685-1688).

Jean Tondon, min., et sa femme ;
Antoine Quissac ;
Simon Gros ;
Louise de Noir, veuve Lauze ;

Valeur des biens. — Estimés 4.268—10—0, dont 3.838—10—0 à Jean Taudon. Les dettes passives s'élèvent à la somme de 1.326—5—0.

Stes-Ouilles.

Alexandre Daire (*Arch. int.*, C. 316 et 317).

Sauzet.

Liste C. 315 (1685-1688).

David Danger (Uzès) ;
Pierre Bonnaud ;
Laurens Laulier ;

Valeur des biens. — Ils sont estimés 22.177 livres, dont 20.742 à David Danger.

Jean Bernard (*Arch. int.*, C. 316).

Savignargues.

Paul Montet (*Arch. int.*, C. 316).

Sénechas (voir Genolhac).

Senillac.

Liste C. 315 (1685-1688).

Jean Roux, procureur au Parlement;
Antoine d'Aunarés;
Charles Reynaud;
Jacques Sorbier;

Valeur des biens. — Ils sont estimés 5.723 livres.

Tarau.

François Merle (*Arch. int.*, C. 316).

Valeirargues.

Antoine Vincent et François Abeille. Les biens sont estimés 976 livres (*Arch. int.*, C. 315).

Vans (les).

Listes C. 312 et 315 (1685-1688).

Noël Bournel et sa femme;
Noël Dupuy;
Jean Granier et sa femme, Valade;
Jean Domergue;
Raujan, min., et sa femme,
Antoine Coste et sa femme;
Paul Violet;
Jean Baille;
Jean Dupuy;
Guillaume Roche;
Jacques Folcher;
Jean Galet;

Valeur des biens. — La liste 312 les estime 5.500 livres; la liste 315, seulement 980 livres.

Liste C. 316 (1698-1715).

André Fornier;
Jean Moinier;
Catherine Folcher, femme Dupuy;

Villefort.

Marguerite Blancher, femme Guy : ses biens valent 200 livres (*Arch. int.*, C. 312).

§ VII

VIVARAIS.

Je réunis sous ce titre les paroisses qui formaient l'ancien diocèse de Viviers, et celles qui, situées en Languedoc, faisaient partie des anciens diocèses de Vienne et de Valence.

Les listes qui se trouvent dans la liasse 309, ont été composées en 1688 ; il y en a deux, l'une donnant le revenu des biens ; l'autre donnant la valeur, je ne citerai que cette dernière. La liste 274 a été composée en 1698, et les listes 316 et 317, de 1698 à 1715. Pour me conformer aussi aux listes, je donnerai le nom du hameau, et non pas toujours le nom de la paroisse ; je n'ai pas trouvé les dettes actives des fugitifs du Vivarais.

Adjou.

Jeanne Rouvières ; Anne Charrier (Bleizac) (*Arch. int.*, C. 309 ; 1685-1688). Biens estimés 1.850 livres (*Arch. int.*, C. 309).

Alissas.

Louis Authardet et Anne Moulin, sa femme ; biens estimés 650 livres (*Arch. int.*, C. 309, 1685-1688).

Louis Auger ; Pierre Marze et Judith Borie, sa femme (*Arch. int.*, C. 274, 1688-1698).

Le sieur du Bénéfice (*Arch. int.*, C. 316, 1698-1715).

Annonay.

Liste C. 309 (1685-1688).

Marie de Veneyt, veuve Bourget ;
Alexandre Laurens et sa femme, Marguerite de Veneyt ;
Gédéon et Isabeau Léorat ;
Christophe Plan et Rignol, sa femme ;
Alexandre de Veneyt, min. et son frère Pierre, avocat ;
Jean-André Laurens et Marie Lacou, sa sœur de mère ;
Isaac Lacou ;
Paul Menestier et Jeanne Freisse, sa femme ;
Achille Chouvenc ;
André Paret, sa femme, et leur fils Pierre ;
Jean Jacques Chastaing et sa femme, Marie Baron ;
Moïse Aubaud et sa femme, Peironnette Montellin ;
Jeanne Blache et ses fils, Claire et Alexandre Pascal ;
Mathieu Parayt et sa femme Esther Jeannot ;
Jean-Antoine et Paul de Fournier ;
Jean-Pierre Lambert et Madeleine de Tournier, sa femme ;
Barthélemy Montillon et sa femme, Marie Chomel ;
Jean Rançon ;
Joachim Gailhard et sa femme, Esther de Paparel ;
Louis et Simon Lambert ;
Marie Jeannot ;
Antoine Baron (de retour) ;
Suzanne Moynier ;
Louis Veyre et sa femme, Madeleine Albert (de retour) ;
Marie Rignol et sa fille Marie Gloray ;

Antoine Maniguet ;
Mathieu Albert ;
Nicolas Marcha et sa femme, Suzon Fauzet ;
Vincent Coste ;
Pierre Chabanes et Marguerite Fraisse, sa femme ;
Claudine Lacou ;
Pierre Cregut et Lucrèce de Sautel, sa femme ;
Mathieu Gloray, et sa femme Pierre Freisse ;
Marie Laurens, veuve Léorat ;
Pierre Bouissonnet ;
Sébastien Montelin ;
Antoine et Jean Laurent ;
François Lambert ;
Madeleine Chomel, femme Pierre Tourton, (Beaulieu) ;

Valeur des biens. — Les biens sont estimés 94.473—17—0 (*Arch. int.*, C. 309). Les dettes passives de ces fugitifs s'élèvent à la somme de 5.051—6—6 (*Arch. int.*, C. 282, 283, 284).

Liste C. 274 (1688-1698).

Jean-Pierre Demeure : (pas sorti, est à Lyon) ;
Paul Perrin ;
Antoine Manequin ;

Listes C. 316 et 317 (1698-1715).

Achille Peirotier ;
Jeanne Jeannot, veuve Léorat ;
Félicie Peyen ;
Françoise Lacou ;
Jean Richard ;
Pierre Jeannot ;
André Lombard ;
Jean Léorat ;
Jeanne Alléon ;
Pierre Girard ;
Marguerite Sauvage ;
Jeanne Aurelle ;
Jonchier ;

Aubenas.

Liste C. 309 (1685-1698).

Jacques Barthelemy ;
Noble Ch. de Vignoles, sieur de Prades, et sa femme, Marguerite Roure ;
André Bourjas ;
Jeanne Montrond, veuve Alméras ;
Jacques Reynet ;

Valeur des biens. — Les biens sont estimés 23.100 livres. Un seul d'entre eux figure aux dettes passives, André Bourjas pour 100 livres (*Arch. int.*, C. 284).

Bais.

Liste C. 274 (1688-1698).

Jacques Eustachy ;
Louis Marcy
Jacques Borel ;
Paul Jourdan ;
Antoine Mondon ;
Joannes Menut ;

Liste C. 316 et 317 (1698-1715).

Antoine Vincent ;
Jean Chabaud ;
Gabriel Sauvage ;
François Mesuret ;
Jean Moiran ;

Pierre Rouvière ;
Madeleine Eustache ;
Dauphine Besset ;
Jeanne Aliberte ;
Marguerite Vassal ;

La liste des non-valeurs (*Arch. int.*, C. 316) n'est pas complète pour Bais : l'original ne porte que sept noms, après lesquels on lit : etc...

Barbeirac.

Gleisolle (*Arch. int.*, C. 316).

Beauchâtel.

Listes C. 309 et 274 (1685-1688).

Pierre Saurin ; Justine Gros. Leurs biens sont estimés 7.870 livres (*Arch. int.*, C. 309). Dettes passives : néant.

Veuve de Joseph Chabanet (*Arch. int.*, C. 238, 1688-1698).

Beaulieu (près Annonay).

Liste C. 309 (1685-1688).

Paul et Suzanne Thomé ;
Jean, Madeleine et Marie Chomel ;

Madeleine Chomel, f^{me} Tourton ;
Paul Tourton et sa femme, Madeleine Thomé ;

Valeur des biens. — Les biens des fugitifs, inscrits sous cette rubrique — voir aussi Annonay — s'élèvent à la somme de 7.600 livres. Un seul, Paul Tourton, figure aux dettes passives pour 518—13—0 (*Arch. int.*, C. 284).

Mouraud (*Arch. int.*, C. 316) marqué aussi à Tournai.

Boffre.

Listes C. 309, 274 (1685-1688).

J. J. Muant, dit Poujade ; Judith Blanc, femme Challon.

Valeur des biens. — Les biens de Muant sont estimés 15.000 livres ; ceux de Judith Blanc, 4.000 (*Arch. int.*, C. 309).

Liste C. 298 (1688-1698).

Reboul, s^r du Claux de Chabert ;
Pierre Fany (du Foriol) ;

Bernard ;
Pierre Fauries ;

Listes C. 316 et 317 (1698-1715).

Eléonore Biquet ; Louis Fauries ;
Jacques Duplantier ;

Chabre.

Judith Pratneuf (*Arch. int.*, C. 309).

Chalançon.

Listes C. 309, 274, 282 etc., (1685-1688).

Jean-Jacques Merle ; Catherine Filhol, veuve N. Merle ;
Simon, Judith et Jeanne Martin ; Théophile Blanc, min. ;
Jean Noyret ;

Valeur des biens. — Les biens des trois premiers sont estimés 4.300 livres (*Arch. int.*, C. 309). Les deux derniers ne figurent qu'aux dettes passives pour 1.428—16—0 (*Arch. int.*, C. 282, 283, 284).

Claude Chalaière, veuve Lauréol (*Arch. int.*, C. 274, 1688-1698).

Liste C. 316 (1698-1715).

Pierre Basvenil ; David Catalan ;
Anne Verdaie ;

Chambon, paroisse de Glieuras.

Dlle Audemard, femme de Chambon père ; Catherine Descouts, femme de Chambon fils (*Arch. int.*, C. 309). Leurs biens sont estimés 7.000 livres.

Champis, près Boffre.

J. J. Longueville : ses biens sont estimés 600 livres (*Arch. int.*, C. 309).

Charmes.

Isaac Traper : ses biens sont estimés 4.500 livres (*Arch. int.*, C. 309, 1685-1688).

Catherine Dorguel (*Arch. int.*, C. 298, 1688-1698).

Châteauneuf.

Listes C. 309, 274 (1685-1688).

Pierre Antoine Pouret, sa femme et enfants ; Marie Saunier et ses deux filles ; leurs biens valent 525 livres (*Arch. int.*, C. 309).

Jacques Blachier (*Arch. int.*, C. 316, 1698-1715).

Chiroux, paroisse St-Didier.

Marie Ponce; ses biens valent 600 livres (*Arch. int.*, C. 309).

Chomérac.

Simon et Samson Experts, frères : leurs biens valent 700 livres (*Arch. int.*, C. 309, 1685-1688).

Reboulet (*Arch. int.*, C. 274, 1688-1698).

Jean Tourel, sa femme et sa nièce (*Arch. int.*, C. 317, 1698-1715).

Clémencieu, près Annonay.

Jeanne Léorat et ses fils Catherine, Marie et Louis Ravel ; leurs biens valent 12.000 livres (*Arch. int.*, C. 309).

Coulaud, paroisse de Sillac.

Jean et Jean-Pierre Fouchon; leurs biens valent 700 livres (*Arch. int.*, C. 309).

Creissac.

Jean Gery et Mathieu Durand; leurs biens valent 650 livres (*Arch. int.*, C. 309, 1685-1688).

Moïse Durand et Pierre Jondon (*Arch. int.*, C. 274, 1688-1715).

Eve Arnaud (*Arch. int.*, C. 316, 1698-1715).

Desaïgne.

Liste C. 309 (1685-1688).

Alexandre et Jacques Daire ;
François Chomier ;
Jean-Paul Seignouret et sa femme, Marie Riou ;
Pierre Froment ;
Antoine Astier, sa femme et deux enfants ;
Jean Convert ;
Pierre Compte ;
Anne Guiot, veuve Agachy ;

Valeur des biens. — Les biens sont estimés 11.079—5—0 (*Arch. int.*, C. 309). Les dettes passives s'élèvent à la somme de 1.273—12—0 (*Arch. int.*, C. 284).

Liste C. 274 (1688-1698).

Abel Bernard et sa femme, Jeanne Chalon ;
Joachim Combelautard, et Marie David, sa femme ;

Dobert, paroisse de St-Didier.

Marie Glèze ; ses biens sont estimés 610 livres (*Arch. int.*, C. 309).

Elgas.

Liste C. 316 (1698-1715).

Antoine Vezian ; Clément Dauphin ;
Jacques Chabanet ;

Entraigues.

Vicomte et baron d'Entraignes; leurs biens sont estimés 40.000 livres (*Arch. int.*, C. 309).

Fauriette, paroisse de St-Christol.

Louise Avenas; ses biens sont estimés 3.000 livres (*Arch. int.*, C. 309).

Felines.

Pierre Ponçonnet et sa mère Jeanne Fraisse (*Arch. int.*, C. 316, 1698-1715).

Filiastre.

Pierre Lacou et Judith Uba ; Mathieu Moula : laissent pour 220 livres de dettes, et quelques redevances (*Arch. int.*, C. 309, 282, etc.)

Flaviac.

Jean, Jacques et Judith Robert; leurs biens sont estimés 550 livres (*Arch. int.*, C. 309, 1685-1688).

Floriet.

Louis Faunis (*Arch. int.*, C. 316).

Fonbonne, paroisse de Sillac.

François et Madeleine Verseil; leurs biens valent 140 livres (*Arch. int.*, C. 309).

Gluiras (voir Chambon).

Autres fugitifs : Louis Col et sa femme (*Arch. int.*, C. 298). Marie Tournaire (*Arch. int.*, C. 316).

Grieulet.

Jean-Pierre Sabarot (*Arch. int.*, C. 274).

Grozon.

Marie Pomier, femme de Dindy (*Arch. int.*, C. 274).

Isles de la Voulte.

Françoise Poumier; biens valent 400 livres (*Arch. int.*, C. 309).

Issamolenc.

Jacqueline Dumas (*Arch. int.*, C. 316).

Junchie, près Annonay.

Gautier, et Isabeau, Anne, et Marie Gautier; les biens valent 4.500 livres (*Arch. int.*, C. 309).

Labastide d'Andaure.

Abel Bernard, Judith Challac, sa femme, et leur fils Pierre ;
Antoinette Charra ;
Anne Peyrier ;

Antoine Astier, sa femme Isabeau Dupré et leurs fils, Pierre et Marie ;
Pierre Debru ;

Valeur des biens. — Les biens sont estimés 7.270 livres; un seul, Abel Bernard, figure aux dettes passives pour 527—14—7 (*Arch. int.*, C. 283).

Lablache, paroisse St-Sauveur.

Etienne Vabre et Anne Danton; les biens valent 4.500 livres (*Arch. int.*, C. 309).

Lafangière ou Malfangière.

Anne Périer (*Arch. int.*, C. 274).

Lafeuille, paroisse du Gua.

Charles Giraud; les biens valent 800 livres (*Arch. int.*, C. 309).

Lagorce.

Bonnette Massot; les biens valent 200 livres (*Arch. int.*, C. 309, 1685-1688).

Antoine Vidal, dit Miquali (*Arch. int.*, C. 274, 1688-1715).

Lais, paroisse de Fourchères.

René Plataret; les biens valent 8.000 livres (*Arch. int.*, C. 309); laisse pour 830 livres de dettes (*Arch. int.*, C. 283).

Lamastre.

Jean Badou et Suzanne Charrier; les biens valent 1.240 livres (*Arch. int.*, C. 309, 1685-1688).
Paul René (*Arch. int.*, C. 274, 1688-1698).

Lamenac.

Jean Grange et Etienne Rousson (*Arch. int.*, C. 316).

Lancherie, près Annonay.

Charles et Pierre Boisson, père et fils; les biens valent 3.200 livres (*Arch. int.*, C. 309).

Larin près Sérières.

André Alléon; les biens valent 100 livres (*Arch. int.*, C. 309).

Laroche.

Jeanne Menurel, veuve Devon; ce nom ne figure qu'aux dettes; les créanciers lui ont saisi les biens (*Arch. int.*, C. 284).

Lassères.

Jean Durand (*Arch. int.*, C. 316).

La Traverse (voir St-Fortunat).

La Voulte.

Liste C. 309 (1685-1688).

Madeleine Collin ;   Jeanne et Etienne Freider ;

Valeur des biens. — Les biens sont estimés 4.460 livres (*Arch. int.*, C. 309).

Liste C. 298 (1688-1698).

Jean Brueys et sa femme ;   Abraham Coulomb et sa femme ;

Liste C. 315 et 317 (1698-1715).

Jean et André Fréider ;   Luc Trajol et Marie Savian ;
Boyer ;   Jean Bonne ;

Le Chambon.

Pierre Gounon; les biens valent 1.800 livres (*Arch. int.*, C. 309).

Le Charron, près Chomérac.

Jean-Pierre Julien et Jean Sernel; ne se trouvent que dans l'état dressé en 1686; leurs biens rapportent 20 livres d'intérêt (*Arch. int.*, C. 309). A ces noms il faut ajouter Jacques Chave, dont les biens valent 600 livres (*Arch. int.*, C. 309).

Le Cheilard.

Liste C. 309 (1685-1688).

Jean Clusel, min., et sa femme, Justine Gros;
Antoine Lacou, et sa femme, Jouve;
Antoine Clusel et ses fils;
Joseph Morel, sa femme, Esther Ooste, et sa fille Marie;
Paul et Jean Barbeirac;

Valeur des biens. — Les biens sont estimés 18.550 livres (*Arch. int.*, C. 309). Les dettes passives s'élèvent à 2.639—19—3 (*Arch. int.*, C. 284).

Antoinette Chirol, femme Théophile Blanc (*Arch. int.*, C. 274). Jacques Chambon (*Arch. int.*, C. 316, 1698-1715).

Lefaux, paroisse de Pourchères.

Marie Durand; ses biens valent 12.000 livres (*Arch. int.*, C. 309).

Le Pouzin.

Liste C. 309 (1685-1715).

Jacques Saurel;
Anne Barrès;
Marie Imbert, et ses fils, Paul, Marie et Catherine Barrès;

Valeur des biens. — Jacques Saurel ne figure que dans le premier état; ses biens rapportent 6 livres; les biens des autres fugitifs valent 1.400 livres. Marie Imbert laisse des dettes pour 111—10—0 (*Arch. int.*, C. 283).

Listes C. 274, 298 (1688-1698).

Pierre Saurel; Mathieu et Jeanne Blanchon.

Listes C. 316-317 (1698-1715)

Labro;
Chazal;
Jean Montillon;
Suzanne Aurelle;
Jean Goudet;
François Beguel;
Rigaud;
Gabrielle Sauvage;

Leyras.

Listes C. 316 et 317 (1698-1715).

Antoine Bosoucul ;   Jacques Perin ;
Joachim Dumas ;

Lubillac.

Isaac Sibleiras ; les biens rapportent 30 livres d'intérêt (*Arch. int.*, C. 309) ; dettes passives 3.551 livres et autres affaires (*Arch. int.*, C. 282).

Lyas.

Jacques Mirabel (*Arch. int.*, C. 274, 1688-1698).

Macheville.

Liste C. 274.

Suzanne et Anne Charrier ; Pierre Sabarot.

Marcols.

Liste C. 309 (1685-1688).

Isaac Bremond et Catherine Laurens, sa femme ;   Pierre Crégut, et Lucrèce de Sautel, sa femme (Annonay) ;

Valeur des biens. — Les biens valent 15.700 livres (*Arch. int.*, C. 309).

Un certain Jacques Laurens réclame les biens de Catherine Laurens, elle les lui a donnés ; en plus elle a une dette de 400 livres (*Arch. int.*, C. 282).

Meineuf et Lyas.

Jacob Vézian, dont les biens valent 2.000 livres (*Arch. int.*, C. 309).

Meineuf.

Liste C. 309 (1685-1688).

Marie, Paul et Daniel Reboulet, frères ;   Isaac Sibleiras et sa femme, Laurence Reboulet ;

Valeur des biens. — Les biens valent 4.569 livres (*Arch. int.*, C. 309).

Peaugres.

Liste C. 274 (1688-1698).

Pierre Boissonnet, dit Barret ;   Bonne Chomel
Isaac Roucou ;

Peirarnaud, paroisse de Sillac.

Mathieu Vioujard; ses biens valent 2.000 livres (*Arch. int.*, C. 309).

Périer, paroisse de St-Jean-Chambre.

Jean Mazel; les biens valent 800 livres (*Arch. int.*, C. 309).

Pourchères, (voir Lefaux).

Marie Durand (*Arch. int.*, C. 309).

Privas.

Louis Michel; les biens valent 3.000 livres (*Arch. int.*, C. 309).

Suzanne Conchas (*Arch. int.*, C. 274, 1688-1698).

Rampon.

Daniel Tremoulet (*Arch. int.*, C. 274).

Rochemaure.

Liste C. 274.

Jean Roux, et Madeleine Lauzeras; Suzanne Castagnet;

Royas.

Ginestet, femme d'Ant. Duc, du lieu de Barbenoïre; les biens valent 2.700 livres (*Arch. int.*, C. 309).

St-Alban (voir St-Julien).

St-André-des-Jours.

Listes C. 316 et 317 (1698-1715).

Eléonore Pourrel; Trapier;
Marie Merle; Suzanne Bernard;
Dupin;

St-Apollinar.

Louise Rion (*Arch. int.*, C. 316, 1698-1715).

St-Basile, près Lamastre.

Pierre Debru; les biens valent 200 livres (*Arch. int.*, C. 309).

St-Christol.

Joachim et Pierre Roure; les biens valent 2.500 livres (*Arch. int.*, C. 309).

Liste C. 298 (1688-1698).

Mathieu et Paul Chambon ;   Isaac Bourrier ;
Joseph Chambon ;

St-Cierge-la-Serre.

Jacques Reboul; les biens valent 700 livres (*Arch. int.*, C. 309).

St-Didier près Boffre.

Liste C. 298 (1688-1698).

Fille Dupin ;   Juventin, chirurgien (Boulaud) ;
Claire Mialip ;   Jacques Tracel ;
Eléonore Pourrel, veuve Pieire, et sa fille ;   Lucie Tradal, et sa fille, Marguerite de Savinas ;
Claude et Simon Pieire ;   Marguerite Courbet ;
Jeanne Imerjous ;   René Mealy ;
Isaac, Jean et Pierre Trapier ;

Listes C. 316 et 317 (1698-1715).

Jacques Desbaux ;   Madeleine Vassel ;
Jean Bouchon, et sa femme ;   Antoine Ponce ;

St-Fortunat ou la Traverse.

Gabriel Romieu et Alexandre Sondon; les biens valent 6.800 livres (*Arch. int.*, C. 309, 1685-1688).

Girard Reimondon (*Arch. int.*, C. 274, 1688-1698).

Verceil et Gaspard de Salles (*Arch. int.*, C. 317, 1698-1715).

St-Jean-Chambre.

Jean Boissy : ses biens valent 200 livres (*Arch. int.*, C. 309). Sous cette rubrique on réclame à Etienne Rousson 160 livres (*Arch. int.*, 282).

Listes C. 274 et 298 (1688-1698).

René Mazel et Nazas.

Listes C. 316-317 (1698-1715).

Simon-Pierre René ;   Mathieu et Etienne Rouvière ;
Lucrèce de Cluzet ;   Pierre et Noël Rousson ;
Marie Martin ;   Jeanne Chazal ;
Anne Boschet ;   Noble Jean Judy ;
Etienne Piouchon ;   Triviers et Morel ;

St-Julien et St-Alban.

Liste C. 309 (1681-1688).

Marie Filhol ;
Sara Brun ;
Chambaud-Charrier ;

Valeur des biens. — 6.600 livres ; dettes actives : 900 livres (*Arch. int.*, C. 283).

Gourdol, de Saint-Julien, sans autre indication (*Arch. int.*, C. 309).

St-Julien Labrousse.

Liste C. 309 (1685-1688).

Jacques-Charles Merle ;
Pierre Toboul ;
Pierre, Jean, Louis et Suzanne Chaix ;

Valeur des biens. — Ils sont estimés 5.060 livres (*Arch. int.*, C. 309) ; les dettes passives s'élèvent à la somme de 375—10—8 (*Arch. int.*, C. 284).

St-Julien-le-Rout.

Pierre Laigua ; les biens valent 800 livres (*Arch. int.*, C. 309).

St-Léger.

Liste C. 274.

Pierre Villar, min. ;
Jean Crespin ;
Jacques Meissonnier ;
Pierre Meissonnier, et Marie Crespin ;

St-Martin-le-Supérieur.

David et Simon Bautras ; Pierre Lagrange (*Arch. int.*, C. 274).

St-Maurice.

Liste C. 316 et 317 (1698-1715).

Pierre Bosc ;
Delphine Gaillard ;
Madeleine Ruichat ;
Jean et Jacques Boissière ;

St-Maurice-de-Chabrillanvux.

Liste C. 309 (1685-1688).

Jean Fringon et sa femme, Tranchat ;
Jean Chazamoux et sa femme, Madeleine Tranchat ;

Valeur des biens. — Ils sont estimés 950 livres (*Arch. int.*, C. 309).

St-Michel près Chalançon.

Louis Tribuols ; Marie Tribuols, femme de Jacques Vals, dit Martel; leurs biens valent 4.500 livres (*Arch. int.*, C. 309).

St-Michel-de-Chabrillanoux.

Pierre et Claude Champs; leurs biens valent 2.000 livres (*Arch. int.*, C. 309, 1685-1688).

St-Michel-le-Rance.

Toinette Chirol; les biens valent 7.000 livres (*Arch. int.*, C. 309).

Sieur Lessaniolles de Saint-Genies (*Arch. int.*, C. 298, 1688-1698).

St-Perayt (comté de Crussol).

Madeleine Fonbartet ; les biens valent 600 livres (*Arch. int.*, C. 309).

St-Pierreville.

Jean-Pierre Vernhes (*Arch. int.*, C. 274).

St-Pons.

Jean Croisier; « on n'a rien reçu des biens saisis » (*Arch. int.*, C. 309).

St-Priest.

Antoine Ladret et ses enfants; Jacques Ladret et ses beaux-frères (*Arch int.*, C. 317, 1698-1715).

St-Sauveur.

Isaac Cols, dit Suchier; les biens valent 800 livres (*Arch. int.*, C. 309).

St-Vincent-de-Baires.

Liste C. 316 (1698-1715).

Louis Boutes ;
Pierre Lagrange ;
Alexandre Gautier (Félines) ;
Simon Dugas ;
Mathieu Duserre ;
Judith Chier ;
Jacques Peyret ;
Jacques Muant, (Pierregourde) ;

Ste-Eulalie.

Salomon et Paul Roche (*Arch. int.*, C. 316).

Salavas.

Jean Alzas et Antoine Lafage; leurs biens valent 320 livres (*Arch. int.*, C. 309).

Senillac.

Liste C. 316 (1698-1715).

Jean et Jean-Pierre Pouchon ;
Etienne Sauvier
Pierre Bois ;
Marie Verseil ;
Madeleine Verseil ;
Pierre Champs ;

Sillac.

Jacques de Vaye ou de Vèze; les biens valent 3.000 livres (*Arch. int.*, C. 309, 1685-1688). Voir aussi Coulaud, Fonbonne, Tournalioux, Peirarnaud.

Liste 298 (1698-1698).

David Bourgron ;
Jean et Marie Desjours ;
Madeleine de Lacou ;
Antoine et Jean-André de Rion ;

Listes C. 316 et 317 (1698-1715).

Isabeau Moule ;
Agnès Chomel ;
Claude et Jacques Deshons ;
Jean Trouilles ;
Jean Verceil ;
Elie et Isaac Rissoanet ;
Fleurie Labaume ;
David Dorneiron ;
Madeleine Veron, femme Champel ;
Judith Corbière ;

Tinaux.

Suzanne Blachière; les biens valent 4.000 livres (*Arch. int.*, C. 309).

Tournai près Chalançon.

Marie Burine, veuve de Jacques Charmasson, sieur de Beaulieu; Jacques de Beaulieu; Madeleine Burine et Marie de Charmasson, femme de Noble Charles de Montrond; les biens sont estimés 38.797 livres (*Arch. int.*, C. 309).

Tournalioux, paroisse de Sillac.

Etienne Saunier et Antoine Chabanon; leurs biens valent 330 livres (*Arch. int.*, C. 309).

Valon.

Liste C. 309 (1685-1688).

Samson du Rocher, sieur du Petit-Paris;
Pierre Rodier ;
Antoine Villard ;

Valeur des biens. — Ils sont estimés 26.052 livres; dont 20.052 pour Samson du Rocher (*Arch. int.*, C. 309). Le fils réclame le tiers des biens plus 1.458—6—8 — plus une dette de 2.900 (C. 282).

David Ollier (*Arch. int.*, C. 274, 1688-1698).

Vals.

Liste C. 309 (1685-1688).

Jean Reinet ;
Isabeau Malmazet ;
Louis Lentouzet ;
Jean Picard ;

Valeur des biens. — Les biens sont estimés 14.240 livres (*Arch. int.*, C. 309), dont 11.000 pour Jean Reinet.

Constantin Vidal (*Arch. int.*, C. 274, 1688-1698).

André Lauriol (*Arch. int.*, C. 317, 1698-171).

Vaneilles près Privas.

Marie de Vaneilles dont les biens valent 1.200 livres (*Arch. int.*, C. 309).

Vernoux.

Liste C. 309 (1685-1688).

Isabeau de Lespinas ;
Isabeau Chazel ;
Anne Reboul ;
François de Veye et sa femme Jeanne Pallis ;
Antoine Boissy et sa femme, Catherine Mondon ;
Jacques Juventin et sa femme ;
Marie Reboul et ses filles ;
Antoine Sauverzat ;

Valeur des biens. — Les biens sont estimés 15.020 livres (*Arch. int.*, C. 309); dettes passives : Jacques Juventin, 198 (C. 282).

Listes C. 274 et 298 (1688-1698).

Judith Blanc ;
Sieur de Baux de Rouchet ;
Jeanne Reboul, veuve Traversier;
Catherine Traversier ;
Antoine Ponce ;

Liste C. 316.

Louis et Claudine de Montrond ;
Elie Boschet ;
Judith Robert ;

Villeneuve-de-Berg.

Charles jeune, prisonnier à Montpellier; les biens valent

1600 livres (*Arch. int.*, C. 309); Gédéon Gravier qui laisse pour 1.717 livres de dettes (*Arch. int.*, C. 282).

§ VIII.

DIOCÈSE D'ALBI.

Les trois diocèses d'Albi, de Castres et de Lavaur, ne sont jamais séparés dans les divers rapports que j'ai eus entre les mains. Les liasses auxquelles je renverrai le plus souvent pour ces trois diocèses sont les liasses C. 274, 310, 277, 316 et 317. Je ferai remarquer que dans les liasses 274 et 310 il y a plusieurs états signés à des époques différentes; la liasse C. 274 en contient trois à elle seule. Dans la liasse C. 310 il y a un bordereau de la valeur des biens des fugitifs; ce bordereau est certainement incomplet. Dans la liasse C. 277, il y a une autre liste pour ces trois diocèses; elle indique la recette opérée et non la valeur des biens. Cette liste a été signée par Barbara le 19 janvier 1688. J'indiquerai donc séparément les deux listes.

Liste C. 310 (bordereau). — Le bordereau de la généralité de Toulouse ne porte que cinq noms pour ce diocèse, savoir : Philippe Besse, Charles Cabrol, Daniel Lasserre, Daniel Pradals et Jacques Viguier; les biens sont estimés 40.187—3—11; ceux de Charles Cabrol en valent 32.000. La recette opérée est de 527—14—3; les intérêts et revenus s'élèvent à 1.067—9—9.

Champagnol.

Noble Pierre de Castelbajac (1685-1688); biens à Vabre (Castres) (*Arch. int.*, C. 310).

Clapier.

Aribert, dit l'Eveillé (1688-1698) (*Arch. int.*, C. 274).

La Brandie.

Jacob Barthés (1685-1688); frère et sœur jouissent en commun d'un bien valant 6.000 livres. Jacob n'a que sa légitime (*Arch. int.*, C. 310).

Lafenasse.

Pierre Ricard (1688-1698) (*Arch. int.*, C. 274).

Massuguiés.

Sieur de Carlot et son fils aîné; Jean Barthez, sieur de Faux, bâtard (*Arch. int.*, C. 274 et 310, 1688-1698).

Je joins à ces trois fugitifs les trois suivants qui sont de Lesellier, juridiction de Massuguiés : Dlle de Ferrier et sa fille; Cabanes (*Arch. int.*, C. 274 et 310, 1688-1698).

Paulinet.

Jeanne Durand; on ne connaît pas ses biens. Marie Durand, sa cousine, dont les biens valent 1.500 livres (*Arch. int.*, C. 310, 1685-1688).

Suzanne Carrier, veuve Bonifas et David Barthès (*Arch. int.*, C. 316).

Réalmont.

Liste C. 310 (bordereau) (1685-1688).

Philippe Besse, min. à Vendémian ;
Daniel Lasserre, min. à Masserdun, et sa femme, Tinivulle ;
Daniel Pradals, min. à St-Sever;
Jacques Viguier, min. à Réalmont ;

Valeur des biens. — Les biens sont estimés à 8.187—3—11.

Autre liste C. 310 (1685-1688)

Gabriel Bruniquel, sieur de las Talliades, et sa femme, Marie Durand ;
Abraham Curajon, armurier ;
Marie Bruniquel, sœur de Gabriel ;

Valeur des biens. — Les biens valent 4.100 livres.

Liste C. 277 (1685-1688).

Sieurs Devessens, Combel, Fonvives ;
Théocrite et Gaspard de Gaux ;
Pierre Ricard ;

Valeur des biens. — La recette opérée sur ces trois fugitifs s'élève à la somme de 546 livres; sur lesquels la part de Ricard est seulement de 3 livres.

Dettes passives — Un seul y figure, Jacques Viguier; on lui réclame 51 écus de 3—11—6 pièce et autres dépens (*Arch. int.*, C. 282).

Listes C. 274 et 310 (1688-1698).

Antoine Bone; Dlle de Conté, mère de Théocrite et Gaspard Gaux.

Listes C. 316 et 317 (1698-1715).

Jean Conas ;
David Manon ;
Charles Agulhon ;

Pierre Viala et sa femme ;
Jean et François Lafont ;

Travanet ou Laroque-Travanet.

Charles de Cabrol, sieur de Laroque; les biens valent 32.000 livres (*Arch. int.*, C. 310, bordereau, 1685-1688).

Jeanne de Cabrol, tante du précédent, et sa nièce Jeanne de Cabrol; les biens de ces deux fugitives (septembre 1688) valent 3.380 livres (*Arch. int.*, C. 310).

Charles de Cabrol doit 8.144—7—6 (*Arch. int.*, C. 282 et 283); il y a aussi deux oppositions sur ses biens (*Arch. int.*, C. 283).

§ IX.

DIOCÈSE DE CASTRES.

D'après le bordereau de la généralité de Toulouse, les biens des fugitifs du diocèse de Castres avaient une valeur de 244.884—18—0 (*Arch. int.*, C. 310).

Castres.

Liste C. 310 (bordereau) (1685-1688).

Jean-Jacques Gaches [1] ;
Louis de Jaussant, min. ;
François de Jaussant, avocat ;
Jean Lamothe ;
Laroche, de Junas, et enfants ;
Suzon Lavabre (aux filles) ;

Jean Icard, min. à Millau ;
Jean Antoine de Juges min. ;
Pierre Lacan, min. ;
Abel Legonnier, min. à Camarès ;
Abel de Rotolp, sieur de la Devèze, et sa femme ;

Valeur des biens. — Les biens de ces fugitifs sont estimés 195.481—18—0. Abel de Rotolp vient en tête avec 63.137 livres; puis Antoine de Juges avec 34.800; Louis de Jaussant avec 27.596—18—0; Jean-Jacques Gaches avec 23.940 livres.

Liste C. 277 (1685-1688).

Jean Mascarenc et sa femme, demoiselle de Salvy ;

Éléazar Deodat et sa femme, Isabeau Borel ;

---

1. Sorti par ordre du Roi avant les conversions ; bénéficier en Angleterre.

Abel Pelissier et sa femme, Suzanne Mutuel ;
Bernard Escale ;
Pierre Mordaigne ;
Jacques Brousson, avocat, et sa femme, Marthe Dolier ;
Pierre de Rozel, sieur de Brignac ;
Abraham Baux, teinturier, et sa femme ;
Pierre Tourrier ;
Jean Ricard et sa femme ;
Abel Mutuel ;
Jean-Pierre Sirven ;
Jacques Romieu ;
Jacques Reynes ;
Jacques Gineste ;
Jean et Claude Thomas, sieurs de la Vivarie ;
Pierre Lacaux, min ;
Jean-Jacques Canitrot sieur de Lamothe ;
David Canitrot, sieur de Montpignier ;
Catherine Rotolp, femme Prat, et ses filles, Marg^{te} et Marie Prat ;
Demoiselle de Guillaumet, veuve Lacaux ;
Pierre et Henri Barrau ;
Jacques Monnot ;
Julien Boutonnier ;
Jean Mialle, gantier ;
Jean et Hélie Vasserols ;
André Lamothe. (Tremengoux ;)

Valeur des biens. — La recette opérée sur les biens de ces fugitifs s'élève à la somme de 8.426—9—5.

Liste C. 310.

Pierre Maltat (Cuq) ;
Samuel Icher ;
Jacques de Portes, son fils et leur femme ;
Jean et Samuel Cabrol ;
Marguerite et Esther Dolier ;
Dorothée de Julien, veuve Ripère ;
Guillaume Canitrot ;
Marie Ducros, veuve Jean Mutuel ;
Paul-Louis de Juges ;
Sieur de Juges, sieur de Roche ;
Diane de Jaussand, veuve Rozel, conseiller au parlement de Toulouse ;
Jean-Jacques de Rozel, sieur de Beaumont ;
Demoiselle Diane de Rozel ;
Judith Siguière, veuve Leinard ;
David Tournier ;
Jeanne de Périn veuve Escobiac ;
Jacques Ricard ;
Jacques de Rapin (et autres lieux) ;
Veuve de Gache, sa fille et son fils Henri (Vabre) ;
Abraham Clerc, armurier ;
Louis Vigier, avocat ;
Etienne Borel (soldat) ;
Pierre Vieu min. ;
Escalier, marchand ;
Noble... de Julien sieur de Lamothe ;

Valeur des biens. — La valeur des biens de ces fugitifs n'est pas indiquée ou est indiquée d'une manière seulement approximative, qui ne permet pas de dire leur valeur exacte.

Dettes passives. — Les dettes passives des fugitifs de la ville de Castres s'élèvent à la somme de 86.656—9—7 (*Arch.*

int., C. 282, 283, 284). Ce chiffre n'est encore qu'approximatif; pour certains fugitifs en effet on ne fait que mentionner l'opposition faite sur leurs biens ou une partie de ces biens.

Liste C. 274, 298, etc. (1688-1698).

Pierre Fornier, marchand ;
Pierre Paul, médecin ;
François Debout ;
Jacques Rouvière ;
Mathieu, Jean et Jacques Puy ;
Mauriés fils ;
Femme de Loth Serre min. ;
Jean Duponcet, receveur des tailles au diocèse de Castres, et son fils aîné ;
Demoiselle Duponcet ;
Auriol, fils d'Elisée ;
Annibal Roux ;
Femme de Jean Roux, procureur et sa fille ;
Dame de Bonie ;
Noé Cabrol et sa femme ;
Jean Icard, orfèvre ;
Deux fils de Jean-Pierre Puech ;

Gabrielle d'Espérandieu ;
Agret frères ;
Veuve de Benoist ;
Trinquier (relaps) ;
Anne de Bonnafous, veuve Duclerc, son fils et son frère ;
Martin, fils de feu Martin, procureur au siège royal de Castres ;
Pelissier Leyris et demoiselle de Malzac, sa femme ;
Bardy, bonnetier ;
Magnié, passementier ;
Alligre frères ;
David Tournier ;
Beaudecourt (relaps) ;
Reinaud (relaps) ;
Bouffard de Madian (relaps) ;

Listes C. 316 et 317 (1698-1715).

Alexandre Plumier ;
Jean Roques ;
Jean Ribes ;
Samuel Combelles ;
Chazotte ;
Jeanne Martel, femme Soulages ;
Jeanne Bardon ;
Antoine de Ligonnier, sieur des Vignals ;
Marie Decamps ;
Jacques Lavabre ;

Antoine Galibert ;
Puech frères ;
Pierre Monnot ;
Thomas Baran ;
Antoine Ricard ;
Jean Paul ;
Jeanne Léquevaques ;
Marguerite de Finière ;
Bataille ;
Pierre Séverac ;

Boissesson.

André de Lamoth, sieur de Tremangoux (Castres), figure aux dettes passives sous cette rubrique : on lui réclame la somme de 109—5—6 (*Arch. int.*, C. 282).

Brassac.

Jean Cabibel, min. de Brassac, dont les biens sont estimés 2461 livres (*Arch. int.*, C. 310, bordereau et 277).

La famille de Juges (voir Castres); Jean Cabrol (Castres).

Briateste.

Listes C. 277 et 310 (1685-1688).

Sieur de Terondel, min.;
Jacques Viguier;
Jean Miquel;

Philippe Delpas, sieur de Pédurand;

Valeur des biens. — La recette opérée sur ces fugitifs s'élève à la somme de 166—7—9; la part de Jacques Viguier est de 3 livres seulement.

Listes C. 310 et 274 (1688-1698).

David Miquel et Marguerite de Garrigues.

Burlats.

Listes C. 310 et 274 (1688-1698).

Demoiselle de Bayard de Ferrières;
Sieur de Calveirac;

Jacques Ricard de Saussonnières;

Calmels.

Percille Carajon (*Arch. int.*, C. 316).

Castelnau-de-Brassac.

Abel Bonnafous, min. dudit; ses biens sont estimés 1.600 livres (*Arch. int.*, C. 310, bordereau), sa fille a joui quelque temps puis est sortie du royaume (1685-1688).

Liste C. 310 (1685-1688).

Olympe de Boisset, femme du sieur Boulade; les frères Galbert.

Valeur des biens. — La valeur des biens n'est pas suffisamment indiquée pour pouvoir l'apprécier justement. Les dettes passives de ces fugitifs s'élèvent à la somme de 4.340 livres (*Arch. int.*, C. 282, 283, 284).

Daniel Cros (*Arch. int.*, C. 316, 1698-1715).

Cavallières.

Les Cavallières (*Arch. int.*, C. 316).

Esperausses.

Dans le bordereau (*Arch. int.*, C. 310) figure Richard, ministre d'Esperausses, il ne possède rien.

Liste C. 277.

André de Rouzel, sieur de Soulègre ;
Pierre Meynadier, sa femme et une fille ;

Annibal de Rouzel, sieur du Causse, et sa femme, Marie de Doux ;

Valeur des biens. — La recette opérée sur ces fugitifs s'élève à la somme de 1.704 livres, dont 10 seulement sur Pierre Meynadier.

Liste C. 310 (1685-1688).

Jean-Antoine de Gaches, sieur de Prades, et Esther de Gaches, sa femme ;
François Rogues et sa fille ;
Pierre Bénézech et sa femme ;

François Bénézech, cardeur ;
Pierre Bardon, berger ;
Jacques Pommier (Castelnau-de-Brassac ;

Dettes passives. — Trois de ces fugitifs figurent aux dettes passives : Pierre Meynadier pour 120 livres et les deux Rouzel pour 38.381—17—11. On réclame aussi sous cette rubrique au sieur de la Malquière (Viane) 5.300 livres (*Arch. int.*, C. 282, 283, 284). En plus, sous la rubrique de Castres on réclame à Annibal de Rouzel 815—8—5 (*Arch. int.*, C. 282).

Ferrières.

Samuel Persin, min. dudit; ses biens valent 2.100 livres (*Arch. int.*, C. 310, bordereau); la recette faite est de 147—15—5 (*Arch. int.*, C. 277); on lui réclame 8.066—16—4, plus les intérêts (*Arch. int.*, C. 282). Sous cette rubrique figure aussi aux dettes Guillaume Bardou pour 230 livres (*Arch. int.*, C. 282); ce dernier était ministre de Bruniquel.

Labassède.

Sous cette rubrique figure aux dettes passives Jacques Coutal pour la somme de 150 livres (*Arch. int.*, C. 284).

Lacaze.

Samuel Goure, la recette opérée est de 3 livres (*Arch. int.*, C. 277, 1685-1688). Sous cette rubrique figure aux dettes Antoine de Gout; on lui réclame 4.833 livres, plus les intérêts (*Arch. int.*, C. 282).

Liste C. 274 (1688-1698).

Jean Barthez, sieur des Fau; Puech de Longuevernié.

Lacaune.

David Martin, min., dont les biens valent 3.914 livres (*Arch. int.*, C. 310, bordereau); un créancier lui réclame 2.500 livres, dit le bordereau; la liasse C. 277 accuse une recette de 571—3—10 sur ce fugitif.

Marquis de Barrès, sieur du Bouisson, et une sœur; la recette est de 77—5—0 (*Arch. int.*, C. 277).

Listes C. 274 et 310 (1685-1688).

Pierre Bach, sieur d'Escouvillat ; Jacob Bernard, sa femme, un fils
Paul Bach, sieur d'Escouvillat ; et une fille ;
David Roque, femme et enfants; Jean Pagès, chirurgien ;
Rose de Puech ;

Dettes passives. — Les dettes passives s'élèvent à la somme de 15.151 livres (*Arch. int.*, C. 282, 283, 284). Les dettes de David Martin ne sont plus de 2.500 livres, mais de 2.661 (*Arch. int.*, C. 282).

Liste C. 316 (1698-1715).

Sabier ; Marc Calmels ; Philippe Cabanis.

Lacroizette.

Etienne et Jacques Cros; Maury (*Arch. int.*, C. 316).

Laprade.

Sous cette rubrique, figure aux dettes passives, David Azaïs pour la somme de 165—11—0 (*Arch. int.*, C. 283). (Voir Viane).

Lesquiers.

Michel de Passien, seigneur de Cabanis; on lui réclame

31.700 livres — dont 24.300 livres de légitime — non compris quelques autres droits (*Arch. int.*, C. 282).

Montledier.

M. de Montledier et sa sœur (*Arch. int.*, C. 274, 1688-1698).

Paul Marc et Marguerite Espinasse (*Arch. int.*, C. 316).

Montredon.

Liste C. 310 (1685-1688).

Adrien de Nautonnier, sieur de Castelfranc, et deux de ses fils, dont le sieur de Granquière, et Maury (*Arch. int.*, C. 274, 1688-1698). trois de ses filles ; Abraham Bonnefous (au régiment de Rouergue, dit-on).

Pont-de-Tarn.

Pierre Alquier, sieur du Griffoulet ; la recette opérée est de 135 livres (*Arch. int.*, C. 274, 1685-1688).

Prades.

Sous cette rubrique, on réclame à Pierre Meynadier (Espérausses), la somme de 180 livres (*Arch. int.*, C. 282) ; Paul Espinasse ; les biens rapportent 80 livres (*Arch. int.*, C. 310, 1685-1688).

Roquecourbe.

Pierre Campdomer, min. dudit, et sa femme ; ses biens valent 12.028 livres (*Arch. int.*, C. 310, bordereau).

François de Noir, sieur du Cambon, dont les biens soit à Roquecombe soit à Montredon valent 30.700 livres (*Arch. int.*, C. 310, 1685-1688). Il laisse une dette de 2.581 livres (*Arch. int.*, C. 284).

Liste C. 316 (1698-1715).

Elie Thomas ;
Pomarède ;
Pierre Fossède ;
Daniel Pagès ;
Marie Chazolle ;

Sableirolles.

Louis Malecare, min. dudit. Ses biens valent 2.500 livres ; il est mort à l'étranger (1690) sans laisser des enfants (*Arch. int.*, C. 310, bordereau).

Sieur Puech, sieur du Lasautié (*Arch. int.*, C. 274, 1688-1698).

Sénégas.

Balthasard et Auguste de Durand de Bonne (*Arch. int.*, C. 310, 1685-1688). Sous cette rubrique on réclame aussi à Loth Serres, min., la somme de 293—5—0 (*Arch. int.*, C. 282).

St-Amans-Villemagne.

Liste C. 316 (1698-1715).

Pierre Brenac ;
Isaac Bonnet ;
Bataillon-de-Bonmain ;
Barthélemy Barthès ;

Vabre.

François Tirefort ; ses biens valent 4.000 livres (*Arch. int.*, C. 310, bordereau).

Jean Calveyrac, aveugle ; recette de 25 livres (*Arch. int.*, C. 277).

Listes C. 310, 274 (1685-1688).

Pierre Gache, sa femme et ses quatre enfants ;
Jean Grand, menuisier ;

Dettes passives. — Elles s'élèvent à la somme de 911 livres (*Arch. int.*, C. 283).

Viane.

Louis Guittard de la Malquière, et deux de ses frères (arrêtés à Bordeaux) ; femme de Louis Guittard ; Claudine, fille naturelle du sieur de la Malquière (*Arch. int.*, C. 310, 274, 277) ; recette de 495 livres (*Arch. int.*, C. 277).

La nommée Claude « qu'on dit être faible d'esprit » (*Arch. int.*, C. 360).

Les dettes passives du sieur de la Malquière s'élèvent à la somme de 14.171 livres (*Arch. int.*, C. 283).

Au Masage d'Azaïs, terre de Viane, David Azaïs : dette de 800 livres (*Arch. int.*, C. 282).

§ X.

DIOCÈSE DE LAVAUR.

Le bordereau de la généralité de Toulouse, composé en 1690 (*Arch. int.*, C. 310), estime à 80.779—14—0 les biens des fugitifs restés en régie dans ce diocèse. Les biens de Martel, ministre à Puylaurens, sont inconnus.

Aiguefonds.

Barthélemy Balaguier, min. dudit; ses biens valent 7.440—4—0 (*Arch. int.*, C. 310, bordereau).

Benezech (*Arch. int.*, C. 310, 1685-1688).

Job Taillade (*Arch. int.*, C. 274 et 310, 1688-1698).

Barthélemy Balaguier figure seul aux dettes passives pour 261—16—3 (*Arch. int.*, C. 282 et 284).

Escampon.

Pierre de Julien, sieur d'Escampon. La recette sur ce fugitif est de 1.719—13—4 (*Arch. int.*, C. 277, 1685-1688).

Les dettes passives du sieur d'Escampon s'élèvent à la somme de 26.003—2—6 (*Arch. int.*, C. 282, 283, 284), plus 100 pistoles.

Guitolens.

Noble Jean de Chateauverdun, sieur de la Mouline (*Arch. int.*, C. 274, 310). Il y a opposition sur tous ses biens, et en plus une créance de 1.600 livres (*Arch. int.*, C. 282).

Lacabarède.

Pierre Bonnet, min. dudit; recette de 2—4—5 (*Arch. int.*, C. 277).

Isabeau de Gazel (*Arch. int.*, C. 316).

Mazamet.

Liste C. 310 (bordereau), (1685-1688).

Jean Baron, min., dont les biens valent 4.000 livres; et Marc Vernoux, min., dont les biens valent 9.700 livres.

Liste C. 277 (1685-1688).

Jean Galibert, chirurgien ;
Jacob, Pierre et Abel Cabibel ;
Pierre Lafont, orfèvre ;

Marthe Cabibel, veuve Soulègre ;
François Cordes, proposant ;
Jean Cordes ;

Valeur des biens. — La recette sur ces fugitifs est de 424—15—11.

Listes C. 310, 274 (1685-1688).

Samuel Rivière ;
Pierre Huc ;
David et Daniel Bénézech ;
Jean Crozes ;

Antoine Salles ;
Jean Cabanes ;
Daniel Cambefort ;
David Baus ;

Dettes passives. — Les dettes passives des fugitifs de Mazamet s'élèvent à la somme de 12.202—10—5 (*Arch. int.*, C. 282, 283, 284).

Listes C. 274 et 310 (1688-1698).

Jacques Galibert ;
Jacques Rivière ;

Jean Soulègre ;
Pierre Garrigue ;

Listes C. 316 et 317 (1698-1715).

Antoine Cabanes et sa mère ; Isaac Lavergne.

Puylaurens.

Liste C. 310 (bordereau), (1685-1688).

Antoine Darbussy, proposant ;
Théophile Darbussy, min. dudit ;
Martel, min. dudit ;
Antoine Cougot, proposant ;
Antoine Rey, né à Puy-Laurens, min. à St-Félix de Sorgues ;

Antoine Pérés, min. dudit ;
Elie Rivals, min. dudit ;
François de Rupé, min. à Montauban ;
Jacob Ruffignac, min., et sa femme, Madeleine Bonafous ;

Valeur des biens. — Les biens sont estimés 26.614 livres.

Liste C. 277 (1685-1688).

Noé et François Dubois ;
Daniel Darnatigues ;
Demoiselle de Dupuy ;
Toinette Gineste, veuve Abel Terson ;
Marguerite de Gineste, veuve Guillemat ;
Pierre et Jérémie Viala ;

Antoine et Jean Bleisse ;
Gédéon de Julien, sieur de Rennes ;
Françoise et Anne Fournier ;
Antoine de Terson, sieur de Faurens, et son frère, le sieur de Puechcamp ;
Jean Lasserre, médecin ;

Valeur des biens. — La recette opérée sur ces fugitifs est de 2.237—3—3.

Liste C. 310 (1685-1688).

Marc-Antoine de Bedos, sieur de Fontbas et sa femme ;
Anne de Terson ;
Abel Nicolau ;
Marie Dumas, veuve Bartanac ;
Pierre et Sara Barrau ;

Valeur des biens. — Les biens de ces fugitifs valent 11.000 livres.

Listes C. 310, 274, 282, etc. (1685-1688).

Guillaume et Noé Viala ;
Jean et Paul Pradel de la Tour ;
Madeleine Gineste, femme Dupuy ;
Louis de Céleries ;
Marc-Antoine de Savignac ;
Noé Jouillet ;
Barthélemy Barbaroux ;
Samuel Voissières ;
Thomas Rouire ;
David Bernaulat ;

Dettes passives. — Elles s'élèvent à la somme de 18.509—5—3 (*Arch. int., C.* 282, 283, 284).

Listes C. 274 et 310 (1688-1698).

Demoiselle de Cruzel, veuve Antoine de Terson, et Isabeau, sa fille ;
Isaac Estaunier, frère et sœur ;
Demoiselle Dalgans ;
Abel Lafon, bourgeois ;
Demoiselle de Puechcolomb ;
Deux fils de la demoiselle de Bonafous ;
Favard Lamiserte ;
Deux frères Lombris ;
Le sieur Lubaille de Gineste ;
Jean Delprat, femme et un fils ;
Demoiselle de Roux, veuve Vidal de Lanar et sieur de Najac, et demoiselle de Najac sa sœur.
Sieur de Terson-Lasnauzes ;
Sieur Dupuy, fils de Dupuy le bousquetier ;
Cazalès et sa femme ;
Fages ;
Icher ;

Revel.

Guillaume Quinquinny, min. de Revel ; ses biens valent 7.623 livres (*Arch. int., C.* 310, bordereau).

Liste C. 277 (1685-1688).

Jeanne de Broue, veuve Terson ;
Marc et Théophile Labroue ;
Paul Fabre ;

Valeur des biens. — La recette faite sur ces trois fugitifs est de 343—7—9.

Liste C. 310 (1685-1688).

Madeleine Leine, veuve Pont; ses biens valent 700 livres.

Listes C. 310, 274 (1685-1688).

Louis Verdure ;
Isaac Peiroteau ;
Jacques Doulhat ;

Pierrette Garouste ;
Jacques Pons ;

Dettes passives. — Elles s'élèvent à la somme de 3.540—7—2 (*Arch. int.*, C. 282, 283, 284).

Listes C. 274 et 310 (1688-1698).

Pierre Bellesaigne ;
Jean Dumas, fils d'Antoine ;
Un fils de Pierre Rey ;
Manuel, chirurgien ;
André et Etienne Parelongue ;
Causse ;
Paul Bourjas ;

Paul Parelongue, chapelier, et sa femme, Rachel Algousse ;
Sieurs de Roux de Crozes, frères ;
Daniel Faure ;
François de Roux et sa fille Marie de Madaule ;

Listes C. 316 et 317 (1698-1715).

David Martin et Mathieu Garouste.

Rey (*masaye del*).

Gervais Auger; on lui réclame 111 livres (*Arch. int.*, C. 282).

Roquevidal.

Listes C. 274, 310, 277 (1685-1688).

Jean de Brail; sieur de Moulines (recette de 710 livres) ; sa femme Jeanne de Puy; figure au bordereau (*Arch. int.*, C. 310) pour la somme de 9.000 livres.

Autre Jeanne du Puy, veuve Pierre Baudon.

Jean de Brail figure aux dettes passives pour la somme de 2.339—10—1 (*Arch. int.*, C. 282, 283, 284); en plus on lui réclame une pension annuelle de 5 setiers 1/2 de blé et une pipe de vin à la chapelle de Roquevidal.

Saint-Amans-Labastide.

Etienne Bonnafous, min. dudit, laisse des biens valant 10.339 livres (*Arch. int.*, C. 310, bordereau).

Antoine de Barthélemy, sieur de Laprade; recette de 223 livres (*Arch. int.*, C. 277).

Listes C. 310 et 274 (1685-1688).

Pierre de Barthélemy, sieur de la Vernière ;
Sieurs Meynadier frères ;
Alexandre de Barthélemy ;
Pierre Huc, chirurgien, et sa femme ;
Pierre Albert ;
Deux frères Clauzade ;

Dettes passives. — Elles s'élèvent à la somme de 4.211—7—8 (*Arch. int.*, C. 282, 283, 284).

Sorèze.

Pierre Causse, min. de Sorèze; ses biens valent 3.512 livres (*Arch. int.*, C. 310, bordereau).

Elie Blaquière; recette de 50 livres (*Arch. int.*, C. 277).

Autres fugitifs (1685-1688), (listes C. 274 et 310).

Hercule Castel ; Dlle de Saint-Ferriol.

Vignals (les).

Pierre Bénézet (*Arch. int.*, C. 316).

§ XI.

DIOCÈSE DE MENDE.

Si, pour les diocèses du Languedoc, j'ai pu, jusqu'ici, suivre les fugitifs pendant trente ans, il n'en est plus de même pour les fugitifs du Gévaudan. Je n'ai trouvé, en effet, que les listes composées avant le bail d'Audiffret. En 1698, d'autres listes furent faites certainement, pour ce diocèse comme pour les autres; je n'ai pu en retrouver que trois : celles de Marvejols, St-Laurent de Peyre, et le Pompidou. Les troubles qui éclatèrent ensuite dans le Languedoc et eurent surtout pour théâtre les diocèses de Mende, d'Alais, de Nîmes et d'Uzès, rendirent impossible la perception des revenus des fugitifs du Gévaudan. De là, pour nous, la perte de documents précieux qui auraient pu, jusqu'à un certain point, remplacer les listes faites en 1698, et perdues.

Le rapport de Rouvière est très complet. C'est peut-être le plus détaillé que j'ai trouvé. Contrairement à la méthode suivie par les autres subdélégués, il fournit, dans son rapport, le nom du fugitif, la valeur des biens, et aussi le revenu que la régie a perçu. Je suppléerai donc ici la lacune qui se trouve dans le chapitre précédent. Inutile d'ajouter que je ne fais qu'analyser ce long rapport, me contentant d'en extraire le nom du fugitif, la valeur des biens et le revenu.

Je n'ai pas trouvé les dettes actives des fugitifs de ce diocèse; je vais donner en bloc les dettes passives: elles s'élèvent à la somme de 21.634—2—7, y compris les 3.600 livres qu'Antoine Masbernard de Saint-Etienne de Valfrancesque a emportées de la caisse de la communauté. Il faudrait aussi y ajouter quelques redevances seigneuriales. (*Arch. int.*, C. 282, 283, 284).

Barre.

Arch. int. C. 308.

Claude et Jean Sallens ;
Jean Darzillen ;
Salomon Blanc ;
Antoine Armand ;
Jeanne et Catherine Pons ;
Jean Reinal

Valeur des biens. — Estimés 3.100 livres; intérêts perçus pendant deux ans, 25 livres.

Bousquet-de-la-Barthe.

Arch. int. C. 308, 280-281.

Antoine et Pierre Rocher ;
Antoine Sais ;
Jean-Antoine Rocher ;
Guirsot Penarier ;

Valeur des biens. — Estimés 240 livres; les intérêts perçus s'élèvent à 23 livres pour deux ans.

Cassagnas.

Antoine Pascal et Antoine Larguier; ils n'ont rien. (*Arch. int.* C. 308).

Collet-de-Dèze.

Listes C. 308, 280-281.

Jean Laporte, min., et sa femme, Espérance de Privat ;
Edouard Deleuze et son fils ;
Guillaume Pic ;
Antoine Diet ;
Jeanjean, sa femme et un fils ;
Guillaume Peyronenche ;
Antoine Pelat ;
Jean Maurin ;
Isabeau de Leyris ;
Marguerite Hours ;
Jeanne Géral ;
André, Pierre et Jean Combes ;
Paul et Catherine Poutonsheris ;
Deux filles et un fils d'Hercule Corbier ;
David Gibert ;
Marthe Bourrit et son frère ;
Moïse Ferrier ;
Etienne Ferrier ;

Antoine Combes ;
Un fils et une fille de Guillaume Peyronnenche ;

Pierre Privat ;
André Diet, sa femme et sa fille ; (aux îles) ;

Valeur des biens. — Estimés 32.250 livres ; intérêts perçus en deux ans, 1.633 livres.

Florca.

Listes C. 308, 280-281.

César Meynadier ;
Jean Fages ;
Jacques Bruguière ;
Antoine Mazauric ;

David Vernière[1] ;
Jacques Mazoyer ;
Jacques Vernet ;
Salomon Leblanc ;

Valeur des biens. — Estimés à 1.040 livres ; intérêts pendant deux ans, 22 livres.

Fraissinet-de-Lozère.

Liste C. 308.

Pierre Rouvière ;
Marie et Jeanne Mazauric ;
Antoine Masoyer ;

André Brés ;
Jean Durand ;
Jean Quet ;

Valeur des biens. — Estimés 900 livres ; rien n'a été perçu, faute de fermiers.

Frugères.

Liste C. 308

Jacques Bonnet ;
Etienne Pantel ;
Malechasse ;
Jean Servières ;
Jean Nicolas ;
Pierre Martin ;
Jean Maurin ;
Marie Rigalde ;

Pierre Pelatan ;
Paul Pantel ;
Marc Chapelle ;
Jacques Molines ;
Jacques Guion ;
Suzanne Pontèle ;
Jean Bounicel ;

Valeur des biens. — Ils sont estimés 2.750 livres ; aucun revenu faute de fermiers.

Gabriac.

Louise Laget ; Louis et Isabeau Manoels ; le rapport ne

---

1. « A emprunté de toutes parts au mois d'août et sortit du royaume ; il avait quelques peaux qui furent séquestrées. »

donne aucune appréciation des biens et ajoute : « N^a que M. de Saint-Victor s'est converti après que ses biens furent saisis et mis en régie. »

Grisac.

Liste C. 308.

Antoine Rouvière ;
Jacques Couret ;
Antoine Baussier ;
Antoine Daude ;

Valeur des biens. — Estimés 2.520 livres ; revenus pendant ces deux ans : 120 livres.

Marvejols.

Listes C. 308, 280-281.

Antoine Blanc, min., sa femme, Catherine de Pelissier, et ses enfants, Aldebert et Suzanne ;
Jean Barthelemy ;
Aldebert Bastide ;
Pierre Chaselon ;
Henri Roux, min. ;
Catherine de Meissonnier, femme de Lafont, ci-devant fugitif ;
Antoine Guiard ;
Pierre Meissonnier ;
Pierre et Antoine Castanier ;
Aldebert Dulignon ;
André Hours ;
Jean Giscard ;
Le sieur... Vigan ;
Jacques Cordesses ;
Demoiselle Jeanne de Guérin ;
Pierre Cheminat ;
François Martin ;
Castanier, fils de Pierre ;
Castanier, fils d'Etienne ;
Pierre Armand, proposant ;
Claudine Magne, veuve Roux, min., et ses fils, Trophime et Gabrielle ;

Valeur des biens. — Ils sont estimés 25.900 livres ; les revenus perçus pour ces deux ans s'élèvent à la somme de 1.900 livres. Dans cette estimation ne sont pas comprises deux fermes que le ministre Roux possédait à Millau, en Rouergue.

Moissac.

Listes C. 308, 280-281.

Abraham, Jean, Etienne, Claude et Eléonor Andres ;
Françoise Deleuze ;
Pierre Bessède ;
Pierre et Marie Dugua ;
Jacques Mourgues ;
Elie Durane ;
Pierre Plantavit et sa servante ;
François et Jean Br...

Valeur des biens. — Estimés 2.000 livres ; intérêts perçus en deux ans, 50 livres.

Molezon.

Liste C. 308.

Marie Combette ;
Marie Turc ;
Annibal Rouvière ;

David Baumes ;
François Grel ;

Valeur des biens. — Estimés 933 livres ; rien n'a été perçu.

N.-D.-de-Valfrancesque. (voir Moissac.)

Pompidou (le).

Listes C. 308, 280-281.

Jean Gout ;
Marie et Antoinette Tinelle, leur mère, Gabrielle Fouquet (aux îles) ;
Jean Seriers ;
Un frère du sieur de la Cassagne ;

César Combe ;
Pierre Greffeulhe ;
Antoine Florac ;
Henri Girard ;
Antoine Florac ;

Valeur des biens. — Estimés 1.750 livres ; intérêts perçus en deux ans, 60 livres.

Prunet-Montvaillant.

Liste C. 308.

Jeanne de Vignoles, sœur de M. de Montvaillant ;
Jacques Bruguière et sa femme, Suzanne Prades ;
Jean Gout ;
Madeleine, Jean et Marguerite Rampons ;
Jean Roux ;

Jean Chabrol ;
Abraham Meynadier ;
Catherine Pautard ;
Antoine Saltel ;
Jacques Lapize ;
Antoine Nicolas ;
Jacques Blanc ;

Valeur des biens. — Estimés 13.420 livres dont 10.000 à Jeanne de Vignoles ; les revenus perçus en deux ans s'élèvent à 1004—10—0.

Pont-de-Montvert (voir Fougères).

Saint-Andeol.

Scipion et Pierre Valentin; pas de bien. (*Arch. int.*, C. 308).

Saint-André-de-Lancize.

Listes C. 308, 280-281.

David Couderc ;
Louise Deleuse ;
Jean et Jacques Vieljouf ;
Pierre et François Foussat ;
André Noyer ;
François Bibenc ;

Valeur des biens. — Estimés 2.000 livres; aucun revenu faute de fermiers.

Sainte-Croix.

Le sieur de Sainte-Croix « après que ses biens furent mis en régie se convertit. » (*Arch. int.*, C. 308).

Saint-Etienne-de-Valfrancesque.

Liste C. 308.

Annibal Pauc, sieur de Gasques ;
Jean Pauc, frère du précédent ;
Anne Sabatier ;
Louise et Marie Cabanes ;
Jacques Calmels ;
Pierre Janin ;
Barthélemy Sabatier ;
Martel ;
Menente, femme de Rieumal ;
Antoine Hours ;
Jacques et Charles Calmels ;
Pons, dit Lapierre (prisonnier à Marseille) ;
Trois enfants de Castan, (id.) ;
Dumas-Bernat [1] ;

Valeur des biens. — Ils sont estimés 27.250 livres; les deux Pauc frères figurent dans cette somme, l'aîné pour 10.000 ; le second pour 8.400 ; les fruits perçus s'élèvent seulement à la somme de 300 livres.

Saint-Frezal-de-Ventalon.

Listes C. 308, 280-281.

Marguerite Vidalle, Jacques et Suzanne Falgeirolles, ses enfants, et sa sœur, Suzanne Vidalle ;

---

1. « A déserté depuis six jours et a emporté trois mil livres de l'argent de la taille comme consul et collecteur de Saint-Etienne. » Avait un bien valant 15.000 livres.

Herculé Tessier ;
Jacques Pons ;
Henri Tessier ;
Isabeau Elsière ;
Marguerite Bonnette ;
Antoine, fils de feu Jacques (aux Iles) ;
Pierre Gibert et son fils Charles, (aux Iles) ;
David Laurens ;
Marie Combette ;
François Chapelle ;
David Valentin ;
Daniel Blancard ;
Jean Elsière ;
Jacques Corbier ;
Jean Ginoyer ;
Michel Sesenat ;
Jacques Campredon ;
David et Pierre Lacombe ;
François et Marguerite Ponges ;
Daniel et Antoine Pillemers ;
Michel Corbier ;
Jacques Pic et Jeanne Nouvelle, sa femme ;
Antoine et Anne Aldebert ;
Gilles Payart ;
Jean Pagès, « trois fois relaps, voleur et sans bien. » ;

Valeur des biens. — Estimés 12.275 ; revenus perçus en deux ans, 75 livres.

Saint-Germain-de-Calberte.

Liste C. 308.

Jacques Tessonnière ;
Jacques Pelat, sieur de Peyrebrune ;
Jacques Farelle ;
Jacques Teissier ;
Fille du nommé Couchon ;
François Couret ;
Pierre Nouguier et Varalhes, son beau-père ;
Jean et autre Jean Pic ;
Jacques Farelle ;
Gabriel Pic et son frère ;
Fille de Jean Filhal ;
François et Antoine Meynadier ;
Jeanne Deshours ;
Le fils de Rausier ;

Valeur des biens. — Estimés 7.100 livres ; le revenu perçu pendant deux ans a été de 375 livres.

Saint-Hilaire-de-Lavit.

Liste C. 308.

Pierre Martel ;
Etienne Martel ;
Pierre Soulier ;
Jacques Peyraube ;

Valeur des biens. — Deux n'ont rien ; le père de Pierre Martel a huit enfants et 500 livres ; celui de Peyraube, quatre enfants et 2.500. Evidemment rien n'a été perçu.

Saint-Julien-d'Arpaon.

Listes C. 308, 280-281.

Louis et Jean Folaquiers ;
Jacques Larguier ;
François et Judith Nogueret ;
Jean Couderc ;
Antoine Chaptal ;
Jacques Chabrol ;

François Gaussenc ;
Jean Rouvière ;
Jeanne Corrèges ;
Pierre Meynadier ;
Jean Pin ;

Valeur des biens. — Estimés 2.460 livres ; ils ont été affermés pour la valeur de 40 livres.

Saint-Julien-des-Points.

François Gasais et Pierre Vernes n'ont rien. (*Arch. int.*, C. 308).

Saint-Laurent-de-Trèves.

Trois fils d'Antoine Loux n'ont rien. (*Arch. int.*, C. 308).

Saint-Léger-de-Peyre.

Liste C. 308.

Pierre Crespin ;
Isabeau Massonnière ;
Marie Crespin, sœur de Pierre ;
Pierre Moulin, dit mange volon-

tiers ;
Pierre Villard, min. [1] ;
André Plantier ;

Valeur des biens. — Estimés 44.800 livres. Les biens de Pierre Crespin valent 40.000 livres ; les revenus perçus pendant ces deux ans s'élèvent à 800 livres.

Saint-Martin-de-Bobaux.

Liste C. 308.

Madeleine Combesses et ses fils,
 Louis et Jeanne Lafont ;
Jean Dombes ;

François et Thomas Pelet ;
Les deux Gibert, frères ;
Jean Comte ;

Valeur des biens. — Estimés 9.400 livres ; les intérêts perçus sont de 20 livres.

---

1. « Saisis à la requête du procureur du Roi pour les frais de sa condamnation et rasement du temple, en vertu d'une ordonnance de Monseigneur l'Intendant. »

Saint-Martin-de-Lensuscle.

Liste C. 308.

Jacques, Charles et Cézar Rieumal ;
Isabeau Pascal ;
Alexandre et David Bourrils ;
Jean Vieljeuf ;
Jean Grasset ;
Louise Grau ;
Isabeau Gaussen ;
Charles Rieumal (à la Martinique ;

Valeur des biens. — Estimés 1.800 livres ; rien perçu.

Saint-Michel-de-Dèze.

Listes C. 308, 280-281.

Diane Malzac et deux filles ;
Jacques et autre Jacques Rouveyron ;
André Lafabrègue ;
David Hours ;
Hercule de Capdur, sieur de la Taillade ;
Pierre Hours (aux îles) ;
Antoine Pilorse ;
André Franceson ;
Jacques et Jacob Bourril ;
Pierre de Capdur, sieur de la Trisserie ;
Antoine Rouveyron (aux galères) ;
Marthe Bourède ;

Valeur des biens. — Estimés 11.100 livres ; les revenus perçus s'élèvent à 125 livres.

Saint-Privat-de-Vallongue.

Listes C. 308, 280-281.

Jean, Pierre et Isaac Chauzals ;
Jeanne et Suzanne Gardés ;
Etienne Nougaret ;
Jacob Fournier ;
Jean-Pierre et Antoine Quet ;
Jacques Nouvel ;
Antoine Masoyer ;
Jean et Gilles Lafont ;
Jean Dusaut ;
Alexandre Roques ;
Jeanne Jourdan ;
David et Jeanne Perier ;
Louis et autre Louis Congrend ?
Antoine Verdallon ;

Valeur des biens. — Estimés 9.150 livres ; on n'a rien perçu faute de fermiers.

Saint-Roman : (voir Moissac).

Vebron.

Liste C. 308.

Chabanon, min. ;
Sieur de Recoules ;
Pierre Pratlong ;
Pierre de Bousson ;
Pascal ;
Claude Lapize ;
David Mazar ;
Vernes de Racoules ;

Valeur des biens. — Estimés 300 livres ; les biens de Chabanon « ont été mis à couvert sous les noms de sa mère et de sa femme » ; on n'a rien perçu faute de fermiers.

J'ai dit que je n'avais trouvé que pour trois paroisses de ce diocèse les listes faites en 1698 ; elles ne fournissent aucun nom nouveau. Elles nous apprennent que Jacques Cordesse et le fils d'Etienne Castanier, de Marvejols, que Pierre Crespin de Saint-Léger de Peyre, sont revenus ; que Marie Crespin de Saint-Léger de Peyre est à Lyon ; que le fils d'Etienne Castanier est à Paris ; que beaucoup sont morts, parmi lesquels je citerai Jeanne de Guérin, de Marvejols, morte à Venise.

J'ai dit aussi comment de 1700 à 1715 le diocèse de Mende ne figure, sur les comptes de M. de Saintaurant que pour les dernières années du règne de Louis XIV et pour deux noms seulement.

§ XII.

DIOCÈSE DE SAINT-PONS.

Ce diocèse comprenait un petit nombre de protestants. Je n'ai trouvé aucune liste de 1685 à 1700.

Dans la liasse C. 316 figurent seulement trois noms : Maurice et Jacques Oules, d'Angles, et Isaac Hugouy de Cuq.

§ XIII.

DIOCÈSES DE TOULOUSE, ET MIREPOIX, ET BAS-MONTAUBAN.

Je réunis, sous ce même paragraphe ces deux diocèses et j'y joins le Bas-Montauban pour la partie comprise en Languedoc, pour me conformer aux listes formées en 1706 par de Saintaurant. (*Arch. int.* C. 316).

Fugitifs du Bas-Montauban, avant le bail d'Audiffret.

Baron de Montbeton; Jacques de Bousquet, baron de Verlhac; Benjamin de Vicose, baron de la Tour, et ses fils, Guy et Pierre; Antoine Seigne, de Villemur; Jacques Boyer et Théophile Rabussy, aussi de Villemur; Anne Debas, veuve en secondes noces du sieur d'Alteirac; et Marie Chambard.

Valeur des biens. — Je n'ai pas trouvé la valeur des biens; plus haut j'ai donné le montant des baux pour l'année 1687 (*Arch. int.*, C. 310). Les dettes passives s'élèvent à la somme de 48.189—19—0, dont 43.227—7—3 au nom du baron de Verlhac. (*Arch. int.*, C. 282, 283, 284).

Fugitifs du diocèse de Mirepoix, avant le bail d'Audiffret.

Jean Tournier (exécuté) et François Orteil, de Calmont.
La veuve de Jean Gauzier, min.; Pierre (en blanc) corroyeur; David Bedourat et Jean Clierré de Mazères.

Valeur des biens. — Je n'ai trouvé que le montant des baux, qui s'élève, pour ce diocèse, à 59—10—0. (*Arch. int.*, C., 310). Les dettes passives atteignent la somme de 848—9—7. (*Arch. int.*; 282, 283, 284).

Fugitifs du diocèse de Toulouse, avant le bail d'Audiffret.

Je n'ai trouvé que les quatre frères, André, Marc, Antoine et Joseph Davessans; on leur réclame 5.756 livres. (*Arch. int.*, C. 284).

Dans sa liste de non-valeurs de Saintaurant donne les noms suivants pour Toulouse, Mirepoix et le Bas-Montauban :

Paul, conseiller au Parlement, sorti le 18 août 1700; le prix de l'office a été saisi.

Pierre et Jean Gatacher; Laurent Orteil (relaps); Cazalhem (relaps); veuve de Josué Monteils (relapse), Suzanne Berger (relapse); Jean Gautier et Jean Domenc; tous de Calmont. Les fugitifs, dont les noms suivent, sont aussi probablement de Calmont : Jean Bras; Elisabeth Ricard, veuve Malbiau et sa fille Suzanne (ont vendu avant de partir), et sa nièce Elisabeth Malbiau.

Pierre Bonnarit; Pierre Catalan; Jean Domenc; Marie Bouchard; Pierre Ollivier; Moïse Odouil; Suzanne Mainour, Pierre Archoux; Suzanne Flecha; Anne Flecha, femme de Bonniol; Dominique Granier; Marie Euge; Suzanne Duponne; veuve de Ganzide (n'a nuls biens en Languedoc); Marguerite Besse et David Robineau; tous du lieu de Labastide de Peyrat.

Antoine Charles, de Bressolles.

CONCLUSION

Depuis quelques années l'histoire n'est plus au service d'un parti. Elle a su se dégager de toutes les passions humaines pour planer au-dessus des contingences, et, pareille à la justice, citer à sa barre les générations du passé pour les juger avec équité et impartialité.

Ce qu'on demande surtout à l'historien, ce sont des documents. Je crois, pour ma part, avoir apporté, dans ce troisième volume, mon petit effort pour la résurrection d'un passé, qui, malgré ses fautes et les tristesses qu'il fait naître, doit nous être cher à tous. Si le lecteur a bien voulu suivre ma marche, pas à pas, s'il a su se donner la peine d'étudier, malgré leur aridité, les comptes que j'ai fait passer sous ses yeux, les listes que j'ai publiées, il saura reconnaître que j'ai soulevé un coin du voile qui cachait, à nos yeux, cette époque de notre histoire.

Louis XIV a fait un grand acte en révoquant l'édit de Nantes; mais il en porte aussi devant l'histoire la terrible responsabilité. Quelques critiques m'ont reproché d'avoir accolé à son nom l'épithète de *révolutionnaire*. Certes, je n'ai pas voulu faire de lui un Robespierre ou un Marat; mais il a employé des moyens révolutionnaires. Je le demande, quel crime avait commis l'immense majorité de ces fugitifs pour leur ravir leurs biens? Quel crime avaient commis les consistoires pour leur voler les biens donnés et vendre à l'encan les objets du culte? J'ai retardé et je retarderai encore la publication de mon étude *Pasteurs et Consistoires*; on dirait, en effet, que je cherche de la réclame et que je décris une époque que nous vivons. De nos jours, on copie Louis XIV. Six mois après avoir transcrit aux archives l'inventaire d'un consistoire, dans lequel on lit que le pasteur emporta un morceau de la cloche qui s'était brisée en tombant, j'entendais, de ces mêmes archives, le bourdon de la cathédrale de Montpellier sonner le glas funèbre annonçant la profanation de l'église. Pas plus en 1685 que de nos jours, Louis XIV n'avait le droit d'écrire que « res religioni destinatæ sunt nullius. » C'est avec ce principe, forgé par nos juristes, que Louis XIV a cassé les testaments, et a détourné, pour les bureaux de charité, des biens destinés au culte protestant. Briand n'a eu qu'à le copier.

Sans doute il n'a pas eu le courage d'aller jusqu'au bout pour les biens de ses sujets ; l'édit de 1689 est là pour l'attester et je crois avoir assez appuyé sur ce point. Qu'on le veuille ou non, à moins de faire mentir l'histoire il faut bien reconnaître pourtant que la théorie de Louis XIV sur la propriété mène logiquement et tout droit au collectivisme d'Etat.

Quand on s'empare des biens de tous les protestants fugitifs d'une province, je me demande quelle garantie pouvaient avoir théoriquement les sujets catholiques. La notion de propriété pour les protestants serait-elle donc différente de la notion de propriété pour les catholiques ?

Cette étude, je crois, ne laissera plus aucun doute sur l'esprit de ceux qui voudront juger justement et impartialement.

Mais aussi que de légendes répandues dans les histoires fera tomber ce volume !

Légende que cette émigration en masse que les historiens ont décrite ; l'émigration en Languedoc fut au contraire individuelle et successive.

Légende que ces centaines de mille de protestants, allant demander à des cieux étrangers la liberté de prier ; chiffres fantastiques, variant suivant le caractère ou le bon plaisir de l'écrivain ; sur quels documents s'appuient les historiens qui évaluent à 200, 400 et même 600.000 le nombre des protestants que l'édit de Révocation fit perdre à la France ? Sur quels documents s'appuie de Félice, quand il affirme que le seul Languedoc a fourni pendant le règne de Louis XIV, 50.000 fugitifs ? Lisez 5.000 et vous serez aussi près que possible de la vérité : 5.000 en trente ans !

Légende que ces fortunes colossales, abandonnées par les

fugitifs, — je parle toujours du Languedoc. — Quelques-uns étaient très riches, c'est incontestable, et portaient des noms glorieux et célèbres dans le Midi de la France [1]. Par le fait de l'émigration, de 1685 à 1688, le Languedoc n'a pas perdu plus de 2.000 habitants, y compris les femmes et les enfants. Comment une telle émigration a-t-elle pu ruiner une province d'une pareille importance et enrichir l'étranger; comment ces ouvriers des Cévennes ont-ils pu apporter à l'étranger les secrets de notre industrie? On oublie que Colbert venait à peine de mourir, et que, plus de dix ans avant l'édit de Révocation, il avait pris ses précautions pour limiter le nombre des apprentis et des maîtres protestants. De nos jours, l'Allemagne nous a devancés sur le terrain industriel; le doit-elle à une émigration française? De nos jours, comme en 1685, les grandes familles, les riches commerçants sont dans les villes; que Nîmes et Montpellier aient souffert en 1685 par l'émigration de quelques riches commerçants, je ne le conteste pas. Et encore sur ce point n'exagérons rien; tous ne partirent pas, tant s'en faut. Nous pouvons même dire que ce fut l'exception : l'homme a toujours aimé la fortune et l'aisance. Ne faisons pas les protestants de 1685 plus héroïques qu'ils ne furent. Généralement ce ne furent pas les gros bourgeois qui émigrèrent, mais bien la classe moyenne et la basse classe. Croit-on, dès lors, que la disparition de quelques individus, petits commerçants ou ouvriers, allait apporter beaucoup de perturbation dans les relations sociales d'une paroisse? J'ai étudié spécialement les archives de Ganges. En 1685, cette ville ne comptait que 1.500 habitants, à peine s'il y avait 80 catholiques; or, dans les archives de la ville, je n'ai trouvé mention que d'un seul fugitif; on ne se douterait pas que cette ville, qui, dès cette époque, ne vivait que de son industrie, avait perdu une soixantaine de ses habitants de 1685 à 1698.

Ramenons les choses à leur juste valeur. L'héroïsme n'a jamais sévi à l'état endémique; il est et demeure individuel. Ne couronnons pas les fugitifs de tant de lauriers, ils n'ont qu'à y gagner en sympathie. On admire des héros, on ne

---

1. N'oublions pas que tous ceux dont je publie le nom dans les listes ne sont pas fugitifs, et quelquefois même n'ont pas essayé de fuir, tel le baron de Verlhac, pour ne citer que celui-là.

les plaint pas. Le moment de montrer de grandes qualités était en septembre-octobre 1685. Belle occasion de gagner les palmes, en suivant les conseils de Brousson, et en résistant à Louis XIV ! Tous se soumirent, et quelques-uns suivirent Brousson en exil; les fugitifs ne furent pas des héros, ce furent des hommes.

TABLE DES MATIÈRES

Préface 1

CHAPITRE PREMIER
Nombre des fugitifs 3

CHAPITRE DEUXIÈME
L'émigration. 26

CHAPITRE TROISIÈME
Guides et routes. 55

CHAPITRE QUATRIÈME
Biens des fugitifs. — Législation. 70

CHAPITRE CINQUIÈME
Administration des biens des fugitifs 89

CHAPITRE SIXIÈME
Listes des fugitifs. — Valeur des biens 140

ARTHUR SAVAÈTE, ÉDITEUR, 76, RUE DES SAINTS-PÈRES, PARIS

Nous avons entrepris, sous le titre : Politique, Littérature, Théologie, Philosophie, Arts, Sciences et Religion, la publication de plusieurs séries d'ouvrages d'actualité, dus à des écrivains de grand mérite et du meilleur renom. Nous recommandons donc instamment ces œuvres faites pour dissiper les doutes et les erreurs dont souffre actuellement l'opinion publique ou pour donner, à ceux qui les recherchent, des distractions littéraires, instructives et honnêtes. Ces séries iront chaque jour se complétant. Ces ouvrages sont en grande majorité du format in-8° carré ou raisin.

Collection Arthur Savaète à 0 fr. 25

La Nécessité du parti catholique, par l'abbé Vial.
Les Abeilles, parallèle entre les abeilles et les religieuses dans leur couvent par le P. Hilaire.
L'union nécessaire (Conférence), par le P. Léon.
Pour nos anciens élèves (Conférence), par le P. Léon.
Politique et le Clergé (La) (Conférence), par le P. Léon.
Devoir des femmes chrétiennes (Le) (Conférence), par le P. Léon.
Notre faiblesse (Conférence), par le P. Léon.
Pour la Jeunesse de nos Écoles (Conférence), par le P. Léon.
Politique et Patriotisme : Lettre à M. Lemire, député d'Hazebrouck, par Mgr J. Fèvre. (2° *Lettre au même*, voir collection à 0 fr. 40 ci-après).

Collection Arthur Savaète à 0 fr. 40

Louis Pasteur, le savant et le chrétien, par l'abbé Flahaut.
La seconde aux Corinthiens, lettre à l'abbé Lemire, par Mgr Justin Fèvre.
Les Apologistes français au XIX° siècle : Amédée de Margerie, par le R. P. At.
Lettre ouverte à M. Massé, député, sur la liberté de l'enseignement privé, suivie du projet de loi relatif à cet enseignement, par X.

Collection Arthur Savaète à 0 fr. 50

Le Concile national, par Mgr Justin Fèvre. In-8° br.
Les Catholiques et les élections, par Mgr Delamaire, archevêque de Cambrai. In-8° br.
Les Jaunes, leur origine et leur avenir, par Ferdinand Cochet, O. P. M.
La trahison du Grand Rabbin de France : révélations accablantes, par l'abbé Vial.
Pourquoi faut-il être antisémite, *du même* (0 fr. 50 franco).
Passion et Passion, la Passion du Sauveur et des religieux en France, par Jean Lefaure.
La vénérable Jeanne d'Arc : petite vie abrégée, en vers, par l'abbé Malassagne.

Collection Arthur Savaète à 0 fr. 75

Un poète abbé (Delille), par Louis Audiat.
Proscription des Religieuses enseignantes, par Mgr Justin Fèvre.
Proscription des Ordres religieux (La). Protestation d'un croyant, par Mgr Justin Fèvre.
La crise maçonnique en France, par François Veuillot.
La situation religieuse aux Etats-Unis : Réalités et illusions, par le R. P. At.
Taine, esthète, philosophe et historien, par le F. At. In-8 carré.
Caro, philosophe, par le P. At. In-8 carré.

Une Inspiratrice de Liszt : la princesse Carolyne Sayn-Wittgenstein, par Albert Savine.

L'Abomination et la Désolation. Lettre aux évêques de France, par Mgr Justin Fèvre.

Lettre encyclique de S. S. Pie X sur les doctrines des Modernistes, suivie des propositions condamnées (ou Nouveau Syllabus, in-8°).

Magnificat, élévation et commentaires, par le P. Le Tallec, S. J. Relié : 1 fr. 50.

Les Partis Conservateurs et le Clergé devant les leçons du scrutin, par Paul Lapeyre.

L'Erreur capitale du Clergé français au XIX° siècle et la Liberté de l'enseignement. Réponse aux Fantaisies de l'abbé Garilhe, par le Père Fontaine.

Les Fantaisies d'un Erudit et l'orthodoxie catholique, par le P. Fontaine.

Collection Arthur Savaète à 1 franc

Botrel, le barde breton, poésies et chansons chrét., av. portraits, par J. Renault.
Catholiques ou Francs-Maçons, par X.
Louis Veuillot (sa vie, ses œuvres), par M. l'abbé Louis Bascoul.
Victor Palmé, sa vie, son œuvre par Mgr Justin Fèvre.
Le Juif Talmudiste, par Rohling et Lamarque.
Le Bienheureux Pape Urbain V, par dom Bérengier.
A qui appartiennent les Églises, par l'abbé Verdier, lic. en droit canon.
La duchesse de La Rochefoucauld-Doudeauville, par Mgr Tilloy.
L'Histoire courte de la Météorologie en Hongrie, par François Fenyves, in-8 carré.

Collection Arthur Savaète à 1 fr. 50

Mgr Mery del Val, sous-secrétaire d'Etat de S. S. Pie X, avec portrait, par Mgr Justin Fèvre.
Gratry : Sa philosophie, son apologétique, par le R. P. At.
Clef de « Volupté », Sainte-Beuve, Victor Hugo et Lamennais, par Christian Maréchal.
Constantin-le-Grand. Etudes nouvelles sur son baptême et sa vie chrétienne par le R. P. Philpin de Rivière, in-8°.
L'Église et la Démocratie, par le R. P. At.
Rimes d'un croyant (poésies), par le comte du Fresnel.
Rimes d'un Père (poésies), du même.
Rimes d'un soldat (poésies), du même.
Mise en accusation du ministère Combes, par Mgr Justin Fèvre.
Un missionnaire poitevin en Chine, par dom Chamard.
Primevères (poésies), par dom Fourier Bonnard.
Mgr Le Camus et les études ecclésiastiques au grand Séminaire de La Rochelle, par deux prêtres du diocèse.
Mgr Paul Guérin, sa vie, ses œuvres, par Mgr J. Fèvre.
La Passion de Jésus-Christ, drame en vers, in-12 broché, par l'abbé Dubois.
La Langue française et son orthographe devant une chambre académique ou Solution de la Question orthographique, par L. Gonthier, avec approbation de Louis Havet, de l'Institut, et de Paul Passy, directeur de l'Ecole des Hautes Etudes.

Collection Arthur Savaète à 2 francs

Le Centenaire de Mgr Dupanloup, par Mgr Justin Fèvre.
Le cas de M. Henri Lasserre, Lourdes et Rome, par l'abbé Paulin Moniquet.

Études sur la Révocation de l'Édit de Nantes.

Pie X, *Pontife et Souverain*, avec *portrait*, par Mgr Justin Fèvre.

La Puissance divine du sacerdoce catholique, par Mgr Justin Fèvre.

Lettres de Y. à Z. (1re série), Dupanloup et son historien, par Y., docteur en théologie et droit canonique.

Lettres de Y. à Z. (2e série), la Justice de l'Histoire. Grégoire VII et Bossuet, *du même*.

Lettres de Y. à Z. (3e série), réponse à M. Ingolt, Bossuet et le Jansénisme, *du même*.

Lettres de Y. à Z. : L'affadissement du sel. Catholicisme et libéralisme, 4e série.

Les Espagnols d'autrefois, par dom Rabory.

Parmi les nôtres, roman, par Dange. In-8° br.

Lamennais et Victor Hugo, In 8°, par Christian Maréchal.

La Fille du Sonneur, par Eliane de Kernac.

Un Complot libéral contre la Sainte Eglise. Réponse à la supplique des vingt-quatre cardinaux laïques à l'épiscopat français, par Mgr Justin Fèvre. In-8° carré.

Etudes sur la Révocation de l'Edit de Nantes : Poètes Cévenols, par l'abbé Rouquette. (Voir le complément dans les coll. à 3 fr. 50 et 7 fr. 50).

Histoire de Monseigneur Parisis, évêque de Langres, par Mgr Justin Fèvre.

Etude sur Joseph de Maistre, par E. F. et Arthur Savaète.

Le Sens littéral du texte biblique et les Sciences profanes : Pluralité des Mondes ; les Six jours de la Création ; Job et son livre, in-8 carré, par l'abbé Chauvel.

Voix Canadiennes : Vers l'Abîme, documents inédits de Mgr Bourget, Mgr Laflèche, etc., par Arthur Savaète. In-8°.

Le Moine Bénédictin, par Dom Besse.

Napoléon 1er à l'Ecole royale de Brienne, avec 2 gravures. In-18 broché, par M. A. Assier.

Liber Psalmorum hebraicæ veritati restitutus, par le P. François de Bénéjac.

L'Emile Zola « de Paris », par Merlier.

Colonel comte de Villebois-Mareuil, l'héroïsme français au Transvaal, par Simon, marquis de Beau-Carré.

Le Trio, juifs protestants et francs-maçons, par Jules Aper.

Catalogues épiscopaux, réponse à l'abbé Duchesne, sur l'origine des diocèses dans les Gaules, par l'abbé Trouet.

Actes de Saint-Denis de Paris, par le chanoine Davin.

Anne d'Orléans, première reine de Sardaigne, par la comtesse de Faverges.

La Lumière ; *Conférences* sur l'Église prêchées à Saint-Eustache de Paris, par le R. P. Constant des Frères Prêcheurs.

Au pays de Sainte Germaine, étude d'hagiographie et d'art, par Henri Lambercy.

Les Idées d'un vieux Goupillon, ou le pourquoi de la guerre atroce que la Toge et le Bistouri font au Sabre ou au Goupillon, essai politique. In-8° br.

Les Etapes d'un poète (poésies), par M. Gérard de Lacmer. In-12 br.

Le médecin et les médicaments chez soi, par le Dr Trosseille, in-12 (recom-
La femme et la mère, *du même* (recommandé). [mandé)

Collection Arthur Savaète à 2 fr. 50

Les Liens intimes entre le Paradis Terrestre et le Calvaire : Fruit défendu et l'arbre de vie, par l'abbé Chauvel.

Grande Escroquerie (la), vol légal des Congrégations, par Jos. Lamarque.

Le Concile du Vatican, par Mgr Guérin.

Le Salut National, par Henri Marchand.

Jérusalem, cinq ans après, une fuite en Egypte, par Mme Bazélaire.

Faut-il fermer Lourdes, au nom de l'Hygiène, réponse de 4.500 médecins : Non, par le Dr Vincent.

Collection Arthur Savaète à 3 francs

Nazareth ou les *Lois chrétiennes de la Famille*. Conférences prêchées par le R. P. Constant, des Frères Prêcheurs.

Le Père Aubry et la réforme des Etudes ecclésiastiques, par Mgr Justin Fèvre.

Sainte Marie-Madeleine, d'après les Ecritures et la tradition, tome I, par M. l'abbé M. Sicard. (Tome II, voir collection à 5 francs).

Les Leçons de l'Histoire contemporaine, par Arthur Savaète, in-8°.

Le Socialisme, ce qu'il est, par l'abbé Patoux. In-8° carré.

L'abbé du Chayla ou le Clergé des Cévennes (1700 à 1702). La vérité sur la guerre des Camisards, origine, faits et conséquences, documents inédits, par l'abbé Rouquette. In-8 carré. (Voir complément coll. à 2 fr. et 7 fr. 50).

Le vrai Féminisme, le vrai rôle de la Femme dans la Société, par l'abbé Rouquette, in-8°.

Études de l'Histoire juive, avant Jésus-Christ, par l'abbé Barret, in-8°.

Études de l'Histoire juive : le Messie, *du même*.

Études de l'Histoire juive, après Jésus-Christ, par le R. P. Dom Bernard.

Conférences religieuses, par le R. P. Constant, tome III. (Voir tomes I, II, IV dans les collections à 5 fr. et 3 fr. 50).

Le Mariage de Paul Larivière, par Contran de Mérigny, in-8 carré.

Notre-Dame de Chartres, histoire et description de la cathédrale, par Alexandre Assier.

Historiettes et petits Riens, par l'abbé Baulez.

Le Roman de l'Espagne héroïque, par Gaston Routier.

Désolation dans le Sanctuaire (La), par Mgr Justin Fèvre.

Abomination dans le Saint Lieu (L') par Mgr Justin Fèvre.

Carnet d'un officier, Œuvre posthume, considérations philosophiques du commandant Léon Guez, chef d'état-major, par dom Rabory.

Zuléma, roman héroïque, par Arthur Savaète.

Légendes Hagiographiques (les), par le P. Delehaye, bollandiste. 2e édit.

Le Bossuet de la prédication contemporaine, par l'abbé Regourd. In-8° br.

Les Pensées de l'éternelle Vie, par Mme Nottat.

Collection Arthur Savaète à 3 fr. 50

Charles Périn, le créateur de l'économie politique chrétienne, par Mgr Fèvre.

L'Histoire du droit canon gallican : 1° L'Organisation nationale du clergé de France ; 2° les remontrances du clergé de France ; 3° curiosités liturgiques ; par le R. P. At.

M. Emile Ollivier, sa vie, ses œuvres, son action politique, par Mgr J. Fèvre.

Jésus-Christ, prototype de l'humanité. In-8° broché, par Mgr Fèvre.

La Chine supérieure à la France, par Tong Ouên Hién, mandarin chinois.

Conférences religieuses, par le R. P. Constant, tome II. (Voir tomes I, III et IV dans les collections à 5 et 3 francs).

Rome au XXe siècle, par M. Denis Guibert, Vol. in-12.

Le cœur de Gambetta, par Francis Laur, documents inédits. In-12 carré.

Les Églises orientales, par Mgr Tilloy.

Le Juif sectaire, par l'abbé Vial.
La Question macédonienne, par Gaston Routier, in-12.
La Macédoine et les Puissances, *du même*
Dix-huit années de Scolasticat et de Régence, en diverses maisons de la C¹ᵉ de Jésus, par Jules Romette.
Légendes de Mort et d'Amour, par Gaston Routier, in-12.
L'art d'être heureux, par Victor Vidal.
Origines de Notre-Dame de Lourdes (Les), par l'abbé Paulin Moniquet.
Roman d'un Jésuite (le), par Beugny d'Haguerue.
La Dame Blanche du Val d'Halid, par Arthur Savaète.
La Main noire, suite du précédent, par Arthur Savaète.
Styles et Caractères, par G. Legrand.
Grandeur et décadence des Français, par Gaston Routier.
Au Jour le jour, nouvelles, par Fritz Masoin.
Le Mont Saint-Michel, « au Péril de la Mer », illustré, par E. Goethals.
Les Miracles historiques du Saint Sacrement, par le P. Eugène Couët.
Notre-Dame de Lourdes, par H. Lasserre.
Bernadette, par H. Lasserre.
Les Episodes miraculeux de Notre-Dame de Lourdes, par H. Lasserre.

Collection Arthur Savaète à 4 francs

La Botanique médicale, au Presbytère et dans la Famille. Plantes hygiéniques et leur emploi dans toutes les maladies, par un curé de campagne In-8° carré.
Quarante-cinq assemblées de la Sorbonne pour la censure du primat, et des prélats de Hongrie, qui ont condamné la Déclaration du clergé de France en 1682, par le chanoine Davin.
Grippart, histoire d'un bien de moine ; nombreuses illustrations, par le R. P. Charles Clair, de la Société de Jésus.
Un parfait catholique, Jean-Marie d'Estrade, bienfaiteur de Bagnères-de-Bigorre, par l'abbé Paulin Moniquet (franco 4 fr. 50).
Signes de la fin d'un Monde (les), avec supp¹, 3ᵉ édit., par Jean-du-Valdor.
La Liberté de conscience en face des erreurs modernes, par l'abbé A. Patoux. Gros vol. in-8° br.
L'éternelle Question, par Mme Nottat.

Collection Arthur Savaète à 5 francs

Etude critique sur Bossuet, par le chanoine Davin.
Conférences religieuses : Péchés de la langue ; Merveilles de la foi des saints ; l'Incarnation et divers sujets, par le P. Constant, des Pères Prêcheurs.
Les Juifs devant l'Eglise et l'Histoire, par le R. P. Constant.
Vie nouvelle du saint curé d'Ars, par Jean d'Arche.
Soirées Franco-Russes, 4ᵉ Soirée, Choses d'Orient, questions arménienne, grecque, macédonienne, par Arthur Savaète.
La Vénérable Jeanne d'Arc. In-8° broché, par l'abbé Malassagne.
Sainte Marie-Madeleine, son histoire et son culte, par l'abbé Sicard, tome II. in-8° (Voir tome I à la collection à 3 francs).
Vie de la Bienheureuse Mère Julie Billiart (3ᵉ édition), par le P. Ch Clair, revue et augmentée par le P. E. Griselle, S. J. In-8.
Voyage d'un Allemand en France en 1874, par H. Hausjacob, traduit de l'allemand par M. Virot. Fort in-8°.

ARTHUR SAVAÈTE, ÉDITEUR, 76, RUE DES SAINTS-PÈRES, PARIS

Études sur la Révocation de l'Édit de Nantes en Languedoc: *Les Fugitifs*, in-8, par l'abbé Rouquette. (Voir *1re Partie*: Abbé Du Chayla, dans collection à 3 fr. ; et les Poètes Cévenols, *2º Partie*, dans collection à 2 fr.).

Joseph Reinach historien, révision de l'histoire de l'affaire Dreyfus, par Dutrait-Crozon, préface par Charles Maurras.

Chinois et Chinoiseries, illustré, par Pol Korigan.

L'Art de faire un homme (éducation rationnelle et moderne), par l'abbé Macquillon.

Rivales amies (les), roman, par Arthur Savaète.

Voyage chez les Anciens, ou l'économie rurale dans l'antiquité, par le chanoine Beaurredon.

Rôle de la Papauté dans la Société (le), par le chanoine Fournier.

En Tyrol, Histoire et Légende (poésies) illustré, par le R. P. Ch. Clair S.-J.

Collection Arthur Savaète à 6 francs

L'Allemagne, tome 1er. les Germains et le Catholicisme, par Mgr Justin Fèvre.

L'Allemagne, tome II. Le Protestantisme et l'Empire, *du même*.

Le Pontificat de Léon XIII, tomes 43º, 44º de l'Histoire universelle de l'Église de l'abbé Darras, continuée par Mgr Justin Fèvre. 2 forts volumes, 12 francs. (Nous fournissons tous autres volumes du grand Darras au prix de 6 francs.

Darras, le *tome V* et dernier du petit Darras, par Mgr Justin Fèvre. In-8º. 6 fr.

Estelle, poème en vers français et en vers provençaux en regard, par T. Houchart.

Le divin Voyageur, magn. illustrations.

Le Pape et la Liberté, par le P. Constant.

Notice et Souvenirs de Famille par la Comtesse de Rœderer.

Les Folies du Temps en matière de religion, par Poujoulat.

Le cardinal Gousset, sa vie, ses œuvres, son influence, par M. le chanoine Gousset, in-8º avec portrait.

Collection Arthur Savaète à 7 fr. 50

Études sur la Révocation de l'Édit de Nantes en Languedoc, tome III. Les Fugitifs, leurs biens ; listes détaillées et complètes de tous les émigrés, par l'abbé Rouquette. (Voir tomes I et II dans collections à 2 fr. et 3 fr.)

Fleur merveilleuse de Woxindon (La), par le P. Spillmann, traduit de l'allemand.

L'Exégèse Traditionnelle et l'Exégèse Critique, par l'abbé Dessailly,

Origine et Progrès de l'Education en Amérique, par Charles Barneaud.

Alphonse XIII, roi d'Espagne, illustré, par Gaston Routier.

La Servante de Dieu : *Louise-Edmée Ancelot*. Veuve de Mº Lachaud, avocat à Paris, par l'abbé Paulin Moniquet.

Collection Arthur Savaète à 8 francs

Les Représentants du Peuple en mission près les armées 1793-1797. D'après le dépôt de la Guerre, les séances de la Convention, les archives nationales, par Bonnal de Ganges, conservateur des archives au dépôt de la Guerre, 4 volumes :

Tome I. — Le conseil exécutif et les représentants . . . . 8 fr.
Tome II. — Les partis et les représentants aux armées. . . . . . . 8 fr.
Tome III. — Les volontaires et les représentants aux frontières. . . . 8 fr.
Tome IV. — Les représentants et l'œuvre des armées . . . . 8 fr.

ARTHUR SAVAÈTE, ÉDITEUR, 76, RUE DES SAINTS-PÈRES, PARIS

Soirées Franco-Russes : 1ʳᵒ Soirée : Mort de Louis II de Bavière ; 2ᵉ Soirée : Mort de Rodolphe ; 3ᵉ Soirée : Boërs et Afrikanders ; les 3 soirées réunies en un seul vol. avec portrait de l'auteur, par Arthur Savaète. (Chaque soirée se vend séparément : la 1ʳᵉ, 2 fr. ; la 2ᵉ, 3 fr. 50 ; la 3ᵉ, 3 fr. 50 ; la 4ᵉ, Choses d'Orient, 5 francs.)

Passion méditée au pied du St-Sacrement (La), en 3 volumes, par le P. Jos. Chauvin.

Origines et Responsabilités de l'insurrection vendéenne, par Dom Chamard.

Les Anges et les temps présents, par l'abbé Grand Clément. In-8.

Collection Arthur Savaète à 10 fr.

Histoire de l'Abbaye Royale et de l'ordre des chanoines réguliers de Saint-Victor de Paris, de l'origine à 1500, tome I, par Fourier Bonnard.

La même, de 1500 à 1792, par le même, tome II, (ouvrage couronné par l'Académie).

Mgr d'Hulst (recueil de souvenirs), avec un portrait, couverture parchemin.

Bibliotheca hagiographica græca des Bollandistes, 1 vol. 10 fr., relié 13 fr.

Memento. — Nos grandes Publications

Acta Sanctorum des Bollandistes, 66 vol. in-folio, 3660 fr. broché, net. 2400 fr. Le même, relié demi-chagrin 4150 francs. net 2800 fr. Le même, relié pleine toile 4000 fr., net 2600 fr.

Acta Sanctorum à la portée de tous : Nous fournissons toute Vie de Saint en feuilles détachées de la grande collection des Bollandistes, à raison de 5 *francs* la feuille in folio de 8 pages sur deux colonnes.

Acta Sanctorum derniers volumes parus : le *Propylæum ad Acta Sanctorum novembris*, in-folio *60 francs* ; le tome II de Novembre (pars prior), fort in-folio *75 francs* ; le tome VI d'octobre (réédition Savaète), *75 francs*.

Auctaria ad Acta Sanctorum Octobris, fascicule de 250 pages, manquant à la plupart des collections : *25 francs*.

Acta Sanctorum des bollandistes, pour paraître en 1908 et 1909, 1° *le tome II de novembre* (pars posterior), 75 francs ; et 2° *le tome III de novembre*, 75 francs. (Souscrire dès ce jour).

Acta Sanctorum : Suppléments aux bollandistes, par l'abbé Narbey, tome I, petit in-folio *60 francs*. ; tome II, les 24 premières livraisons parues *40 fr.*

Gallia Christiana, 12 vol. in-folio, 900 fr., net . . . . 180 fr.

Histoire littéraire de la France, 17 vol. in-4°, 350 fr., net. . . . 100 fr.

Dictionnaire des Dictionnaires, par Mgr P. Guérin, 6 vol. in-4°, 180 fr. net 45 fr. Le même, relié 210 fr., e. . . . . 75 fr.

Analecta Bollandiana des Pères Bollandistes, 25 vol. à 15 fr. le volume ; les 25 volumes . . . . 375 fr.

Compendiosa Sancti Thomæ Aquinatis Summa, par M. l'abbé Maurel, approuvé par S. Em. le card. Bourret. Cet ouvrage réduit en traités avec leurs divisions et subdivisions, avec l'indication des questions de la *Somme* correspondantes, 5 vol. in-12 . . . . 18 fr.

Traité théorique et pratique du Droit canonique (en français) à l'usage du Clergé et des Séminaires, par Mgr Anselme Tilloy.

1. Partie du maître. 2 forts volumes in-8 . . . . 15 fr.

2. Partie de l'élève. 2 forts volumes in-12 . . . . 10 fr.

Monumenta Ecclesiæ Liturgica, par les RR. PP. Bénédictins. Le tome I, *Relliquiæ* liturgicæ *Vetustissimæ*. Sectio prima. 1 fort vol. gr. in-4°. CCXVI — 276-204. Prix . . . . 75 fr.

Le tome V. *Liturgica mozarabica vetus. Liber Ordinum*, in-4°, 60 fr. ; rel.

65 fr. Cette collection se composera d'environ 15 tomes qui formeront chacun un tout complet.

S. Bonaventuræ *opera omnia*, par l'abbé Peltier, 15 vol. in-4°. br. . . 400 fr.
Joannis Duns Scoti *opera omnia*. 26 vol. in-4°, br. . . . . 800 fr.
S. Thomæ Aquinatis *opera omnia*. 34 vol. in-4°, br. . . . . 450 fr.
Divi Thomæ Aquinatis Catena aurea, 3 vol. 16 fr. ; en gros caract., rel. 24 fr.
Saint Augustin (œuvres complètes), traduction bénédictine, par Mgr Perrone. etc., avec texte latin, 34 vol. . . . . 350 fr.
Saint Jean Chrysostome (œuvres complètes) traduction française de l'abbé Bareille, avec texte grec. 21 vol. in-4°, br. . . . . 420 fr.
— Texte français seul, 21 vol. in-8. . . . . 126 fr
Saint Jérôme (œuvres complètes) traduit par l'abbé Bareille et Mgr Perrone. 18 vol. in-4°, br . . . . 216 fr.
Summa Summæ S. Thomæ, par Billuart, etc. 6 vol. in-12, br. . . . 26 fr.
Saint Thomas d'Aquin, commentaires des épîtres de saint Paul, traduit par l'abbé Bralé. 6 vol. in-8. . . . . 45 fr.
Saint Thomas d'Aquin, Somme théologique, trad. en français et annotée, par Lachat. 16 vol. in-8 . . . . 128 fr.
Saint Thomas d'Aquin, Opuscules théologiques et philosophiques, traduit par Bandel, etc. 7 vol. in-8, broché . . . . 42 fr.
Clypeus theologiæ thomisticæ autore Joanne Batista Gonet. 6 v. in-4°, br. 120 fr.
Dogmata theologica Dionysii Petavii, S. J, 8 vol. in-4°, broché . 100 fr.
Ioannis de Lugo, S. J, *opera omnia*, 8 vol. in-4°, br. . . . . . . 300 fr.
Collegii Salmanticensis Cursus theologicus, 20 vol. in-4°, br. . . 200 fr.
Chaque volume séparé. . . . . 10 fr.
Ludovici Thomassini Dogmata theologica, par Ecalle. 7 vol. in-4°, br. 120 fr.
Louis de Grenade (œuvres complètes), traduites de l'espagnol et du latin par Bareille, etc. 22 vol. in-8°, br. . . . . 180 fr.
Commentaria in Scripturam Sacram R. P. Cornelii a Lapide, S. J., revus par Mgr Peronne et Crampon. 26 vol. in-4°, br. . . . . 200 fr.
Id. Une collection d'occasion en 26 vol., br. . . . . 150 fr.
Œuvres complètes de Bossuet, par Lachat, 31 vol. in-8, br. . . . 100 fr.
Les mêmes, commentaires, par Guillaume. 10 forts vol. in-4°, br. . 70 fr.
Œuvres de Saint Alphonse de Liguori, traduit par l'abbé Peltier. 20 v. in-8, broché . . . . 120 fr.
Cours de religion, d'après le P. Wilmers, S. J., par l'abbé Grosse. 7 vol in-8, br. . . . . 45 fr.
Grand Catéchisme du P. Canisius, traduit par l'abbé Peltier. 7 vol. in-8, br. 36 fr.
Bible d'Allioli, traduite par l'abbé Gimarey. 8 vol. in-8°, br. . . . 40 fr.
La Sainte Bible à l'usage des Familles, a paru le tome I, fort vol. in-8° jésus illustré et pouvant être mis entre toutes les mains. L'ouvrage formera 3 volumes. Chaque volume broché, 12 fr., relié. . . . . 15 fr.
Vie des Saints de Ribadeneira pour lecture en famille. 1 fort vol. in-4°, br. 16 fr., relié. . . . . 20 fr.
Petits Bollandistes (Les), Vie des Saints, par Mgr Guérin, complétés par Don Piolin. 20 vol. in-8, net : 90 fr. — Edition originale, relié veau. 19 fr.
La Vie des Saints, par Mgr Guérin, d'après Giry, etc. 4 v. in-12, 16 fr., rel. 25 fr.
Histoire universelle de l'Église, par l'abbé Darras, continuée par Mgr Justin Fèvre. 46 vol. in-8°. 276 fr.

ARTHUR SAVAÈTE, ÉDITEUR, 70, RUE DES SAINTS-PÈRES, PARIS

La chasse à travers les âges, par le comte de Chabot, couronné par l'Académie, prix à l'Exposition de 1900, édition rare et recherchée.
Prix, broché : 50 fr. — Papier Japon : 150 fr.

Histoire de saint Vincent Ferrier par le P. Fages. 2 forts vol. illustrés et le Procès de sa canonisation, 1 vol.; Prix des 3 vol. . . . . . 20 fr.

La Vie des Saints, par Mgr Guérin, illustré par Yan d'Argent, sur japon. 200 fr.

Papier de luxe, 1 ou 2 vol. relié : 65 fr. Édition populaire en 4 vol. in-8°, br. ill. 20 fr.

Episodes miraculeux de N.-D. de Lourdes, par H. Lasserre, broché, 25 fr. relié, 30 et . . . . 35 fr.

N.-D. de Lourdes, du même, broché, 25 fr. Relié, 30 et . . . . . 35 fr.

La Chevalerie, par Léon Gautier, 1 fort volume, relié, 30 et . . . . 35 fr.

Imbert de Saint-Amand, in-4°, ill. La Cour de l'Impératrice Joséphine, 38 fr.
La jeunesse de Louis-Philippe et de la Reine Marie-Amélie. . . . 30 fr.
La Cour de Louis XVIII. 30 fr. — La Cour de Charles X. . . . . 30 fr.
La duchesse de Berry. . . . . 30 fr.

La Papauté devant l'histoire, par le chanoine François Fournier, édition luxueuse et illustrée du portrait de l'auteur, de celui de tous les papes avec leurs armoiries respectives, figurines, lettrines, culs-de lampes. 2 forts volumes grand in-4° de plus de 908 pages chacun, broché, 50 fr. et relié : 60 et 65 fr.

Les Conciles généraux et particuliers et le Concile du Vatican, par Mgr Guérin, nouvelle édition. 4 vol. in-8° 23 50

Histoire critique du catholicisme libéral en France jusqu'au pontificat de Léon XIII, par Mgr Justin Fèvre, complément de toutes les Histoires de l'Église. 1 vol. in-8, 556 pages . . . . 5 fr

Vie de sainte Thérèse, par les RR. PP. Bollandistes, un fort v. in-folio ill. 75 fr.

Vita Jesu Christi, par Ludolphus de Saxonia. 1 fort vol. in-folio. . . 50 fr.
Diverses reliures : 55, 60 et . . . . 75 fr.

La Revue du Monde Catholique

Recueil International paraissant le 1ᵉʳ et le 15 de chaque mois

DIRECTEUR : ARTHUR SAVAÈTE

BUREAUX et ADMINISTRATION, 76, rue des Saints-Pères, PARIS

ABONNEMENT :

Pour la France, l'an... **25 fr.** | *Pour l'Étranger, l'an*... **35 fr.**

La Rédaction de cette importante Revue a groupé les plus militants des écrivains catholiques de France, ceux qui cherchent le mérite pour l'au-delà dans le travail patient d'ici-bas, bien plus que la fortune; ceux qui visent à la restauration des bonnes mœurs, à l'élévation des âmes, à la sauvegarde de la foi des aïeux. La *Revue du Monde Catholique*, impeccable dans sa doctrine, étonne parfois par son franc parler; la flatterie, en effet, n'entre pas dans ses manières, ni les concessions, dans ses habitudes; elle est l'humble servante de la vérité, le reflet pur de la foi catholique intégrale, la sentinelle avancée sur le chemin des impies et des hérétiques. Instruisant toujours, elle ne dédaigne pas de plaire, sachant que la bonne humeur résultant du plaisir de l'esprit fait faire meilleur accueil aux pensées austères qu'on ne saurait impunément exclure du programme de la vie.

La *Revue du Monde Catholique* traite donc avec une égale compétence les questions théologiques et philosophiques, l'exégèse et le droit canonique; elle consacre nombre d'articles aux questions d'histoire et d'archéologie, sans jamais négliger les actualités politiques, économiques, artistiques et littéraires. Elle offre donc une lecture d'une infinie variété, et c'est ainsi un organe d'une incontestable utilité que tous voudront accueillir et propager. Voici ses principaux collaborateurs :

Révérendissimes dom Cabrol et Garriador; les RR. PP. V. Hébert, Laurent, Bernard, Chamard, Mayol de Lupé, Besse, Rabory, Jouve, Dumaine; At; Abt; Bliard; Constant; Du Lac; Fontaine; François de Bénéjac; Fourier-Bonnard; Eugène Griselle; Godet; Lammens; Laveille; Dupoigny; Bocquillon; Léon, Gros, etc.

MM. les abbés Chauvel; Rouquette; Patoux; Aubry; Bascoul; Beaurredon; Calhiat; Desaix; Féret; Fournier; Hautefeuille; Moniquet; Robert; Sicard; Uzureau; Vial; Vigneron; etc.

MM. Baron B. de Ganges; Jean de Bellaing; Boyer d'Agen; J. de Cloture; Château-Thierry de Baumanoir; Comte des Courtis; Lucien Darville; Vicomte de Danne; Dominique Devert; Jean d'Estoc; Comte du Fresnel; Alfred Gazeau; Lollié; Roger Lambèle; Comte de Lussac; Maréchal; Henri de Monneguan; Henri Marchand; Sienkiewicz; Prince Louis d'Orléans; Ribeaud; Rolph de Sussex; Armand Savaète; Arthur Savaète; Albert Savine; De la Tonnerie; Vicomte de Tingui; François Veuillot; Virot; Levrier; Gontran de Mérigny; Denis-Guibert; Camillus, etc.

Mmes la Comtesse de Faverges; Mary Floran; Comtesse de Sars, etc.

Un numéro spécimen est envoyé sur demande.

ARTHUR SAVAÈTE, ÉDITEUR, 76, RUE DES SAINTS-PÈRES, PARIS

VIENT DE PARAITRE :

LE PONTIFICAT DE LÉON XIII

Tome 43ᵉ et 44ᵉ de

l'Histoire Universelle de l'Église

DE L'ABBÉ DARRAS

—— CONTINUÉE ET TERMINÉE ——

PAR

Monseigneur JUSTIN FÈVRE

2 forts volumes in-8º carré. — PRIX : **12 francs**.

Le 30 août 1907, à 6 heures du soir, Mgr Justin Fèvre, qui depuis cinq années y travaillait avec ardeur, donnait à M. Thévenot, imprimeur, les dernières épreuves corrigées du dernier volume du *Pontificat de Léon XIII*, fin de l'*Histoire universelle de l'Église*, de l'abbé DARRAS ; et le vaillant auteur, très fatigué, en exprima avec soulagement son vif contentement. Une heure après, il soupa et éprouva un malaise : médecin et prêtre accoururent et à 8 heures, sans agonie, ni souffrances, faisant à son entourage un touchant adieu, invoquant Dieu qu'il avait si longtemps et si courageusement servi, il rendait le dernier soupir.

Ainsi mourut à la tâche l'admirable continuateur de Darras, et nous offrons aujourd'hui, aux souscripteurs de cette œuvre monumentale, les deux derniers volumes que l'auteur, moribond, par une grâce spéciale de Dieu, put terminer dans des conditions extraordinaires.

Nous prions les personnes qui possèdent l'œuvre de l'abbé Darras de nous demander sans retard cette suite et fin qui leur est indispensable. Inutile de dire que ces volumes, formant un tout complet du plus haut intérêt, peuvent être lus avec le plus grand profit par tous, et nous les fournirons indistinctement à tous demandeurs, souscripteurs primitifs ou non. Le tirage est limité à 2.000 exemplaires environ, bien que les souscripteurs primitifs soient au nombre de 25.000. C'est dire qu'il n'y aura pas moyen de suffire à toutes les demandes et, cependant, vu les difficultés des temps et le décès de l'auteur, nous ne ferons pas d'autre tirage.

Il y a donc utilité de ne pas ajourner les demandes des exemplaires dont on peut avoir besoin.

SOUS PRESSE :

COMPENDIOSA SUMMA THEOLOGICA
SANCTI THOMÆ AQUINATIS

—— AUCTORE ——

G. MAUREL

Presbytero Diocesis Ruthenensis.

5 volumes in-18 jésus, d'environ 400 pages chacun.
Prix : 18 fr.

Cet ouvrage est, comme l'indique son titre, un abrégé de la *Somme théologique* de saint Thomas. M. l'abbé Maurel s'est proposé, en le composant, de mettre à la portée de toutes les intelligences l'œuvre incomparable du grand Docteur dont les Papes Léon XIII et Pie X ont, en ces derniers temps, si fortement recommandé l'étude : il s'est appliqué à rendre avec fidélité le texte de l'auteur, traitant toutes les *questions*, analysant tous les *articles* en proposition que chacune d'elles renferme ; il a visé autant à la clarté de l'exposition qu'à la brièveté. Ce que ce travail offre de particulier, ce qui en fait le cachet spécial, c'est que son auteur, pour mettre plus de clarté dans la trame du livre, a changé la division de la Somme en *question*, qui ne dit rien à l'esprit, en celle de *Traités* avec leurs *divisions*, et à chaque division il a indiqué la question correspondante. L'éloge de ce travail n'est pas ici à faire : son mérite est suffisamment attesté par la lettre suivante adressée à l'auteur par S. E. le cardinal Bourret, si compétent en ces matières.

« J'ai fait examiner par un des professeurs de mon grand séminaire le travail que
» vous avez intitulé : *Compendiosa summa theologica sancti Thomæ Aquinatis*,
» et je suis heureux de l'approuver, en le recommandant particulièrement à nos
» jeunes prêtres.

» Cet abrégé de la *Somme théologique* du grand docteur, divisé en traités comme
» les théologies ordinaires pour être mieux adapté aux études des Séminaires, gardé
» néanmoins la physionomie que saint Thomas a donnée à son œuvre immortelle
» et il ne peut qu'aider à la faire mieux comprendre et à la mieux approfondir.

» Je dois vous louer, mon cher Monsieur le Curé, et je le fais bien volontiers de ce
» que vous savez si utilement employer les loisirs que vous laisse l'administration de
» votre petit troupeau et je me réjouis de ce que l'inpulsion que j'ai voulu donner vers
» les hautes études porte déjà ses fruits parmi mon jeune clergé. »

Cette haute approbation reçue, M. Maurel a continué encore de longues années à perfectionner son œuvre afin de la rendre aussi parfaite que possible, et c'est le fruit de ce travail assidu, continué pendant de longues années, que nous publions maintenant.

On peut souscrire, dès ce jour, pour recevoir chaque volume au fur et à mesure de son apparition.

ARTHUR SAVAÈTE, ÉDITEUR, 76, RUE DES SAINTS-PÈRES, PARIS

PRIME EXCEPTIONNELLE

A TOUS ABONNÉS DE
LA REVUE DU MONDE CATHOLIQUE
ET DE
L'AMI DES LIVRES

15 FRANCS le Volume au lieu de **75 FRANCS**

chacun des Volumes ci-après de la

GALLIA CHRISTIANA

in provincias ecclesiasticas distributa, qua series et historia archiepiscoporum, episcoporum et abbatum Franciæ vicinarumque ditionum, ab origine ecclesiarum ad nostra tempora deducitur.

OPERA ET STUDIO **DYONSII SAMMARTHANI**

Presbyteri et Monachi Ordinis Sancti Benedicti e Congregatione Sancti Mauri necnon aliorum Monachorum ejusdem Congregationis

Editio accuratissime correcta a Dom P. PIOLIN
Monacho Ordinis Sancti Benedicti

Tome premier : HISTOIRE DES PROVINCES ECCLÉSIASTIQUES DU MIDI ARCHEVÊCHÉS : *Albi, Aix, Arles, Avignon, Auch.* ÉVÊCHÉS suffragants.

Tome second : HISTOIRE DES PROVINCES de *Bourgogne* et de *Bordeaux*, c'est-à-dire les diocèses suivants : ARCHEVÊCHÉS : *Bourges, Bordeaux.* ÉVÊCHÉS suffragants.

Tome troisième : HISTOIRE DES PROVINCES de *Cambrai, Cologne* et *Embrun*. ARCHEVÊCHÉS : *Cambrai, Cologne, Embrun.* ÉVÊCHÉS suffragants.

Tome quatrième : PROVINCE DE LYON.

Tome cinquième : HISTOIRE DES PROVINCES de *Malines* et de *Mayence*, c'est-à-dire ARCHEVÊCHÉS : *Malines, Mayence.*

Tome onzième : PROVINCE DE NORMANDIE.

Tome treizième : PROVINCES de *Toulouse* et de *Trèves.* ARCHEVÊCHÉS : *Toulouse, Trèves.*

Ces sept tomes sont de l'édition PALMÉ, annotés par Dom PIOLIN et les tomes suivants sont la reproduction de l'édition originale.

Tome septième : PREMIÈRE PARTIE DE L'HISTOIRE DE LA PROVINCE ECCLÉSIASTIQUE DE PARIS.

Tome huitième : DEUXIÈME PARTIE DE L'HISTOIRE DE LA PROVINCE DE PARIS *et des quatre évêchés suffragants de Paris.*

Tome neuvième : PREMIÈRE PARTIE DE L'HISTOIRE DE LA PROVINCE ECCLÉSIASTIQUE DE REIMS.

Tome dixième : Suite du tome neuvième : PROVINCE DE REIMS.

Tome douzième : HISTOIRE DES PROVINCES ECCLÉSIASTIQUES DE SENS ET DE LA TARENTAISE *et de leurs évêchés suffragants.*

La collection entière, douze tomes in-folio à 180 francs au lieu de 950 francs.

IMP. DESCLÉE, DE BROUWER ET Cie, LILLE.

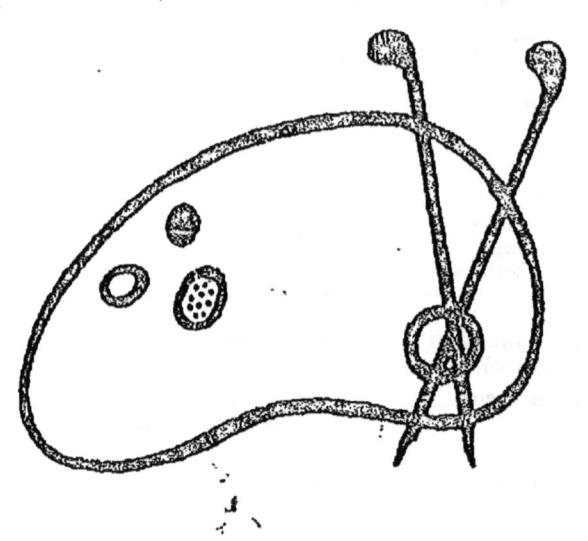

Original en couleur
NF Z 43-120-8

www.ingramcontent.com/pod-product-compliance
Lightning Source LLC
Chambersburg PA
CBHW070753170426
43200CB00007B/767